읽으면 돈 되는
끌장 경제 상식

경제기사로 쉽게 배워 TESAT까지 한 번에

읽으면 돈 되는
끌장 경제 상식

김형진(한국경제신문 경제교육연구소) 지음

한국경제신문

인간의 삶을 연구하는 학문, 경제

"경제학은 참 어렵습니다." 많은 사람이 항상 하는 말입니다. 경제학, 물론 어렵습니다. 경제학 교과서를 보면 가장 먼저 보이는 것이 그래프고, 수식이니까요. 그래프와 수식을 보면 거부감이 느껴집니다. '굳이 이런 걸 알 필요가 있겠어?' 하는 생각도 듭니다. 그렇게 삶과 경제는 멀어지게 됩니다. 그런데 막상 '돈을 벌고자 한다면' 또는 '투자를 한다면' 다시 경제학과 만나야 합니다. 시장 상황을 봐야 하니까요.

　어떤 물건을 파는 회사에 투자를 한다고 가정해봅시다. 그런데 그 회사가 물건을 공급한다고 무조건 돈을 버는 것은 아니죠. 소비자가 소비를 해줘야 합니다. 여기서 경제학의 기본인 '수요와 공급'을 만납니다. 또한 얼마만큼 생산해야 하는가는 그래프로 만들 수 있죠. 그리고 소비자는 누구인가를 분석하다 보면 '한계 비용'과 '평균 비용'을 만납니다. 비용이 나오면 '이윤'을 계산할 수 있습니다. 바로 이 이윤을 보고 투자를 하는 것입니다. 또 막상 투자하려고 보니 이젠 어떤 시장인지 궁금해집니다. 이 회사가 물건을 납품하는 시장에서 '독점'인가, '과점'인가가 궁금해집니다. 만약 경쟁하는 제품이 있다면 어떻게 제품을 '차별화'할 것인가에 관한 생각이 깊어집니다. 물론 차별화에 '가격 차별'도 포함이죠. 제품 생산에서 '외부효과'로 인해 불만이 생기면 불매로 이어지기 때문에, 어떤 외부효과가 있을지 고민이 됩니다. 여기까지는 물건을 생산하고 소비하는 것에 초점을 맞춘 것입니다. 이제 국내에서는 물건이 잘 팔려 수출해보려고 합니다. 그 나라가 이 물건을 살 수 있는 수준인가가 궁금해지죠. 그러기 위해 소득 수준과 그 나라의 물가지수 그리고 환율을 따져 투자하는 데 얼마가 적당할지 고민해보게 됩니다.

또한 물건을 사는 데 1,000원 들던 것이 '인플레이션'의 영향으로 2,000원이 들게 되면 수입도 같이 늘어야 하는데, 늘지 않는다면 그것도 문제가 됩니다. 인플레이션이 다가오면 올수록 미래를 계획하는 것이 더 어려워집니다. 들어오는 돈이 늘어야 많은 물건을 살 수 있으니 인플레이션만큼 임금이 올라가기를 원합니다. 반면 인플레이션이 오면 정부에서는 돈을 풀기보다 긴축을 통해 경제가 안정화되길 원하죠. 그렇게 '금리'를 높입니다. 금리가 높아지면 대출이자도 올라가기 때문에 돈을 갚는 것이 더 이득이 됩니다. 아, 이렇게 보니 멀게만 느꼈던 삶의 모든 것이 다 경제학이었습니다.

물론 경제학은 개인의 문제만은 아닙니다. 우리가 즐겨 보는 스포츠 분야에서 많은 선수가 억대 연봉을 받습니다. 그들이 왜 억대 연봉을 받는지 궁금해진다면 바로 경제학을 배워야 합니다. 단지 축구나 야구를 한다고 돈을 많이 받는 것은 아닙니다. 그들이 끌고 다니는 경제적 효과가 중요한 것입니다. 연예인도 마찬가지죠. BTS가 벌어들이는 천문학적 수치의 돈도 단순히 춤을 잘 춰서가 아닙니다. 왜 그 정도의 돈을 버는 것인가는 바로 '경제학의 원리'에 있습니다.

그렇습니다. 19세기의 위대한 경제학자 앨프리드 마셜은 "경제학은 인류의 일상적인 삶을 연구하는 학문이다"라고 했습니다(이 말은 《크루그먼의 경제학》과 《맨큐의 경제학》 등 모든 경제학 책의 서문에 공통으로 언급됩니다). 일상적인 삶에서 경제학은 따로 떼어 생각할 수 없는 학문입니다. 경제학이 이렇게 일상과 밀접한 학문인데도 어렵다면 이 책을 한번 쭉 읽어보시길 권합니다. 사실 이 책은 한국경제 뉴스레터 〈경제야 놀자〉를 엮은 것입니다. 이미 온라인에서 공개를 다 한 것이죠.

제가 뉴스레터 〈경제야 놀자〉를 만든 이유는 큰 게 아니었습니다. 무엇보다 경제이해력검증시험인 테샛(TESAT, Test of Economic Sense And Thinking) 때문이었습니다. 많은 사람이 테샛을 어려워합니다. 그래서 어떻게 하면 사람들에게 테샛이 쉽게 느껴지도록 할 수 있을까를 고민했습니다. 우선 문제를 단답형으로 내볼까도 생각했지만, 문제가 쉬워져도 어려워하긴 마찬가지였습니다. 그래서 '아… 시험의 난이도가 중요한 것이 아니라 시험공부를 어떻게 하는가가 중요하구나'라는 생각을 하게 됐습니다.

그럼 경제학 공부를 어떻게 하면 쉽게 배울 수 있을까요? 경제학의 바이블이라는 《맨큐의 경제학》이나 《크루그먼의 경제학》, 《버냉키 · 프랭크 경제학》, 《사무엘슨 경제학강좌》를 꺼내 들었습니다. 물론 최대한 쉽게 쓰여 있지만, 원론적인 내용이 와 닿지 않았습니다. 그래서 저는 현실에 적용이 된 경제를 이야기하는 뉴스레터를 써보자고 생각했습니다. 물론 신문에 기초를 두고요.

　　신문은 꼭 매일 읽어야 합니다. 그래야 세상의 흐름을 알 수 있기 때문이죠. 그러나 신문을 읽으려 해도 도저히 이해가 안 되는 부분이 많이 나와 다들 포기하곤 합니다. 그것은 경제신문 기사에 대한 배경 지식이 없기 때문이죠. 그래서 신문 기사와 경제 이론을 잘 연결해 설명하고 테샛 문제를 풀다 보면, 하나의 주제에 대해 잘 정리된 공부가 되리라 생각했습니다. 다들 고등학교 때 공부하는 방식 있잖아요. 이론을 공부하고 문제를 풀고, 실제 경험과 연결하면 기억 속에 잘 남는 것처럼요. 시사도 마찬가지입니다. 신문을 읽으면서 이론과 연결하고, 연결된 지식을 확인하는 테샛 문제를 풀어 보세요. 그리고 투자와 같은 실생활에 연결하면 여러분이 하루에 한 번 공부하는 경제 이론이 쉽게 다가올 것입니다. 그렇게 사람들에게 도움을 주기 위해 뉴스레터가 시작되었고, 어느덧 1년이 되었습니다.

많은 사람이 경제가 어려워서 엄두를 못 냈는데, 매주 두 번 발행하는 〈경제야 놀자〉를 접하고는 사람들과의 대화에 참여할 수 있게 되었다고 합니다. 또한 시사 상식에 문외한이었던 사람들도 〈경제야 놀자〉를 통해 차근차근 지식을 쌓고 있다고 전하며, 자산 관리와 재테크에도 큰 도움이 되고 있다는 이야기를 합니다.

아직 경제가 어려우신 분들은 이 책을 한번 읽어보시길 추천 드립니다. 그리고 〈경제야 놀자〉를 구독하세요. 사실 인생도 기사도 경제도 늘 반복됩니다. 경제 위기도 늘 반복이고, 호황도 늘 반복입니다. 그런 흐름을 잘 타려면 우선 경제 공부는 꼭 시작해야 합니다. 한 번만 제대로 기초 경제 공부를 해두면 모든 것이 보이기 시작합니다. 그리고 내가 얼마만큼 공부가 되었는지 실력을 알고 싶다면 테샛 시험을 한번 쳐보세요. 테샛은 여러분을 괴롭히는 시험이 아니라, 여러분의 현재 경제 지식이 어디에 있는가를 알려주는 나침반입니다. 취업을 준비하는 사람에게는 취업을 위한 기초지식 모의고사이며, 투자하시는 분들은 투자 기초지식 모의고사가 될 것입니다. 심지어 테샛 문제도 거의 비슷한 유형에서 반복됩니다. 경제의 흐름도 반복이 되는 것처럼요. 이 책을 통해 경제 상식과 테샛이라는 두 마리 토끼를 잡게 되시길 바랍니다.

그리고 덧붙여서 한 말씀 드리면, 1년 동안 이 책을 집필하는 과정이 쉽지는 않았습니다. 주제를 정하는 것도 고민이었고, 어떻게 쓸지도 고민이었습니다. 또한 경제학이란 게 여전히 논쟁 중인 부분들도 있어서 최대한 치우치지 않게 쓰려고 노력했습니다. 그러한 노력들이 아무쪼록 여러분들께 잘 전달이 되었으면 하는 바람을 가져봅니다.

또한 인간의 삶을 연구하는 경제를 탐구하는 동안 소중한 내 가족에게 부족하게 대하진 않았는지 다시 돌아보게 됩니다.

존경하는 아버지 김희동, 사랑하는 아내 김혜정, 아들 김시완.

1년간 저로 인해 고생한 가족들에게 책 서문에 이름을 남기는 것으로 조금이나마 위안이 되길 바라며 사랑을 담아 글을 마칩니다.

모두들 항상 고맙고, 감사합니다.

2022년 1월 어느 날
김형진

읽으면 돈 되는
끝장 경제 상식

차례

MACROECONOMICS

PART 1
거시

PART 2 미시

읽으면 돈 되는
끝장 경제 상식

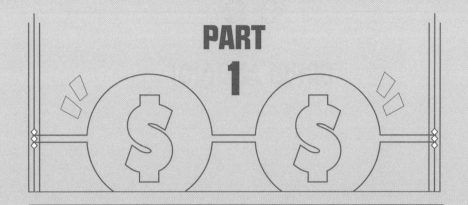

PART 1

거시

MACROECONOMICS

GDP와 살림살이

"살림살이 좀 나아지셨습니까?"

이 질문······. 과거 어느 정치인의 선거 구호였죠?

보통 우리는 한 나라의 살림살이가 좋아지는지를 판단하는 방법으로 경제성장률을 이야기합니다. 경제성장률은 GDP, 실질 국내총생산의 연간 증가율을 백분율로 나타낸 것이죠. 그럼 GDP는 어떻게 구성되어 있으며, 무엇을 반영하는지 알아야 합니다.

GDP	• 한 나라에서 일정 기간 동안 생산된 모든 최종 재화와 서비스의 시장가치다. 《맨큐의 경제학》
	• 경제 내에서 생산된 많은 재화와 서비스 시장가치의 합계다. 《버냉키 · 프랭크 경제학》
	Y=C+I+G+NX Y: GDP, C: 소비, I: 투자, G: 정부구입, NX: 순수출(수출−수입)

다시 정리하자면 GDP는 국내, 최종, 생산, 재화와 서비스이며 소비, 투자, 정부구입, 순수출을 더한 값입니다.

"경제학자란 어제 예견한 일이 오늘 왜 일어나지 않는지 내일 알게 되는 전문가다."

《피터의 원리》로 유명한 로런스 피터 미국 컬럼비아대학교 교수가 경제학자의 속성을 예리하게 꼬집은 말이에요.

경제 전망이 틀리는 이유요? 다양합니다. 경제성장률은 GDP 증가율로 표시되죠. GDP의 각 요소마다 무수하게 많은 변수가 대입됩니다. 환율, 세계 경기 등 외생변수와 금리 등 정책변수도 고려해야 합니다. 전망 모형에 넣을 변수가 100개를 훌쩍 넘깁니다. 한국은행은 총 250여 가지 변수를 들여다본다고 하네요. 다시 말해 250차 복합방정식을 푸는 셈이죠. GDP에는 반영하지 못하는 것들이 너무 많습니다. 그래서 논란이 많아요. 행복에 대한 것도 마찬가지입니다.

《버냉키 · 프랭크 경제학》에서 "GDP는 경제적 복지와 동일하지 않지만, 관련되어는 있다"고 적혀있어요. GDP가 늘어난다고 경제적 복지가 완벽하게 이루어지진 않아요. 하지만 생활 수준을 향상시키는 문화생활, 깨끗한 환경, 안전한 사회, 기부 등은 경제적 여유가 있어야 가능한 것들이긴 합니다.

다시 말해 소득수준이 높아진다고 행복해지진 않지만, 행복하려면 그나마 어느 수준의 돈은 있어야 한다는 말입니다.

 ● **TESAT 문제로 알아보는 쏙쏙! 개념 잡기**

【문제】 국내총생산(GDP)과 관련된 설명으로 옳은 것은?

① 전업주부의 가사노동은 GDP에 포함된다.

② 기준연도에서 실질GDP와 명목GDP는 반드시 일치한다.

③ 해외 순수취 요소 소득이 0이 되면 실질GDP는 실질GNI와 같아진다.

④ 모든 상품의 최종 생산 단계에서 발생한 부가가치를 다 합하면 GDP가 된다.

⑤ 외국인이 소유하고 있는 건물에서 발생한 임대소득은 외국인이 가져가는 것이므로 우리나라 GDP에 포함되지 못한다.

| 해설 | 각각의 생산 단계에서 발생한 부가가치를 모두 합하면 GDP와 같아진다. GDP와 GNI는 해외 순수취 요소 소득과 교역 조건 변화에 의한 무역손실이 모두 0이 되어야만 같아진다. 전업주부의 가사노동은 GDP에 포함시켜야 하지만 그 가치를 파악할 수 없어 포함되지 못하고 있으며, 외국인이 소유 중인 국내에 있는 건물에서 발생한 임대소득은 국내GDP에 포함된다.

[정답] ②

【문제】 다음 중 A국의 국내총생산(GDP)이 증가하는 경우를 〈보기〉에서 모두 고르면?

> 〈보기〉
>
> ㄱ. A국 기업이 B국에 공장을 지어 반도체를 생산한다.
>
> ㄴ. C국 국민이 A국에 체류하면서 A국계 기업에서 근무한다.
>
> ㄷ. A국 국민이 D국에 체류하면서 A국계 기업의 지점에서 근무한다.
>
> ㄹ. E국 기업이 A국에 공장을 지어 자동차를 생산한다.

① ㄱ, ㄴ   ② ㄱ, ㄷ   ③ ㄴ, ㄷ

④ ㄴ, ㄹ   ⑤ ㄷ, ㄹ

| 해설 | GDP는 그 나라에서 일정 기간 동안 생산된 모든 최종 재화와 서비스의 시장가치의 합이다. 따라서 외국인이 국내에서 근무한 것과 다른 나라 기업이 국내에서 생산한 재화는 포함된다. 만약 A국 국민이 E국에 일할 경우 E국의 GDP에 포함된다.

[정답] ④

명목GDP와 실질GDP

GDP를 이야기할 때 항상 따라오는 단어가 바로 명목GDP와 실질 GDP입니다. 미리 말씀드리지만 여기에는 살짝 머리 아픈(경제학에서 멀어질 수밖에 없는) 수식이 있어요. 하지만 '그런 게 있구나' 하고 보시다 보면 도움이 됩니다.

명목GDP	재화와 서비스 생산의 가치를 현재 가격으로 계산한 것
실질GDP	재화와 서비스 생산의 가치를 불변 가격으로 계산한 것

우리는 '가격'이라는 말을 씁니다. 이는 어느 한 상품의 값어치죠. 이런 값어치들을 모아 놓은 것이 바로 물가입니다. 물가를 측정하는 방법으로는 대표적으로 GDP디플레이터와 소비자물가지수(CPI)의 두 가지가 있습니다.

GDP디플레이터는 한 나라의 모든 재화와 서비스를 포함합니다만, 소비자물가지수는 대표적인 재화와 서비스만 포함합니다(현재 한국의 물가지수 대표 품목은 460개라고 합니다).

$$\text{GDP디플레이터} = \frac{\text{명목GDP}}{\text{실질GDP}} \times 100$$

$$\text{소비자물가지수} = \frac{\text{재화묶음의 구입비용}}{\text{기준연도 재화묶음의 구입비용}} \times 100$$

$$\text{GDP디플레이터} = \frac{(\text{재화A의 비교연도 생산량} \times \text{비교연도 가격}) + (\text{재화B의 비교연도 생산량} \times \text{비교연도 가격})}{(\text{재화A의 비교연도 생산량} \times \text{기준연도 가격}) + (\text{재화B의 비교연도 생산량} \times \text{기준연도 가격})} \times 100$$

$$\text{소비자물가지수} = \frac{(\text{재화A의 기준연도 생산량} \times \text{비교연도 가격}) + (\text{재화B의 기준연도 생산량} \times \text{비교연도 가격})}{(\text{재화A의 기준연도 생산량} \times \text{기준연도 가격}) + (\text{재화B의 기준연도 생산량} \times \text{비교연도 가격})} \times 100$$

우리는 기사를 읽을 때마다 소비자물가지수가 몇 % 올랐다는 말을 봅니다. 그때마다 그러려니 하고 넘어갑니다. 그리고는 월급 때가 되면 왜 물가는 오르는데 내 월급은 안 오르나 얘길 합니다. 네. 경제는 그냥 오르고 내리는 것만 생각하는 것이 아니에요. 소비자물가지수를 이용해 인플레이션을 측정하고 정책을 통해 적당히 조정을 합니다(다만 소비자물가지수가 반영된 인플레이션이 과도하다는 논란도 있습니다).

'소비자물가지수는 그대로인데 왜 마트에 가면 다 올라 있는 거지?' 하는 생각을 해본 적 있으세요? 이건 우선 물가수준과 상대가격의 차이를 알고 있어야 합니다.

물가수준	소비자물가지수와 같은 물가지수로 측정된, 특정 시점의 전체 가격들의 총괄 지표
상대가격	다른 재화와 서비스의 가격과 비교된 특정 재화나 서비스의 가격

물가수준은 전체적인 것이어서 대다수 기사에 나오지만, 상대가격은 잘 나오지 않아요(최근 농산물 가격에 관한 기사에는 많이 나오고 있긴 하네요).

한국은행법 제1조를 보면 "① 이 법은 한국은행을 설립하고 효율적인 통화신용정책의 수립과 집행을 통하여 물가안정을 도모함으로

써 국민 경제의 건전한 발전에 이바지함을 목적으로 한다"라고 적혀 있습니다. 이 물가안정 정책을 위해서 무엇을 이용하는지 대표적 측정 방법을 알아보았습니다.

【문제】 물가지수에 대한 다음 설명 중 옳지 <u>않은</u> 것은?

① GDP디플레이터는 가장 포괄적인 물가지수다.

② GDP디플레이터에 수입품의 가격이 포함되지 않는다.

③ 주택 투기에 의한 부동산 가격 폭등은 GDP디플레이터에 포함된다.

④ 소비자물가지수(CPI)는 물가상승률을 과대평가하는 경향도 있다.

⑤ 석유파동과 같은 해외 부문의 충격은 생산자물가지수(PPI)에 직접적인 충격을 준다.

| 해설 | 물가지수에는 소비자물가지수(CPI), 생산자물가지수(PPI), GDP디플레이터가 대표적이다. CPI는 고정된 상품 조합으로 측정된 물가지수로 '라스파이레스지수'라 한다. 라스파이레스 방식은 기준연도의 상품 수량을 가중치로 고정한 뒤 기준연도 가격과 비교연도 가격을 대비해 물가지수를 계산하는 방법이다. 과거의 고정된 상품 조합으로 측정하기 때문에 물가지수를 과대평가하는 경향이 있다. 주택·토지 등의 부동산 가격은 PPI나 CPI에 포함되지 않는다. 신규 주택 가격은 GDP디플레이터에 포함되지만 기존 주택의 투기에 의한 부동산 가격 폭등은 GDP디플레이터에 포함되지 않는다. 반면 주택 임대료의 상승은 GDP디플레이터와 CPI에 포함된다.

[정답] ③

【문제】지문의 빈칸에 들어갈 단어들이 알맞게 짝지어진 것은?

> (A)은/는 (B)의 운영 방식으로 1998년부터 물가안정 목표제를 채택
> 하고 있다. 통상적으로 물가안정 목표는 (A)이/가 3년 동안 적용할 물
> 가상승률 목표를 설정하는데, 2016년부터 우리나라의 물가상승률 목표
> 는 전년 동기 대비 (C) 기준 (D) 상승이다.
>
> (보기는 A - B - C - D 순)

① 한국은행 - 통화정책 - 소비자물가지수 - 2%

② 한국은행 - 통화정책 - GDP디플레이터 - 3%

③ 한국은행 - 경제정책 - 생산자물가지수 - 2%

④ 정부 - 경제정책 - 생산자물가지수 - 3%

⑤ 정부 - 재정정책 - 소비자물가지수 - 1.5%

| 해설 | 물가안정 목표제는 한국은행이 채택하고 있는 통화정책 운영체제로서 통화량 등의 중간목표를 두지 않고 정책의 최종 목표인 물가상승률 자체를 목표로 설정하고 중기적 시계에서 이를 달성하려고 하는 통화정책 운영 방식이다. 한국은행은 한국은행법 제6조 제1항에 의거, 정부와 협의해 중기 물가안정 목표를 설정하고 있다. 2016년 이후 물가안정 목표는 소비자물가상승률(전년 동기 대비) 기준 2%이며 한국은행은 물가상승률이 중기적 시계에서 물가안정 목표에 근접하도록 정책을 운영한다.

[정답] ①

인플레이션을 왜 걱정하는 걸까?

최근 인플레이션에 대한 이야기가 많습니다(2021년 기준입니다. 2020년까지는 D의 공포, 즉 디플레이션에 대해 우려했던 건 안 비밀!).

인플레이션	물가수준이 지속적으로 오르는 현상 '물가가 몇 % 이상 상승할 때 인플레이션이다'라는 명확한 기준은 없음
디플레이션	물가가 지속적으로 하락하는 현상

인플레이션에 대해서 생각할 때는 두 가지를 기억해야 합니다.

단기적 인플레이션

단기적 인플레이션의 원인으로 '수요 견인'과 '비용 인상' 인플레이션이 있습니다. 수요 견인은 사람들의 수요가 많아지면서 생기는 인플레이션입니다. 비용 인상은 원자재 가격, 인건비 상승 등의 비용 상승이 발생하면서 기업들의 생산이 위축되어 총공급이 부족해지면서 생기는 인플레이션입니다.

장기적 인플레이션

인플레이션의 원인을 통화량으로 보는 것입니다. 인플레이션은 화폐가 없으면 생기지 않습니다. 《맨큐의 경제학》에서도 기본원리의 아홉 번째로 "통화량이 지나치게 증가하면 물가는 상승한다"라고 제시했습니다. 밀턴 프리드먼도 "인플레이션은 언제나, 어디서나 화폐적 현상이다"라고 했죠. 통화량 증가로 인한 인플레이션의 결말요? 우리가 잘 아는 제1차 세계대전 이후의 독일과 지금의 짐바브웨의 하이퍼 인플레이션을 보시면 돼요(어빙 피셔의 '화폐수량설' 참고).

인플레이션의 영향에 대해서는 이렇게 생각해보면 쉽습니다. 화폐 가치가 떨어지면 가격이 올라갑니다. 1억짜리 주택이 1억 5,000이 됩니다. 그러면 집주인은 부자가 되겠죠? 이에 반해 월급은 급격히 변하지 않습니다(물가가 올라간다고 월급을 내일 당장 올려주지 않잖아요). 은행에 저축하는 것보다 대출하는 게 더 이득이 됩니다(주식이나 부동산 등 다른 금융상품으로 돈 버는 게 더 이득). 여러 가지 비용이 증가함에 따라 기업의 생산비용도 높아지면서 경쟁력이 사라집니다.

실물자산 소유자의 실질 소득 증가, 봉급생활자, 금융자산 소유자의 실질 소득 감소 → 빈부격차 심화, 부동산 투기 성행
화폐 가치 하락 → 저축 감소 → 기업의 투자 위축
국내 상품의 가격 상승 → 수출 감소, 수입 증가 → 국제 수지 악화

그런데 인플레이션을 왜 이렇게 다들 걱정할까요? 그것은 불확실성 때문입니다. 그 불확실성에 대해 치러야 하는 비용이 많습니다. 인플레이션이 자아내는 미래가격에 대한 불확실성은 자의적으로 부를 재

분배하게 합니다. 또 사람들로 하여금 부의 손실을 회피하기 위한 노력에 상당한 비용을 치르게 하죠(은행 이자보다 높은 수익을 예상하고 주식으로 갔다가 손실 보신 분 계실 겁니다). 무엇보다도 심각한 것은 인플레이션이 사회 구성원들 간에 적대감을 상승시킴(빈부의 격차, 상대적 박탈감 등)으로써 궁극적으로 그 사회가 구성원 간의 협력을 더 이상 끌어낼 수 없는 상황에 이르게 만들 수도 있어요.

● TESAT 문제로 알아보는 쏙쏙! 개념 잡기

【문제】 인플레이션이 초래하는 현상이 <u>아닌</u> 것은?

① 기업들로 하여금 재화의 가격을 조정하는 데 드는 비용을 발생시킨다.

② 실물 대신 현금을 더 많이 보유한 기업들이 불리하다.

③ 일반적으로 돈을 빌려준 사람에게 불리하다.

④ 기업의 이윤을 더 정확히 파악하는 데 도움을 준다.

⑤ 공평한 조세제도를 왜곡한다.

| 해설 | 인플레이션은 물가수준이 지속적으로 상승하여 화폐 가치가 하락하는 현상을 말한다. 인플레이션이 예상되었을 경우 이자율 등이 조정되기 때문에 경제에 큰 영향을 미치지 못한다. 하지만 인플레이션을 정확히 예측할 수 없는 까닭에 여러 문제가 발생한다. 인플레이션은 경제 주체들 간 소득이 재분배되는 효과를 낳는다. 화폐 가치가 하락해 돈을 빌려준 사람은 손해를 보고 빌려 간 사람은 이익을 본다. 또 실물자산을 보유한 개인이나 기업이 현금 자산을 보유한 개인·기업보다 유리해진다. 인플레이션의 영향을 상대적으로 작게 받는 부동산, 금, 외환 등에 대한 투기가 성행하게 된다. 이런 현상이 발생하면서 조세의 형평성도 왜곡된다. 기업들이 인플레이션을 감안해 재화의 가격을 조정하면서 메뉴비용이 발생한다. 장기계약을 맺기가 힘들어져 경제 전반의 효율성이 떨어진다. 기업의 실질적인 손익을 파악하기란 어려워질 것이다.

[정답] ④

【문제】 인플레이션 유형에는 ㉠총수요의 변동으로 인해 나타나는 인플레이션과 ㉡총공급의 변동으로 인해 나타나는 인플레이션이 있다. 밑줄 친 ㉠, ㉡에 대한 설명으로 옳은 것은?

① ㉠은 비용 인상 인플레이션이다.

② ㉠의 원인으로 민간 소비 지출 감소를 들 수 있다.

③ ㉠에 대한 대책으로 정부지출 확대를 들 수 있다.

④ ㉡의 원인으로 원자재 가격 상승을 들 수 있다.

⑤ ㉡은 ㉠과 달리 실질GDP의 증가를 수반한다.

| 해설 | ㉠은 총수요 증가로 인해 발생하는 수요 견인 인플레이션, ㉡은 총공급 감소로 인해 발생하는 비용 인상 인플레이션이다. 수요 견인 인플레이션의 원인으로 민간 소비 지출 증가, 통화량 증가, 민간투자 증가, 정부지출 증가 등이 있다. 이에 대한 대책으로는 정부지출 축소 등이 있다. ㉠은 실질GDP의 증가, ㉡은 실질GDP의 감소를 수반한다. 원자재 가격 상승은 총공급 감소 요인이므로 비용 인상 인플레이션의 원인이 될 수 있다.

[정답] ④

금리의 기능

시간에 대한 돈의 가격을 '이자'라고 합니다. 이를 금융 거래에서 쓰면 '금리'라고 하죠. 현재 소비를 희생한 대가 또는 기회비용이라고도 합니다. 예를 들어 현재 본인에게 10만 원이 있을 때 그 비용으로 옷을 사거나 밥을 먹을 수 있습니다. 하지만 이를 은행에 넣으면 현재 즐길 수 있는 소비를 포기하게 되죠. 그 대가로 은행에서는 10만 원에 대한 수익을 줍니다. 시간이 지날수록 좀 더 큰 수익을 주게 됩니다.

대출도 마찬가지로 나중에 쓸 돈을 미리 당겨서 쓰기 때문에 그것에 대한 가치(금리에 따른 이자)를 지불하는 것이죠. 여기에 추가로 대출한 사람의 신용이 포함됩니다. 신용이 높을수록 그 사람이 대출을 잘 갚기 때문에 금리를 낮춰주기도 합니다.

금리의 기능은 다음과 같습니다.

가격 기능

지금 들고 있는 돈의 가치가 얼마냐에 따른 기능을 합니다. 금리가 낮으면 저축을 하는 것이 아니라 소비를 선택하겠지요. 돈의 가치가 낮아졌으니 그냥 쓰는 것이 좋다고 생각하는 것입니다.

경기 조절 기능(자금 수급 조절 기능)

앞서 이야기한 것처럼 돈의 가치가 중요한 역할을 합니다. 금리가 낮으면 소비와 투자가 늘어나고 경기가 부양됩니다. 금리가 높으면 소비 대신 저축을 하겠지요.

은행의 입장에서 다시 생각해 봅시다. 금리가 낮으면 대출(수요)이 늘고 저축(공급)은 줄어듭니다. 은행 내부의 돈이 사라지니 금리를 다시 올립니다. 그러면 대출(수요)은 줄고, 저축(공급)은 늘어납니다. 시중의 돈이 줄어들어 경기가 다시 내려가는 것이죠.

자금 분배 기능

A, B, C라는 기업이 있습니다. D라는 은행이 2%의 금리로 대출을 시행했습니다. A, B, C 세 기업은 이 대출을 통해 투자도 하고 기업을 돌려 수익을 창출했습니다. 만약 D은행이 금리를 5%로 올린다면 어떨까요? 금리가 올라도 안정적 수익을 낼 수 있는 기업 A는 대출을 유지하고 5%에서는 수익을 낼 수 없는 기업 B, C는 돈을 갚게 됩니다.

금리는 '이익을 많이 낼 수 있는 산업으로 자금이 흘러가도록 하는 역할'을 하는 것입니다.

【문제】 경기 침체 시에 중앙은행이 시도하는 정책으로 옳은 것은?

① 소득세율을 낮추어 소비를 진작시킨다.

② 기업의 연구개발을 장려하는 정책을 펼친다.

③ 통화안정증권을 발행하여 경제를 안정시킨다.

④ 기준금리를 높여서 무분별한 차입을 억제한다.

⑤ 지급준비율을 낮추어 통화승수를 높이는 정책을 펼친다.

Ⅰ해설Ⅰ 중앙은행이 지급준비율을 낮추어 통화승수를 높이면 시중에 통화량이 증가되어 금리가 낮아지므로 민간투자가 살아나게 될 것이다. 소득세율을 낮추거나 기업의 연구개발을 장려하는 것은 정부의 역할이지 중앙은행이 할 수 있는 정책은 아니다. 중앙은행은 경기 침체 시에 증권을 사들여서 기준금리를 낮추는 정책을 해야 한다.

[정답] ⑤

【문제】 최근 우리나라의 금융 환경은 아래와 같이 요약할 수 있다. 이런 환경에서 우리나라 통화정책 운용과 경제에 미치는 효과에 대한 학생들의 발언 중 적절하지 <u>않은</u> 것은?

- 한국은행은 기준금리를 1%대로 낮게 유지해왔다.
- 부동산 등 자산시장은 이례적으로 팽창해 있다.
- 가계부채는 1,500조에 육박하며 그 증가 속도가 가파르다.
- 최근 미국의 기준금리 인상으로 우리나라와 금리가 역전되었으며, 향후 금리 격차가 더 벌어질 것으로 예상된다.

---

① 지연: 미국과 금리 격차로 인해 자본유출이 예상되므로 이를 방지하

기 위해 한국은행은 기준금리를 인상할 필요가 있어.

② 정재: 고용, 소비 및 투자 등이 저조하기에 한국은행은 기준금리를 1%대로 유지하고 있어. 그래서 기준금리 인상은 경기후퇴를 더 심화시킬 우려가 있어.

③ 인하: 기준금리를 현 상태로 유지할 경우 시중은행의 민간 대출이 지속적으로 이루어지므로 자산시장의 팽창을 멈출 수 없을 거야.

④ 성준: 기준금리 인상은 자산시장을 안정시키고 자본유출을 막을 수는 있어. 하지만 가계의 이자 부담을 가중시켜 부채가 많은 가계의 파산 위험이 높아질 거야.

⑤ 새벽: 우리나라는 소규모 개방경제이므로 기준금리가 낮더라도 시중금리는 국제 금융시장의 여건에 따라 결정돼. 그래서 한국은행의 통화정책은 국내 거시변수에 영향을 받지 않아.

| 해설 | 소규모 개방경제이더라도 시중금리와 기준금리의 차이는 국내 금융시장에 영향을 미쳐서 국내 경제활동에 큰 영향을 주게 된다.

[정답] ⑤

재정정책과 통화정책

경제안정화정책은 재정정책과 통화정책으로 구분됩니다.

재정정책	정부의 재정지출 또는 조세의 크기를 변경함으로써 경제 안정화를 꾀하는 정책
통화정책	중앙은행이 통화량, 이자율 등을 변화시킴으로써 경제 안정화를 꾀하는 정책

통화정책과 재정정책은 생산, 물가, 고용 등 경제 전체에 영향을 줍니다. 통화정책과 재정정책은 특정 경제 목표를 달성하려는 정책 수단이라는 점에서 유사하죠. 그러나 정책의 주체와 시행 절차, 시차 등에서 차이가 있어요. 두 정책은 유사한 기능을 가지고 있지만 나름대로 다른 특성을 갖고 있으므로 이를 잘 감안하여 조화롭게 운용해야 합니다.

재정정책

정부 재정의 세출 항목은 매우 다양하지만 크게 지출 대상을 기준으로 재화와 서비스를 구입하기 위한 지출과 특정 개인이나 부문에 대한 보조금 및 융자금으로 나누어 볼 수 있어요. 전자의 정부지출은 공무원 급여, 비품 구입 등을 위한 소비지출과 도로, 항만, 통신, 운수 등 유·무형의 사회간접자본 형성을 위한 투자지출로 구성되어 있답니다.

재정정책에서 알아둬야 할 두 가지 효과가 있어요.

승수효과	정부가 재화나 서비스 구입 → 기업 및 가계 소득 증가 → 소비지출의 증가
구축효과 (밀어내기 효과)	기업 및 가계 소득 증가 → 화폐수요 증가 → 이자율 상승 → 투자지출 감소 → 총수요 감소

위의 승수효과는 재정정책이 매우 효과적이라는 설명이지만, 아래 구축효과는 반대로 재정정책의 효과가 이자율의 상승으로 제한적이라는 설명입니다. 재정정책을 펼치게 되면 재정적자가 발생합니다. 이를 해결하기 위해서는 ① 세금을 더 거두거나, ② 중앙은행으로부터 자금을 빌리거나, ③ 국채를 발행하는 방법이 있습니다. 이 모든 것은 국민에게 다시 전가되는 것이지요.

통화정책

통화정책은 다음과 같은 세 가지 방법을 사용해요.

공개시장조작	중앙은행이 금융시장에서 금융기관을 상대로 국·공채 등을 사고팔거나 통화안정증권을 발행하여 시중의 자금을 조절하는 것
지급준비제도	금융기관으로 하여금 지급준비금 적립 대상 채무의 일정 비율(지급준비율)에 해당하는 금액을 중앙은행에 지급준비금으로 예치하도록 의무화하는 제도
여수신제도	중앙은행이 금융기관을 대상으로 예금 수신 및 대출을 통해 자금의 수급을 조절하는 것

재정정책을 할 것이냐, 통화정책을 할 것이냐에 대해 무엇이 좋은 정책인지 답은 없습니다. 그리고 심지어는 불황의 시기에 재정정책, 통화정책 모두 부작용이 많아 쓰지 말자는 견해도 존재합니다. 다만 정책을 집행할 때 고려해야 할 것은 네 가지입니다.

시차	재정정책은 실행이 어려워도 바로 실물경제에 영향을 미칩니다. 통화정책은 실행은 쉬워도 천천히 효과가 나타나요.
예측 가능성	정책의 효과를 얼마나 정확하게 예측하느냐가 중요한 것이에요.
중립성	정책이 어느 특정 집단에게 유리하거나 불리하지 않아야 해요.
전환 가능성	정책이 필요 없을 때 빨리 폐기할 수 있는가도 중요합니다.

 ● TESAT 문제로 알아보는 쏙쏙! 개념 잡기

【문제】 경기 침체를 극복하기 위해 정부가 선택하는 재정정책과 금융정책에 관한 설명으로 옳은 것은?

① 금융정책은 재정정책에 비해 직접적이고 확실한 효과를 가져온다.

② 국채 발행을 통해 정부가 자금을 조달할 경우 시중 이자율은 하락한다.

③ 개방 수준이 높고 변동환율제도 아래의 경제일수록 금융정책 효과가 크다.

④ 재정지출 확대를 국채가 아닌 한국은행 차입금으로 할 경우 구축효과가 일어난다.

⑤ 통화를 아무리 많이 공급해도 투자와 소비가 늘지 않는다면 유동성 함정에 빠졌다고 할 수 있다.

| 해설 | 경제학자인 케인스에 따르면 경기 침체는 수요의 부족에서 비롯된다. 따라서 경기를 부양시키려면 수요를 부추기는 정책이 필요한데 여기엔 크게 재정정책과 금융정책이 있다. 재정정책은 정부가 씀씀이를 늘리는(정부지출을 확대하는) 방법이 동원된다. 금융정책은 이자율을 낮추거나 통화량을 늘려 기업이나 가계가 투자와 소비를 많이 하도록 유도하는 방법이 쓰인다. 하지만 통화를 아무리 많이 공급해도 기업이나 가계가 향후 경기 전망을 나쁘게 보고 있다면 투자와 소비가 늘지 않는데 이를 유동성 함정이라고 한다. 문제에서 재정정책은 자금을 직접 투입해 수요를 부추기는 까닭에 금융정책에 비해 직접적인 경기부양을 기대할 수 있다. 정부가 국채를 발행하면 시중의 자금을 흡수해 이자율이 상승한다. 개방 수준이 높고 변동환율제 아래에선 나라 경제가 외국과 밀접히 연관돼 있어 금융정책 효과는 작게 나타난다. 또 정부지출 확대에 필요한 자금을 국채 발행이 아닌 한국은행 차입금에 의존할 경우 정부가 투자 등에 쓰일 민간의 자금을 빨아들이지 않아 구축효과는 발생하지 않는다.

[정답] ⑤

【문제】 B국의 경제 상황에 대한 다음 글을 읽고 B국 정부나 중앙은행이 시행할 가능성이 낮은 정책을 고르면?

B국의 국민들은 인플레이션에 대해선 너그럽지만 높은 실업률은 몹시 싫어한다. B국 경제엔 단기 필립스 곡선이 적용된다. B국 정부는 통화 및 재정정책을 구상하고 있다.

① 법인세 인하　　　　　　　② SOC예산 축소

③ 지급준비율 인하　　　　　④ R&D세액공제 확대

⑤ 추가경정예산 편성

| 해설 | 필립스 곡선이란 영국의 경제학자 필립스가 찾아낸 실증 법칙으로, 실업률이 낮으면 임금상승률이 높고 실업률이 높으면 임금상승률이 낮다는 반비례 관계를 나타낸 곡선이다. 현재는 인플레이션율과 실업률 사이에 존재하는 역의 상관관계를 나타내는 곡선이다. B국 국민은 높은 실업률에 민감한 상태다. 필립스 곡선에 따르면 B국 정부는 실업률을 개선하기 위해 확장적 통화 · 재정정책을 시행해야 한다. 보기의 다른 대책들과 달리 SOC예산 축소는 투자를 축소시켜 실업률을 높일 수 있다.

[정답] ②

케인스와 유동성 함정

〈한국경제신문〉에서는 "팬데믹 1년…… 국가경쟁력을 다시 생각한다"라는 주제로 기획 기사를 실었습니다.

홍수처럼 불어난 유동성은 자산시장으로만 흘러들고 있다. '유동성 장세'를 바탕으로 세계 각국 증시가 사상 최고치를 갈아치우는 중이다. 미국 나스닥지수는 지난해에만 43.6% 뛰었다. 테슬라(743.3%), 엔비디아(121.9%), 애플(80.7%) 등 기술주는 지난해 폭등했다. 지난해 한국 코스피지수는 30.8%, 일본 증시도 16.5% 뛰었다. 갈 곳 잃은 유동성은 원자재 가격도 밀어 올렸다. 구리(41.6%), 콩(39.5%), 금(16.4%) 등이 지난해 고공행진을 이어갔다.

한국 아파트값도 치솟았다. KB부동산에 따르면 지난해 12월 서울 아파트 평균 매매가격은 3.3㎡당 4,033만 원으로 2019년 12월(3,352만 원)보다 20.3%(681만 원) 상승했다.

불어난 유동성은 자산 가격을 띄웠지만 실물경제는 얼어붙었다. 한국(-1.0%), 미국(-3.5%), 유로존(-6.8%), 일본(-4.8%) 등의 성장률이 줄줄이 마이너스를 기록했다. 각국은 당분간 '완화 정책'을 이어갈 계획이다. 금융 당국은 115조 원 규모의 대출 원리금 유예 조치 종료 시점을 올 3월 말에서 9월 말까지 또

연장할 방침이다.

※ "주식 · 부동산 폭등 …… 거품 꺼지면 '2차 충격' 온다" 경고(《한국경제신문》 2021년 2월 22일자 A10면)

유동성 함정에 관해 이야기하려면 우선 영국의 경제학자 케인스를 알아야 합니다. 케인스는 '유동성 선호설'을 주장했습니다. 우선 유동성이란 일반적으로 어떤 자산이 그 가격의 손실 없이 즉석에서 일반적구매력을 갖는 화폐와 교환될 가능성의 정도를 말해요. 유동성 선호설이란 사람들이 증권 같은 투자의 형태보다는 유동성이 높은 화폐나당좌예금을 보유하는 것을 선호한다는 것이지요. 케인스는 화폐를 재산 축적 수단 중의 하나로 보았습니다.

또, 케인스는 화폐 공급량과 사람들의 욕구(유동성 선호)와의 관계에서 이자율(균형 이자율)이 결정된다고 하였습니다.

유동성 함정

유동성 함정은 중앙은행이 통화 또는 유동성을 아무리 많이 발행하더라도 소비, 투자 등 실물경제활동으로 이어지지 않는 상황을 말해요. 이 유동성 함정은 채권보다는 현금이 절대적으로 선호되는 상황이에요. 이러한 상황은 이자율이 매우 낮아 사람들이 가까운 장래에 이자율이 상승할 것이라는 기대감에서 채권을 매입하기보다는 현금으로보유하려고 하는 경우와 경제가 매우 불안하여 사람들이 채권을 구입하지 않고 현금만 보유하려고 하면 발생합니다.

유동성 함정의 대표적인 사례로 1930년대 미국의 대공황기와

1990년대 일본 경제의 장기 침체기를 꼽습니다. 참고로 경제학 도서 《버냉키 · 프랭크 경제학》에서는 '유동성 함정'에 관한 내용이 없다는 사실! 아무래도 '헬리콥터 벤'이라는 별명(벤 버냉키가 공황 때는 헬리콥터로 돈을 살포하는 것도 도움이 된다고 하여 붙은 별명)과 관계 있지 않을까요?

● **TESAT 문제로 알아보는 쏙쏙! 개념 잡기**

【문제】 유동성 함정에 대한 설명 중 옳지 <u>않은</u> 것은 무엇인가?

① 중앙은행이 통화량을 늘려도 이자율이 하락하지 않아 통화정책의 효과가 나타나지 않는 상태이다.

② 정부지출이 증가해도 이자율이 상승하지 않기 때문에 재정정책의 효과가 극대화된다.

③ 화폐수요가 이자율에 대해 무한탄력적인 상태이다.

④ 물가상승에 대한 압력이 크게 나타난다.

⑤ 대표적인 사례로 1930년대 미국의 대공황기를 꼽을 수 있다.

| 해설 | 이자율이 아주 낮을 경우 통화량이 아무리 늘어도 이자율이 더 이상 하락하지 않는 상황이 존재하는데 이를 유동성 함정이라 한다. 존 메이너드 케인스가 1920년대 세계 경제 대공황 때 통화량을 늘렸지만 경기가 살아나지 않자 제기한 학설이다. 일반적으로 금리가 낮아지면 기업은 투자를 늘리게 된다. 하지만 유동성 함정에 빠지면 시중에 현금이 넘쳐 구하기 쉬운데도 기업의 생산 · 투자와 가계의 소비가 늘지 않아 경기가 계속 침체에 빠지는 상태가 된다. 이때 경제주체들은 자산을 현금으로 보유하고자 하므로 화폐수요 곡선은 수평선이 된다. 유동성 함정은 경기 침체에 나타나게 되므로 디플레이션에 대한 우려가 발생하게 된다.

[정답] ④

【문제】 2008년 글로벌 금융위기 이후 많은 국가는 제로금리를 시행했다. 이 때문에 이 나라들이 유동성 함정에 빠지는 것이 아닌가 하는 우려가 생겼다. 유동성 함정에서 가장 발생하기 쉬운 상황은?

① 통화량이 늘어나므로 이자율까지 상승한다.

② 재정정책의 승수가 줄어들어 재정정책의 효과가 감소한다.

③ 통화량을 늘려도 통화수요 증가로 흡수돼 통화정책의 효과가 사라진다.

④ 제로금리의 실현이 지속되면 자금에 대한 수요가 감소한다.

⑤ 유동성이 풍부한 반면 채권투자 수익률이 낮으므로 주식투자가 활발해진다.

| 해설 | 일반적으로 이자율이 낮아지면 기업은 돈을 빌리기 쉬워지므로 투자를 늘리려 한다. 그러나 이자율이 매우 낮은 수준이 되면 경제주체는 미래의 이자율 상승(채권가격 하락)을 예상한다. 따라서 케인스의 화폐수요이론에 따르면 경제주체는 모든 자산을 화폐로 보유하면서 화폐수요 곡선이 수평선이 된다. 화폐수요 곡선이 수평선인 구간을 유동성 함정이라 한다. 유동성 함정에 빠지면 화폐 공급을 늘리는 통화정책을 시행하더라도 증가한 통화량이 모두 화폐수요로 흡수돼 이자율이 변하지 않는다. 즉, 유동성 함정에 빠지면 통화정책의 효과는 사라진다.

[정답] ③

실업률은 과연 정확할까?

신문에는 통계 기사가 많이 나오죠. 통계는 우리 경제를 확인하는 좋은 지표입니다. 하지만 통계를 잘못 사용하여 소비자의 심리를 위축시키거나 부정적인 문제를 일으키는 경우가 많습니다. 그만큼 통계는 잘 알고 있어야 합니다.

지난달 취업자가 100만 명 가까이 감소하는 '고용 참사'가 벌어졌다. 외환위기 때인 1998년 말 이후 22년 만에 가장 큰 감소폭이다. 실업자는 사상 처음 150만 명을 넘어섰고 실업률은 약 21년 만에 5% 선을 뚫었다.

통계청이 10일 발표한 '2021년 1월 고용동향'에 따르면 올 1월 취업자는 2,581만 8,000명으로, 전년 동월보다 98만 2,000명 줄었다. 1998년 12월(-128만 3,000명) 후 가장 큰 감소폭이다.

※ "고용 대참사······ 일자리 100만 개 사라졌다"〈한국경제신문〉 2021년 2월 11일자 1면

통계청은 고용난이 심해진 데 대해 "작년 12월 사회적 거리두기 조치가 강화되면서 대면 서비스업 고용이 악화된 것이 주요 원인"이라고 분석했다. 실제 숙박·음식점업(-36만 7,000명), 도소매업(-21만 8,000명) 등 대면 서비스가

많은 업종에서 취업자가 많이 줄었다. 하지만 대면 요소가 적고 양질의 일자리로 평가되는 제조업(-4만 6,000명), 전문·과학 및 기술서비스업(-1만 5,000명), 정보통신업(-1만 4,000명) 등도 일자리 감소를 피하지 못했다.

그간 고용난을 완화시키는 역할을 톡톡히 했던 보건·사회복지서비스업 취업자가 2013년 통계 집계 후 처음 줄었다는 점도 주목할 만하다. 지난달 7만 4,000명의 취업자가 감소한 해당 분야에는 '노인 일자리'가 많다. 정부가 세금으로 월 20만~30만 원의 인건비를 주는 일자리다. 그런데 새해 초, 노인 일자리 공급에 차질이 생기면서 보건업 고용에 직격탄이 됐다.

※ "21년 만에 최악 실업률 …… 노인 일자리 '착시' 걷히자 참담한 민낯"〈한국경제신문〉 2021년 2월 11일자 8면)

전체 인구 중 15세 이상이 되면 다음의 세 가지 유형 중 하나에 속하게 됩니다(보통 조사 기간은 1주일을 기준으로 한다고 합니다).

취업자

취업자는 조사 대상 기간(1주간) 중 수입을 목적으로 1시간 이상 일을 한 사람을 말합니다. 풀타임, 파트타임 다 포함돼요. 다만, 자기에게 직접 수입이 들어오지 않더라도 자기 가족이 운영하는 농장이나 사업체를 위하여 일주일에 18시간 이상 일한 사람과 직업 또는 사업체를 가지고 있으나 일시적인 병 또는 사고, 연가, 교육, 노사분규 등의 사유로 일하지 못한 일시 휴직자도 취업자에 포함된다고 합니다.

실업자

경제활동인구 중 조사 대상 기간(1주간)에 수입이 있는 일을 하지 않았고, 지난 4주간 일자리를 찾아 적극적으로 구직활동을 하였던 사람으로서 일자리가 주어지면 즉시 취업이 가능한 사람을 말합니다.

비경제활동인구

비경제활동인구는 취업이나 구직활동이 전혀 없는 사람들입니다. 보통 전업주부나 재학생, 구직단념자 등 다양한 형태가 있습니다. 다만 가정주부, 학생, 정년퇴직자들 등 비경제활동인구에 포함된 사람 중에 적극적 구직활동을 한다면 실업자로 분류되기도 해요.

그런데 실업률 통계를 정확하게 구하기는 쉽지 않습니다. 비공식적으로 급여를 받으면서 일하지만, 실업자에 포함되는 경우도 있습니다. 경제활동인구에 포함되지는 않지만 일하고 싶어 하는 사람도 있죠. 열심히 구직활동을 하다가 직장을 찾지 못해 구직을 포기한 실망실업자도 있습니다(비경제활동인구지요).

　실망실업자는 비경제활동인구에 포함되어 실업률에는 반영이 안되고 있지만, 이들도 실업자로 분류될 경우 실업률은 늘어납니다 (2021년 1월 공식 실업률은 5.7%입니다. 구직단념자 혹은 실망실업자를 포함하면 8.5% 로 늘어납니다).

　참고로 통계청에서 설정하고 있는 구직단념자의 정의는 다음과 같습니다. 비경제활동인구 중 취업 의사와 취업 가능성이 있으나 아래의 사유(노동시장적 사유)로 지난 4주간에 구직활동을 하지 않은 자 중

지난 1년 내 구직 경험이 있었던 사람을 구직단념자라고 합니다.

① 적당한 일거리가 없을 것 같아서(전공, 경력, 임금수준, 근로조건, 주변, 교육)

② 지난 4주간 이전에 구직해 보았지만, 일거리를 찾을 수 없어서

③ 자격이 부족하여(교육, 기술, 경험 부족, 나이가 너무 어리거나 많다고 고용주가 생각할 것 같아서)

● TESAT 문제로 알아보는 쏙쏙! 개념 잡기

【문제】 한 나라의 총인구가 5,500만 명, 비경제활동인구 1,000만 명, 취업자 2,400만 명, 실업자는 600만 명이라고 하자. 이때 경제활동참가율과 실업률을 순서대로 각각 구하면?

① 50% – 15%   ② 50% – 20%   ③ 75% – 12%

④ 75% – 15%   ⑤ 75% – 20%

Ⅰ 해설 Ⅰ 경제활동참가율은 생산가능인구(15세 이상 인구) 중 경제활동인구(취업자+실업자)의 비중을 뜻한다. 문제에서 취업자와 실업자를 합한 경제활동인구는 3,000만 명이다. 경제활동인구와 비경제활동인구를 더하면 4,000만 명이 생산가능인구다. 이에 따라 경제활동참가율을 구하면 75%다. 실업률은 경제활동인구 중 실업자의 비중을 뜻한다. 실업자 600만 명을 경제활동인구 3,000만 명으로 나누면 실업률은 20%다.

[정답] ⑤

【문제】 A국가의 생산가능인구에 대한 조사 결과가 〈보기〉와 같다. 이에 대한 설명으로 옳지 <u>않은</u> 것은?

〈보기〉

취업자: 1,200명

실업자: 400명

비경제활동인구: 400명

① A국가의 실업률은 25%이다.

② A국가의 고용률은 60%이다.

③ A국가의 경제활동참가율은 80%이다.

④ A국가에서 아르바이트 중인 A국 대학생은 취업자 1,200명에 포함된다.

⑤ A국가에 거주하는 직업 군인은 비경제활동인구 400명에 포함된다.

| 해설 | 이 지역의 생산가능인구는 2,000명으로 의무복무 중인 군인이 아닌 직업 군인은 취업자로 생산가능인구에 포함된다. 구직포기자는 비경제활동인구로 분류되며, 실업률은 1,600명 중에서 400명이므로 25%고 고용률은 2,000명 중에서 1,200명이므로 60%다. 경제활동참가율은 2,000명 중에서 1,600명이므로 80%다.

[정답] ⑤

자연 실업률과 경기적 실업

경제적 의사결정은 '기대'에 의존합니다. 투자도 역시 '기대'에 의존하는 것이지요. 실업도 '기대'에 의존합니다.

사람들은 만족할 만한 직장을 얻을 수 있다고 '기대'하므로 노동인구에 참여합니다. 그 노동 참여자의 기대가 높았으나 현실적인 벽에 걸려 실업 상태가 되죠. 이를 통해 실업률은 높아집니다. 기회가 많을수록 일시적 실업률이 높아지기도 합니다. 그런데 장기적으로 실업률은 줄지 모르지만 사라지지는 않습니다. 그걸 '자연 실업률'이라고 합니다. 자연 실업률은 정상적인 경제 상태에서 발생하는 실업으로 '완전고용 실업률'이라고 하기도 합니다.

자연 실업률에는 두 가지 종류가 있습니다.

① 마찰적 실업(탐색적 실업)

구직자들이 직장을 구하는 과정(이직 포함)에서 발생하는 실업입니다. 새로운 일자리를 탐색한다는 것은 구직자와 구인자 사이에 서로의 요구 조건이 일치하지 않는 일종의 마찰이 생겼기 때문이죠. 앞서 이야기한 '기대'에 많은 사람이 현실적 벽을 느끼는 실업이 바로 마찰적 실업입니다.

② 구조적 실업

노동시장의 구조 변화로 일어나는 실업입니다. 다시 말해 경제 발전 때문에 사양 산업에 종사하는 노동자들이 쉽게 새로운 성장산업으로 옮겨가기 어려워 생기는 실업이죠. 경제가 발전하면서 사라진 '버스 안내양' 같은 실업을 말합니다. 구조적 실업자가 새로운 산업으로의 취업을 위해 구직활동을 당분간 중단하고 재교육을 받는다면 취업 준비자로 비경제활동인구에 포함되기도 합니다.

구조적 실업을 잘 설명한 다음의 기사를 한번 보면 좋겠습니다.

월터는 곧바로 위기에 봉착한다. 〈라이프〉지의 스타 사진가 숀 오코넬(숀 펜)이 보냈다는 사진이 도착하지 않은 것이다. "이 사진에 '삶의 정수'가 담겼다. 〈라이프〉지의 마지막 호 표지사진으로 써 달라"는 편지만 도착했을 뿐이다. 숀의 편지 내용은 구조조정 매니저들의 귀에도 들어가 이 사진이 무엇인지 모두의 관심이 집중되고 있던 상황이었다. 구조조정 대상 심사가 이뤄지는 기간에 최악의 사건이 벌어진 것이다.

심지어 고지식한 여행가 숀은 연락할 휴대폰도, 메일도 없다. 월터는 숀을 찾아 내 사진의 행방을 밝혀내야만 했다. 월터는 용기를 냈다. 그린란드, 아이슬란드, 아프가니스탄 세계 곳곳의 숀이 있을 법한 곳으로 여행을 떠난다. 바다에 빠져 상어에게 위협당하고, 폭발하는 화산을 피해 달아나는 등 갖가지 위험을 무릅쓴다. 그렇게 결국 월터는 사진을 찾아낸다.

하지만 월터에게 날아온 것은 결국 해고통지서였다. 월터의 목숨을 건 사투에도 월터가 해고 대상자라는 것은 바뀌지 않는 현실이었다. 디지털로 바뀌는 흐름 속에서 아날로그 인력의 노력은 중요하지 않다. 구조적 실업은 산업변화에 의해 불가역적으로 발생하는 실업이기 때문이다.

구조적 실업은 아이러니하게도 기업이 근로자를 더 쉽게 자름으로써 더 쉽게 채용할 수 있게 해준다. 노동유연화다. 산업이 구조적으로 변화하면 부문별로 노동에 대한 수요가 다르게 나타날 것이다. 지는 산업에서는 노동수요가 줄어들 것이고, 뜨는 산업에서는 노동수요가 늘어날 것이다. 노동이 유연해지면 수요가 적은 곳에서 많은 곳으로 일자리는 탄력적으로 수급될 수 있다.

※ "디지털 파도에 떠내려간 월터의 아날로그 일자리…… 온갖 모험 무릅썼지만 구조적 실업 피할 수 없는 현실"(〈한국경제신문〉 2021년 1월 11일자 13면)

일자리가 생기는 것과 일자리가 사라지는 것의 차이를 말하는 '순고용'이 있습니다. 사실 경제가 정상적일 경우 순고용은 꾸준히 늘어납니다. 그런데 최근 코로나19 때문에 어느 직군은 줄고 어느 직군은 늘어납니다. 아래 기사를 한번 볼까요?

국내 500대 기업의 국민연금 가입 근로자 수가 최근 1년 새 1만 3,000명가량 감소한 것으로 나타났다. 지난해 유례없는 신종 코로나바이러스 감염증(코로나19) 확산 여파에 기업들이 신규 채용을 줄이고 기존 인력을 줄여 비용 절감에 나섰기 때문으로 풀이된다.

※ "코로나에 대기업 고용도 속수무책…… 순고용 인원 6,000명 감소"(한경닷컴 2021년 2월 3일자)

지난해 벤처기업은 5만 3,000명, 벤처투자를 받은 기업은 약 1만 3,000명의 신규 고용을 창출한 것으로 나타났다.

16일 중소벤처기업부는 한국고용정보원의 고용보험 가입 현황을 토대로 분석한 '혁신 스타트업 · 벤처기업 일자리 동향'을 발표했다.

지난해 말 벤처기업 3만 9,511개 중 고용정보 유효기업 3만 6,885개의 전체 고용은 72만 4,138명으로 나타났다. 전년 말(67만 1,233명)보다 약 7.9%(5만 2,905명) 증가한 수준이다. 벤처기업당 평균 고용 증가는 전년 말 18.2명에서 약 1.4명 증가한 19.6명으로 조사됐다.

※ "코로나19에도 벤처기업 고용 5.3만 명 증가"(한경닷컴 2021년 2월 16일자)

자연 실업률 외에 경기적 실업이 있습니다. 경기적 실업은 경기 변동 과정에서 발생하는 실업으로, 외환위기 당시 명예퇴직자들과 같이 주로 경제가 침체기에 접어들면서 발생합니다.

경기적 실업률은 자연 실업률을 중심으로 매년 상하로 움직이는 변동 폭이에요. 자연 실업이 장기라면 경기적 실업은 단기적 변동이죠. 참고로 실업률은 영원히 0이 되지 않습니다. 자연 실업률을 기준으로 경기적 실업률에 의해 상하로 움직일 뿐이에요. 그래서 경기적 실업률이 0이 되는 순간 '완전고용 실업률'이 달성되는 것이지요.

이외에 계절적 실업이 있습니다. 계절적 실업은 장마철이나 겨울이 되면 공사 현장 근로자들의 일거리가 줄어들어 생기는 실업을 말합니다.

조셉 슘페터는 '창조적 파괴'를 이야기했습니다. 혁신을 위해 필요한 부분이죠. 하지만 우리가 먼저 알아야 할 것은 어떤 창조의 경우 파괴가 수반된다는 것입니다. 즉, 일자리가 사라지는 것을 두려워할 필요는 없습니다.

● TESAT 문제로 알아보는 쏙쏙! 개념 잡기

【문제】다음 실업 유형에 대한 설명으로 옳지 <u>않은</u> 것은?

> ● 근로자들이 이직하는 과정에서 발생하는 실업

① 이러한 실업은 경제의 윤활유 같은 역할을 한다.

② 일반적으로 실업보험급여는 이러한 실업을 늘린다.

③ 완전고용 상태에서도 이러한 실업은 나타난다.

④ 산업구조 개편 등 경제구조의 변화가 이러한 실업을 늘린다.

⑤ 정부의 실직자 재훈련 및 직장 알선 노력 등으로 이러한 실업을 줄일
   수 있다.

┃해설┃ 마찰적 실업이란 노동자가 일자리를 바꾸거나 이사를 가고 경제적 활동을 재배치하는 등 노동력의 수요와 공급이 일시적으로 불균형 상태를 이루는 정상적이고 회피 불가능한 실업을 의미한다. 마찰적 실업은 노동자들이 일자리를 탐색하는 데 시간이 걸리기 때문에 탐색적 실업이라고도 한다. 노동자들이 가진 능력이 다르고, 각 일자리가 요구하는 노동의 특성이 다르기 때문에 완전고용 상태에서도 마찰적 실업은 존재한다. 일자리에 관한 정보망의 확충 등을 통해 마찰적 실업을 줄일 수는 있다. 하지만 마찰적 실업을 완전히 제거하는 것은 현실적으로 불가능하다. 산업구조 개편 등 경제구조의 변화로 발생하는 실업은 구조적 실업이다.

[정답] ④

【문제】 실업에 대한 다음 설명 중 옳지 <u>않은</u> 것을 고르시오.

① 경기적 실업은 경기 변동과 밀접한 관련이 있다.

② 마찰적 실업은 경제 내에 오랜 기간 지속되는 실업을 설명할 수 있다.

③ 구조적 실업은 노동공급이 노동수요를 초과하기 때문에 발생하며 노동조합, 최저임금제, 효율성 임금 등이 대표적인 원인이다.

④ 경기 침체로 인해 발생한 실업이 심각해지면 소비도 감소한다.

⑤ 정부가 일자리에 대한 정보를 제공함으로써 마찰적 실업을 줄일 수 있다.

| 해설 | 근로자들이 자신에게 가장 잘 맞는 직장을 찾는 과정에서 발생하는 단기적 실업을 마찰적 실업이라고 한다. 마찰적 실업은 비교적 짧은 기간 발생하는 실업을 설명할 수 있다. 경기침체로 발생한 실업자들은 임금을 받지 못하기 때문에 소비재에 대한 수요를 줄인다. 이로 인해 산업의 상품 수요는 더욱 감소할 수 있다.

[정답] ②

미국의 연방준비제도란?

요즘 다들 주식에 관심이 많으신데요. 주식 이야기에 자주 등장하는 인물이 있습니다. 제롬 파월 미국 연방준비제도이사회 의장입니다. 그의 영향력은 막강해 말과 얼굴로 시장을 움직일 정도입니다.

와, 얼마나 영향력이 있기에 그럴까요? 그 이유는 그가 미국 연준 의장이기 때문입니다. 그럼 미국의 연방준비제도(Fed, the Federal Reserve System)가 무엇인지 알아보도록 하겠습니다.

연방준비제도

미국의 은행은 1864년부터 1913년까지 국립은행에 대한 연방 규제 시스템이었습니다. 각 국립은행이 얼마나 화폐를 발행할 수 있는지는 자본금에 달려 있었습니다. 이런 국립은행 시스템에서도 문제가 많았죠. 화폐 공급과 이동이 빠르지 못했습니다. 그래서 은행에 예금이 부족하다는 소문이 돌면 대량 예금인출사태가 벌어지곤 했습니다. 이런 사태는 1907년 신탁회사의 부도 사태로 불거지게 됩니다. 신탁회사는 국립은행과는 달리 지불준비금이 낮았고 규제도 덜 받았습니다.

1907년 니커보커 신탁이 주식투자 실패로 엄청난 손실을 보고 부도가 나자, 이에 겁에 질린 예금자들은 자금을 찾기 위해 은행으로 뛰어갔습니다. 이른바 '뱅크런(예금 대량 인출)' 사태죠. 뱅크런 사태를 정리한 것은 뉴욕의 최대 부호였던 은행가 존 피어폰트 모건이었습니다. 모건은 재무부 장관과 록펠러를 비롯한 다른 부유한 은행가들을 불러 예금인출을 막기 위한 지불준비금 확충을 협의했습니다.

지불준비금 확충으로 돈을 인출할 수 있다는 확신이 서자 사람들의 뱅크런 사태는 멈추게 됩니다. 이를 계기로 연방준비제도를 창설하게 됩니다.

연방준비제도의 구조

연방준비제도를 이해하려면 우선 구조를 잘 알아야 합니다. 연방준비제도의 특징은 우리나라의 한국은행처럼 단일의 중앙은행이 있는 것이 아니라 지역별로 연준 은행들이 있다는 것입니다. 이것은 권력이 한곳으로 집중되는 것을 두려워하고, 각 주가 연합하여 구성한 연방이라는 원칙을 중시하는 미국인들의 특성을 반영한 것이라 할 수 있습니다.

연방준비제도이사회

연방준비제도이사회는 연방준비은행(FRB)의 12개 지점을 감독하고 국가 통화정책을 관리하기 위해서 발족했습니다. 또한 미국의 전반적인 은행 제도를 감독하고 규제하고 있죠. 대통령이 임명하고 상원이 인준합니다.

이 이사회의 구성원은 7명으로 임기는 14년, 재임은 불가능합니다.

공백을 최대한 없애기 위해 2년마다 1명씩 교체합니다. 이사회의 의장과 부의장은 대통령이 임명하며 임기는 4년이지만 재임할 수 있습니다. 앞서 언급된 제롬 파월이 의장을 맡고 있습니다.

앨런 그린스펀은 19년(1987년 8월 11일~2006년 1월 31일) 동안 의장을 했죠. 파월 의장 직전에 재닛 옐런 의장은 윌리엄 밀러 의장 이후 39년 만에 재임에 실패했습니다(밀러 의장은 이후 재무부 장관을 역임했습니다. 재닛 옐런 의장도 이번에 재무장관이 되었지요).

연방공개시장위원회(FOMC)

미국의 통화정책을 수립하는 아주 중요한 기구입니다. FOMC는 12명의 위원으로 구성되어 있습니다. 12명의 위원 중 대통령이 직접 임명하는 연방준비제도 이사 7명을 포함하고, 나머지 5명은 지역 연방준비은행 총재 중에서 맡습니다.

뉴욕 연준 총재만 당연직(뉴욕이 가장 중요한 곳이거든요)이고, 11명의 지역 연준 총재가 해마다 교대로 네 자리를 차지합니다. 그룹을 4개로 나누어 그 그룹에서 한 명씩 선출하는 거죠.

〈그룹 구분〉
① 보스턴, 필라델피아, 리치먼드
② 클리블랜드, 시카고
③ 애틀랜타, 세인트루이스, 댈러스
④ 미니애폴리스, 캔자스시티, 샌프란시스코

FOMC 2주 전에 나오는 보고서인 베이지북(이 보고서의 실제 이름은 Summary of commentary on current economic conditions이지만 표지 색을 따서 베이지북이라고 부릅니다)은 아주 중요한 정보를 담고 있어요. 이사회는 이 베이지북을 기반으로 통화정책과 목표 금리를 설정합니다.

연방준비은행

미국 전체를 12개의 연방으로 나누고 그 12곳의 가장 중요한 도시에 설치된 지역 연방은행입니다. 화폐를 발행하고 그 지역의 은행을 관할하는 역할을 맡습니다. 이 중에서 가장 중요한 은행은 뉴욕 연방준비은행입니다. 뉴욕 주식시장과 전 세계적인 규모의 투자은행과 일반 은행들이 뉴욕 연준의 산하에 있기 때문이죠.

2021년 FOMC 참여 구성원은 뉴욕, 리치먼드, 애틀랜타, 샌프란시스코, 시카고였습니다. 미국 연방준비제도 홈페이지(www.federalreserve.gov)에 가보시면 2024년까지 FOMC의 구성원을 다 공개하고 있습니다.

● **TESAT 문제로 알아보는 쏙쏙! 개념 잡기**

【문제】 2016년 말 미국의 금리 인상 소식이 전해지면서 이것이 우리나라를 비롯한 신흥국 경제에 미칠 영향에 대해 우려하는 목소리들이 나왔다. 실제로 2013년 버냉키 당시 연준(FRB) 의장이 양적완화 축소 가능성을 거론한 일을 계기로 신흥국 통화 가치와 주가·채권 가치가 동반 하락하는 충격이 발생하였

는데, 이처럼 주요국의 양적완화 축소 조치에 세계 금융 시장이 받는 충격을 의미하는 용어는 무엇인가?

① 낙수효과　　　　② 빅 배스　　　　③ 긴축발작

④ 폰지사기　　　　⑤ 톱니효과

| 해설 | 긴축발작은 선진국의 양적완화 축소 정책이 신흥국의 통화 가치와 증시 급락을 불러오는 현상을 말한다.

[정답] ③

【문제】 다음은 신문 기사 제목들이다. 이로부터 추론할 수 있는 내용으로 적절한 것은?

- 트럼프, '비둘기파' 2명, Fed 이사직 투입 – 〈○○경제신문〉
- 미 연준 의장, '비둘기파적' 발언 – 〈□□일보〉

---

① 주가 상승의 호재로 작용할 것이다.

② 기준금리가 높이 올라갈 것이다.

③ 미국 경기가 완연히 회복되었다는 뜻일 것이다.

④ 공개 시장 매각을 지지하는 사람들이 많아질 것이다.

⑤ 미 달러화의 가치가 상승하여 미국 기업들의 수출경쟁력이 상승할 것이다.

| 해설 | 미국 연준(Fed)에 비둘기파 이사 수가 많아지고 의장도 비둘기파적 발언을 하고 있다는 것은, 기준 기준금리 인하를 통해 미국 경기를 부양하는 통화정책을 채택할 가능성이 높아졌다는 의미로 해석할 수 있다.

[정답] ①

이자율을 알고 싶다면
가방에 주목하라

표정의 변화로 시장을 움직이는 사람은 물론 파월만 그런 것은 아닙니다. 앨런 그린스펀도 그랬습니다. 사람들은 그린스펀의 얼굴이 아니라 그의 가방에 주목했습니다.

CNBC 금융 뉴스 프로그램 〈스퀘크박스(Squawk Box)〉는 그린스펀의 서류 가방을 지표로 삼고 정기적으로 보도했었죠. 그린스펀이

전 세계가 주목한
그린스펀의 가방 두께

FOMC의 회의에 갈 때 가방의 두께를 보도한 것입니다.

그린스펀은 직접 가방을 챙기기로 유명했습니다. 그린스펀의 서류 가방이 거시 데이터 분석들로 꽉 차 있어 두껍다면 연준이 이자율을 변동시킬 계획이라고 추측하는 것이죠. 얇은 서류 가방은 이자율에 변화가 없다는 것을 의미하고요. 물론 다 맞는 것은 아니었지만, 20번 중의 17번 정도로 맞긴 했습니다.

그러면 왜 사람들이 이런 예측을 하는 것일까요? 여기엔 연방준비 제도의 통화량 조절 방식을 알 필요가 있습니다.

연방준비제도의 통화량 조절 방식을 이해하려면 지급준비금을 알아야 합니다. 연방준비제도의 설립 이유는 각 은행의 지급준비금 부족 사태로 야기된 뱅크런 때문이었습니다. 이런 지급준비금을 조절하고 관리하는 곳이 바로 연준이고요. 연준이 각 은행의 지급준비금 관리를 통해 통화량을 조절합니다.

통화량 조절에 대해 알려면 '연방기금금리'를 알아야 합니다. 사실 연방기금금리는 FOMC에서 정합니다. 연방기금금리는 우리나라의 콜금리와 비슷합니다. 은행 등이 연방준비은행에 예치된 지급준비금을 은행 상호 간에 1일간 대출할 때 적용되는 금리입니다.

연방준비제도 통화량 조절 방식

① 공개시장조작: 일반적으로 한 해에 8회 열리는 FOMC에서는 연방기금금리의 목표 수준을 결정하여 발표합니다. 여기서 가장 중요한 것이 아래 그래프 점도표입니다. 점도표는 FOMC에 참여한 연준 위원들이 생각하는 금리를 점으로 찍은 것입니다.

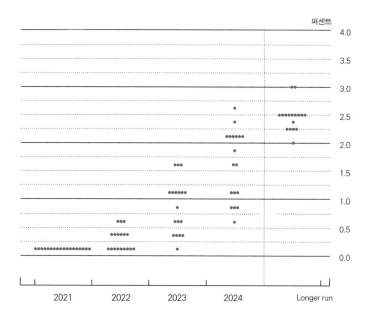

FOMC는 이렇게 정해진 금리의 수준 근처에서 연방기금금리를 유지하도록 공개시장조작을 '지시'합니다. 경기 동향 및 통화 금융 시장의 상황에 따라서 매일매일 공개시장 개입의 규모가 결정되죠. 개입은 뉴욕 연방준비은행의 공개시장 계정을 통하여 재무부 증권(국채)을 매매함으로써 이루어지며, 이는 일반 은행이 보유하고 있는 지급준비금에 영향을 미치는 효과가 있습니다. 쉽게 말하자면 연준이 공개시장에서 국채를 사들이면 은행에 지급준비금이 늘어나서 대출이 늘어나고 시중에 자금이 풀리는 것이죠.

② 재할인율 설정: 지급준비금이 필요한 은행은 재할인 창구를 통해 연방준비제도로부터 직접 대출을 받을 수 있어요. 이때 부과하는 이자율을 재할인율이라고 합니다. 보통 재할인율은 지급준

비금이 필요한 은행들이 연방준비제도에 의존하는 것을 억제하기 위해 연방기금금리에 1%를 더한 수준으로 정해집니다. 재할인율의 변경은 지역 연준이 '제안'하고 연준 이사회가 '승인'하는 방식으로 진행한다고 하네요.

③ 지급준비율 설정: 은행들이 예금액 중에서 지급준비금의 최저 비율을 설정하는 것입니다. 비율을 높이면 은행이 대출을 거둬들이고 비율을 낮추면 은행이 대출을 늘리는 방식입니다. 지급준비율은 연준 이사회에서 '결정'하기만 하면 됩니다.

결과적으로 연준의 정책은 주식시장과는 관계가 없어요. 다만 통화량 조절이 시장에 미치는 영향을 생각해 주식시장이 먼저 반응하는 것이지요. 미리 움직이는 사람이 돈을 벌기도 한다는 뜻이기도 하지만 물론 연준의 정책으로만 판단하는 것은 아니죠.

● TESAT 문제로 알아보는 쏙쏙! 개념 잡기

【문제】 연방준비제도가 경기 회복을 위해 확장적 통화정책을 쓰기로 했다. 다음 중 확장적 통화정책으로 인식할 수 있는 것은?

① 현재 0.25%인 기준금리를 0.5%로 인상

② 재할인율 인상

③ 본원통화 공급을 90조 달러에서 80조 달러로 축소

④ 지급준비율을 2.25%에서 2.5%로 인상

⑤ 공개시장조작을 통해 연준이 민간 보유 국채 매입

| 해설 | 통화정책이란 완전고용, 물가안정, 국제수지의 향상, 경제성장 촉진 등의 정책 목표를 달성하기 위해서 중앙은행이 화폐량과 이자율을 조절하는 정책을 말한다. 확장적 통화정책이란 경제가 침체 상태에 있을 때 중앙은행이 통화량을 증가시키거나 이자율을 하락시키는 정책을 뜻한다. 연준이 공개시장조작을 통해 민간 보유 국채를 매입하면 통화량이 늘어난다.

[정답] ⑤

【문제】 다음 신문 기사의 밑줄 친 부분에 대한 설명으로 옳지 않은 것은?

> 미국 중앙은행인 연방준비제도(Fed)가 기준금리를 동결하고 '점진적 추가 금리 인상(further gradual increase)' 표현까지 삭제해 3년여 만에 금리 인상 중단 쪽으로 노선을 공식 수정했다. Fed는 보유 자산 축소 계획 역시 속도를 늦출 수 있다고 밝히면서 통화 긴축 속도 조절에 나섰다. 한국은행도 경기 침체에 대응하기 위해 기준금리 인상에 속도 조절이 필요하고 나아가 <u>기준금리를 일정 기간 동안 적극적으로 낮춰야 한다</u>는 견해가 시장에 팽배하다. - ⟨○○경제신문⟩

① 기업의 투자가 늘어나고 경기가 회복될 것이다.

② 부동산이나 주식 등 자산 가격이 상승할 것이다.

③ 낮은 이자율로 인해 민간 부분의 부채가 늘어날 것이다.

④ 물가가 계속해 떨어지는 디플레이션 현상이 나타날 것이다.

⑤ 환율이 상승하여 원화 가치가 떨어지고 수출이 늘어날 것이다.

| 해설 | 기준금리를 낮출 경우 시중에 통화량이 늘어난다. 통화량이 증가하면 경기가 좋아지고 투자는 늘어난다. 낮은 이자율로 인해 대출이 늘어나고 원화 가치의 하락을 불러온다. 통화가 늘어나 모든 자산의 가치는 상승한다.

[정답] ④

적정금리와 테일러 준칙

모두 적정금리에 대해 들어보셨을 겁니다. 그렇다면 경제가 편안한 적정금리는 어떻게 정할까요? 가장 유명한 것은 1993년에 스탠퍼드 대학교의 존 테일러 교수가 제안한 '테일러 준칙'입니다.

테일러 준칙은 연방기금금리를 정할 때 인플레이션율과 총생산의 차이를 기초로 하여(몇몇 경우에는 실업률을 고려하여) 결정해야 한다는 준칙입니다. 즉, 모든 금리 결정은 공식에 맞춰서 이뤄져야 한다는 것이죠. 실제 인플레이션율과 실제 경제성장률이 각각 인플레이션 목표치와 잠재성장률을 벗어나면 중앙은행이 정책금리를 변경한다는 것입니다. 다시 말해 인플레이션이 목표에 비해 지나치게 높거나 경제가 과열되는 경우 이자율을 올리고, 인플레이션이 낮거나 경제가 침체한 경우 이자율을 내리는 식으로 통화정책을 시행해야 한다는 뜻이죠.

테일러 준칙이 중요한 이유는 중앙은행이 자신의 재량대로 이자율을 조정해 화폐량을 조절하지 않고, 어떤 정해진 규칙에 따라서 화폐량을 조절함으로써 신뢰성 문제를 해결할 수 있다는 것입니다.

이 테일러 준칙은 1988년부터 2008년 사이(앨런 그린스펀 연준 의장 재임)의 연준 행동을 잘 설명하고 있다고 할 수 있습니다. 다만 2008년 이후에는 지켜지지 않았죠. 매우 높은 실업률과 매우 낮은 인플레이션율 때문이었습니다. 이를 테일러 준칙에 대입하면 '0'보다 낮거나 제로에 가까운 이자율을 요구하게 됩니다. 이를 '영의 이자율 하한'이라고 합니다. 이것이 바로 유동성 함정이죠.

이런 문제를 해결하기 위해 벤 버냉키 전 연준 의장은 '물가안정 목표제(인플레이션 타기팅)'를 선언합니다. 연준이 달성하기를 원하는 인플레이션율을 발표하고 이 목표를 달성하기 위해 정책을 펼치는 것입니다. 이것을 바로 양적완화라고 합니다. 그렇다면 테일러 준칙과 물가안정 목표제의 차이점은 무엇일까요?

테일러 준칙은 '과거' 인플레이션에 따라 통화정책을 조정하고 물가안정 목표제는 '미래' 인플레이션 예측에 근거해 조정한다는 차이가 있습니다.

● TESAT 문제로 알아보는 쏙쏙! 개념 잡기

【문제】 한국은행은 물가안정 목표제를 채택하고 있다. 물가안정 목표제에 대한 설명으로 거리가 먼 것은?

① 한국은행은 미리 물가상승률 목표를 제시한다.

② 물가상승률 목표는 매달 달성하는 것을 원칙으로 한다.

③ 물가상승률 목표만을 제시하지만 단기적으로는 경기안정을 동시에 추구한다.

④ 한국은행은 물가안정 목표를 달성하기 위해서 정책금리(기준금리)를

수단으로 사용한다.

⑤ 물가안정 목표제는 중간목표 없이 물가안정이라는 최종 목표를 달성하려고 한다는 특징을 가진다.

| 해설 | 물가안정 목표제는 중앙은행이 일정 기간 또는 장기적으로 달성해야 할 물가목표치를 미리 제시하고 이에 맞춰 통화정책을 수행하는 방식이다. 환율이나 통화량 등 중간 변수를 조절해 최종 목표인 물가안정을 추구하는 방식과 다르다. 한국은행은 다양한 변수를 활용해 인플레이션을 예측하고 실제 물가상승률이 목표치에 수렴할 수 있도록 금리나 통화량을 조절하게 된다. 현재 한국은행은 2013~2015년 3년간 중기 물가안정 목표를 소비자물가상승률(전년 대비) 기준 2.5~3.5%로 설정하고 있다. 하지만 단기적으로는 물가상승률 목표에서 벗어나는 것을 허용한다.

[정답] ②

총수요의 개념

경제학에서는 '수요와 공급'을 알면 거의 다 아는 것이라 말을 합니다. 수요와 공급 그래프만 이해해도 경제학에서는 반은 먹고 들어간다는 말이죠. 수요와 공급은 통상 하나의 재화 또는 한 산업의 재화와 서비스를 대상으로 합니다. 이것이 미시경제학이죠. 그렇다면 한 나라의 재화를 이야기할 때는 어떨까요? 거시경제학에서는 바로 총수요와 총공급을 말합니다(물론 미시경제학의 수요와 거시경제학의 '총수요'의 개념은 변수가 다르기 때문에 수요를 다 합한다고 총수요가 되지는 않습니다). '총'이라는 말에 많은 것이 포함되어 있다는 뜻이지요. 먼저 총수요의 개념에 대해 알아보겠습니다.

총수요	국민 경제의 모든 경제주체가 소비와 투자의 목적으로 사려고 하는 재화와 용역을 모두 합한 것이다. 여기서 말하는 투자는 생산을 위해 필요로 하는 자본재의 양을 증가시키거나 유지하는 지출을 뜻하며 기계 설비와 건축물의 신축, 재고 증가 등의 형태로 나타난다. 즉 총수요는 민간소비, 민간투자, 정부지출, 순수출을 합한 것으로 정의한다.

여기서 GDP에 관한 공식을 다시 상기해봅시다.

> Y=C+I+G+NX
> Y:GDP, C:소비, I:투자, G:정부지출, NX:순수출(수출-수입)

　GDP는 국내총생산이기 때문에 일반적인 경제학에서는 총공급으로 봅니다. 다른 해석에 의하면 수입도 총공급으로 봐야 하므로 '총공급=GDP+수입'이라는 주장도 있긴 합니다.

　그럼 총수요는 어떨까요?

　총수요=가계의 소비(C)+기업의 투자(I)+정부지출(G)+수출(X)-수입(M)입니다. GDP 공식이랑 같죠? 네. GDP는 총수요와 총공급이 만나는 점에서 GDP가 결정된다고 보시면 됩니다.

'총수요'라고 하면 경제학에서 두 가지를 기억하면 됩니다.

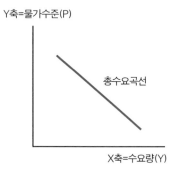

우선 우하향하는 이유에 대해 기억해야 할 것은 '물가, 이자율, 환율'입니다. 가계의 소비 수요와 기업의 투자수요는 물가와 이자율이 연관됩니다. 정부의 지출은 이자율과 환율, 순수출은 환율의 영향을 받습니다.

다시 말하면 총수요는 '물가, 이자율, 환율', 이 세 그룹이 결정하는 요인으로 작용한다고 보시면 됩니다.

간단하게 한번 정리해 볼게요.

물가 ↑ → 구매력 ↓ → 총수요 ↓
물가 ↓ → 구매력 ↑ → 총수요 ↑
물가 ↑ → 이자율 ↑ → 투자 ↓ → 총수요 ↓
물가 ↓ → 이자율 ↓ → 투자 ↑ → 총수요 ↑
물가 ↑ → 환율 ↓ → 순수출 ↓ → 총수요 ↓
물가 ↓ → 환율 ↑ → 순수출 ↑ → 총수요 ↑

두 번째로 총수요 곡선이 이동하는 이유는 '가계의 소비, 기업의 투자, 정부의 지출, 순수출'의 변화 때문입니다.

다시 말하자면 총수요 공식에서 각 변수가 변화함에 따라 수요'량'이 변하기 때문에 수요 곡선이 이동하는 것입니다.

즉, 수요 곡선이 왼쪽으로 이동하면 수요량 감소, 오른쪽으로 이동하면 수요량 증가죠.

① 세금 ↑ → 소득 ↓ → 소비 ↓ → 수요량 ↓ → 총수요 곡선 왼쪽으로 이동
② 기업 투자 세액 공제 확대 → 기업 투자 ↑ → 기술 개발 → 수요량 ↑ → 총수요 곡선 오른쪽으로 이동
③ 통화량 ↑ → 단기 이자율 ↓ → 투자 ↑ → 수요량 ↑ → 총수요 곡선 오른쪽으로 이동(이 부분이 연방준비제도 의장의 일거수일투족에 관심을 두는 부분입니다.)

④ 정부지출 ↑ → 수요량 ↑ → 총수요 곡선 오른쪽으로 이동(재정정책을 쓰는
　이유가 여기 있습니다.)

⑤ 미국 경기 침체 → 수출 ↓ → 수요량 ↓ → 총수요 곡선 왼쪽으로 이동

⑥ 환율 ↑ → 수출 ↑ → 수요량 ↑ → 총수요 곡선 오른쪽으로 이동

대략 이런 방식입니다. 물론 이를 외우려 하면 어렵죠. 그냥 어떤 정
책이나 현상이 수요량을 증가시킬 것인지, 감소시킬 것인지만 생각하
시면 됩니다.

● TESAT 문제로 알아보는 쏙쏙! 개념 잡기

【문제】다음 중 총수요에 대한 설명으로 옳은 것은?

① 이자율이 상승하면 총수요도 증가한다.

② 총수요는 이자율에는 영향을 받지 않는다.

③ 총수요의 변동을 가져오는 주요 원인은 소비보다 투자에 있다.

④ 화폐의 중립성이 성립한다면 화폐량의 증가가 총수요의 증가를 가져
　온다.

⑤ 한 국가에서 생산한 상품의 총수요는 소비, 투자, 정부지출, 수출의
　합이다.

> | 해설 | 한 경제 체제 안에서 가계, 기업, 정부 등이 구입하고자 하는 재화의 양을 총수요라 한
> 다. 즉 소비(C), 투자(I), 정부지출(G), 순수출(X-M)의 합이다. 총수요에서 소비가 차지하는 비
> 중이 크지만 다른 변수보다 안정적이다. 반면 총수요에서 투자가 차지하는 비중은 소비보다 낮
> 지만, 변동성이 매우 크기 때문에 단기적인 경기 변동의 중요한 요인이다. 그러므로 총수요가
> 변동하는 원인은 소비보다 투자에 있다. 이자율이 상승하면 투자가 감소하여 총수요는 줄어든

다. 화폐의 중립성이 성립한다면 화폐량의 변동은 총수요에 어떤 영향도 미치지 못한다.

[정답] ③

【문제】 다음 총수요-총공급 이론에 대한 설명에서 옳은 것을 고르면?

> 가. 국제유가 상승은 총공급 곡선을 왼쪽으로 이동시킨다.
>
> 나. 신기술 개발은 총공급 곡선을 왼쪽으로 이동시킨다.
>
> 다. 정부지출 감소는 총수요 곡선을 오른쪽으로 이동시킨다.
>
> 라. 정부 조세 감소는 총수요 곡선을 오른쪽으로 이동시킨다.

① 가, 다   ② 가, 라   ③ 나, 다
④ 나, 라   ⑤ 다, 라

| 해설 | 총수요(AD)는 국내에서 생산된 최종 생산물(실질GDP)에 대한 수요로 가계, 기업, 정부, 외국이 구입하고자 하는 재화의 양이다. AD=C+I+G+(X−M)으로 나타낸다. 각각의 물가수준에서 실질GDP에 대한 수요의 크기를 나타낸 곡선이 총수요 곡선이다. 물가수준이 주어져 있을 때 총수요의 구성 요소인 소비, 투자, 정부지출, 수출, 수입, 조세 등 일부가 변화하면 총수요 곡선이 이동한다. 정부지출 감소는 총수요 곡선을 왼쪽으로 이동시킨다. 총공급 곡선이란 각각의 물가수준에서 기업 전체가 생산하는 재화의 공급량을 나타낸 곡선이다. 총공급 곡선의 이동 요인으로는 생산요소의 가격 변화, 기술 수준, 인구 증가 등이 있다. 신기술 개발은 총공급 곡선을 오른쪽으로 이동시킨다.

[정답] ②

도덕적 해이와 금융위기

정보의 비대칭성 중에서 '감춰진 행동'으로 도덕적 해이가 있습니다. 도덕적 해이의 대표적 사례가 2008년 금융위기입니다. 2008년 금융위기는 어떻게 일어났을까요?

서브프라임 모기지

2008년 위기 사태의 원인이 되었던 서브프라임 모기지란 신용등급이 낮은 저소득층들을 대상으로 주택자금을 빌려주는 미국 주택담보대출 상품입니다. 서브프라임이 포함된 미국의 신용등급은 다음과 같습니다.

① 프라임: 신용도 우수(Excellent)
② 알트-A: 신용도 보통(Good, Fair 두 등급)
③ 서브프라임: 신용도 낮음(Bad 또는 Poor), 프라임보다 대출금리가 2~3%p가량 높음

서브프라임은 우리나라 신용등급 7~9등급에 해당합니다. 대출이 거

의 불가능한 등급이죠. 이런 등급이 대출을 받을 수 있었던 것은 정부 덕분이었습니다. 저소득층을 위한 금융지원 확대라는 명분으로 지원이 시작된 것입니다.

MBS, CDO, CDS

패니메이(Fannie Mae)는 연방전국모기지협회, 프레디맥(Freddie Mac)은 연방주택대출모기지회사의 영문 약자입니다. 정부의 주택공급 의지에 따라 패니메이는 1938년, 프래디맥은 1970년 패니메이의 경쟁업체로 설립됐습니다. 패니메이는 1968년까지 정부기관이었다가 민영화됐습니다. 정부가 지분을 보유하고 있지 않지만, '암묵적 보증'을 받는 이른바 '공공기관형 사기업(GSE)'이라고 합니다. 이들 두 회사는 서브프라임 대출을 해준 대출기관이 확보한 주택저당권을 사들입니다. 이런 주택저당권을 모아서 유동화 증권으로 만듭니다. 바로 주택저당채권(MBS)입니다. 이를 다시 투자자들한테 넘기는 것입니다. 이로써 자금을 다시 조달하는 것이죠.

돈을 찍어 내지 않는 이상 대출을 해주면 돈은 줄어듭니다. 대출을 많이 해준 은행에 자금을 누가 공급할까요? 바로 패니메이와 프레디맥이 은행의 주택저당권을 받고 돈을 준 것이죠. 패니메이와 프레디맥으로 돈을 누가 공급했을까요? 주택저당권을 모아서 채권으로 만들고 이를 팔아서 돈을 공급받았습니다. 미국 정부가 지원한다는 명목으로 세계 곳곳에서 투자를 받았죠. 한국은행도 투자했습니다. 여기서 또 다른 파생 상품이 생깁니다.

서브프라임 모기지를 유동화한 상품이 MBS입니다. MBS에 다른 채권을 합해서 만들어진 채권이 자산담보부증권(CDO)입니다. CDO는 말 그대로 자산(채권)을 담보로 만든 증권이죠. 앞서 이야기한 MBS를 묶어서 분류하고 안전자산인 다른 대출을 섞어서 만든 것입니다. 쉽게 말하자면 10명의 인력이 있으면 일 잘하는 1명을 여기에 섞는 것이죠. CDO를 모아서 또 CDO를 만들고, 또 만들고…… 엄청나게 복잡한 관계가 됩니다.

CDO만으로 안전하지 못하다면 보험을 들어야겠죠? 이때 등장한 것이 바로 세계 최대 보험회사 아메리칸인터내셔널그룹(AIG)에서 만들었던 신용부도스와프(CDS)였습니다. CDS는 채권인 CDO와는 달리 AIG에 일정 부분 수수료(CDS 프리미엄)를 주고 부도에 대비해 가입하는 보험이었습니다. 만약 계약 만기 이전에 부도 사건이 발생하지 않으면 CDS 매도자 AIG는 CDS 프리미엄만큼의 수익을 챙기고, 부도가 발생하면 프리미엄 지급은 중단되며 AIG는 사전에 정해진 손실 보장 금액을 가입자(은행, 보험사, 헤지펀드 등 투자자)에게 지급합니다.

이런 복잡한 파생 상품과 도덕적 해이가 만들어 낸 사태가 바로 2008년 금융위기였습니다. MBS로 패니메이와 프레디맥이, CDO로 리먼브러더스가, CDS로 AIG가 무너졌죠.

이 모든 것이 시장의 실패였을까요? 사실 여러분 스스로 은행이라고 생각해 보세요. 신용도가 낮은 사람에게 돈을 빌려줄 수 있을까요? 바로 정부가 경기부양을 위해 신용도 낮은 사람에게 돈을 빌려주면 보증한다는 식으로 만든 것이 발단이었습니다. 시장의 실패이기 전에 정부 정책의 실패였다고 보는 것이 맞습니다.

【문제】다음 중 국가 대외신인도가 하락하는 부정적 징후로 평가되는 것을 〈보기〉에서 모두 고르면?

〈보기〉

가. CDS(신용부도스와프) 프리미엄이 상승했다.

나. 무디스, 피치, S&P(스탠더드앤드푸어스)가 평가한 국가신용등급이 하락했다.

다. 외국환평형기금채권 가산금리가 상승했다.

① 가 　　　　　　② 가, 나 　　　　　　③ 가, 다

④ 나, 다 　　　　　　⑤ 가, 나, 다

| 해설 | 대출이나 채권 투자에도 부도, 파산, 지급 불이행 등 신용자산 가치가 감소하는 위험이 존재하는데 CDS는 이런 손실을 다른 투자자가 대신 보상해주는 파생상품을 일컫는다. 부도 위험을 회피(헤지)하는 데 들어가는 보험료 성격의 수수료를 CDS 프리미엄이라고 한다. 손해보험에 가입할 때 사고가 일어날 확률이 높을수록 보험료가 비싸지는 것처럼 채권을 발행한 기관이나 국가의 신용위험도가 높아질수록 CDS 프리미엄은 상승한다. 국가신용등급은 특정 국가 정부의 채무 불이행 가능성을 측정하는 지표다. 국가신용등급이 하락하면 국가 대외신인도에 부정적인 신호로 받아들여진다. 외국환평형기금채권(외평채)은 국내 통화의 대외 가치 안정과 투기적 외화 유출입에 따른 영향을 막기 위해 정부가 조성한 자금, 즉 '외국환평형기금'의 재원 조달을 위해 정부가 지급 보증 형식으로 발행하는 채권을 말한다. 외평채를 해외시장에서 발행할 경우 기준금리에 발행 국가의 신용도를 고려해 가산금리가 붙는다. 가산금리는 해외에서 한국의 신용도가 좋다고 생각하면 내려가고, 반대의 경우에는 올라간다.

[정답] ⑤

【문제】 아래 신문 기사 중 괄호 안에 들어갈 가장 적절한 경제학 용어는 무엇인가?

2008년 글로벌 금융위기에 맞서 각국 정부가 막대한 유동성을 풀어놓은 뒤에도 물가안정세는 10년 가까이 이어졌다. 미국이 완전고용과 물가안정을 동시에 달성하자 '실업률과 물가는 반비례한다'는 (   )이 고장 났다는 이야기도 들린다.

---

① 롱테일 곡선
② 필립스 곡선
③ 케인스 곡선
④ 로렌츠 곡선
⑤ 쿠즈네츠 곡선

| 해설 | 제시문에 들어갈 내용은 필립스 곡선이다. 필립스 곡선은 영국의 경제학자 필립스가 찾아낸 것으로 실업률이 낮으면 명목임금상승률(물가상승률)이 높고 실업률이 높으면 명목임금상승률이 낮다는 반비례 관계를 나타낸 곡선이다. 즉, 재정·통화당국이 돈을 풀어 경기를 부양하는 정책을 시행하면 실업률을 낮출 수 있지만 물가는 상승한다. 반대로 물가를 낮추기 위한 정책은 실업률을 높인다. 필립스 곡선은 우하향하는 모양을 가지는데, 물가안정과 완전고용을 동시에 달성할 수 없다는 의미이다. 하지만 코로나19 이전 미국은 막대한 유동성을 풀었음에도 불구하고 완전고용 수준의 실업률과 물가안정을 달성해 '필립스 곡선 논쟁'이 있었다.

[정답] ②

효율적 시장 가설

2013년 노벨경제학상 수상자로 3명이 선정됐습니다. 이 중 2명은 펀드계의 양대 산맥의 이론적 기반을 만든 사람입니다. 바로 로버트 실러 예일대학교 교수와 유진 파마 시카고대학교 교수입니다. 유진 파마 교수는 '효율적 시장 가설'로 유명합니다. 인덱스 펀드의 이론적 기반이죠. 로버트 실러 교수는 시장의 효율성보다 '비효율성'에 관심을 뒀습니다. '행동 경제학'이죠. 이를 통해 액티브 펀드의 이론적 뒷받침이 되었습니다. 이 두 이론 중에 효율적 시장 가설에 대해 알아보겠습니다.

효율적 시장 가설이란 말 그대로 시장이 효율적이라는 것을 전제로 합니다. 수요와 공급의 균형에 따라 시장가격이 결정된다는 것이죠. 균형가격에서는 팔려고 내놓은 주식의 양이 사려고 하는 사람들의 양과 정확하게 같다는 것입니다. 그날의 균형가격에 모든 사람의 판단이 정당하게 평가되었다는 거죠.

효율적 시장 가설의 두 번째 전제는 모든 참여자가 매일매일 새로운 소식들을 모니터하고 주식의 가치를 산정하기 위한 기초가치분석을 수행해야 한다는 것입니다. 이런 판단하에 기본 가치 이하로 내려가면 그 주식을 사고, 주식가격(주가)이 기본 가치를 초과하면 판다는 것입니다. 다시 말해 효율적 시장 가설이란, 공개된 정보는 모두 주식(자산)에 반영되어 있다는 것입니다. 그래서 과거의 데이터를 바탕으로 주식을 예측하는 것은 의미가 없다는 것이죠.

효율적 시장 가설의 시사점 중의 하나는 주식가격이 '랜덤워크'를 따른다는 것입니다. 랜덤워크란 술에 취한 사람이 걸음을 걸을 때 무작위로 걷는다는 뜻입니다. 이처럼 주가의 움직임에서도 정해진 규칙성을 찾을 수 없어서 주가 예측이 불가능하다는 것이죠. 자연스럽게 고평가·저평가 종목이란 있을 수 없고 정보의 비대칭성을 활용해 초과수익을 올리는 것이 불가능하다는 결론이 나오기도 합니다. 주가예측을 '업'으로 하는 애널리스트·펀드매니저가 불필요하다는 논리적 결론도 도출되면서 이론 발표 때부터 큰 논쟁이 빚어지기도 했습니다.

효율적 시장 가설을 뒷받침하는 근거로 미국의 〈월스트리트저널〉에서 재미있는 게임을 한 적이 있습니다. 원숭이와 전문 펀드매니저, 아마추어 투자자가 10개월 동안 주식투자 수익률 게임을 한 것이죠. 누가 이겼을까요? 결과적으로 원숭이가 이겼습니다. 모두 마이너스 수익률을 기록했지만, 투자자들의 손실률이 원숭이보다 약 6배나 높게 나왔습니다. 물론 이것은 원숭이가 우량종목에 다트를 던진 것이라고 하여 논란이 있을 수 있습니다. 최근 주식시장에서 아이의 계좌가 부모의 계좌보다 더 수익률이 높다는 이야기와 비슷한 사례가 될 수 있습니다. 아이들의 투자하는 종목이 바로 아이들이 좋아하는 물건이나 아니면 미래가 유망한 종목에 단타 매매가 아닌 장기 보유를 기준으로 하니까요. 원숭이도 그냥 단타가 아닌 우량종목에 꾸준히 보유한 것이 승리의 원인이었습니다. 물론 이런 사례는 일부분에 지나지 않을 것입니다. 사실 주식시장에서 2008년도 위기 사태에 대해서는 효율적 시장 가설이 틀렸다는 이야기도 나옵니다. 그래서 유진 파마 교수의 노벨상 수상이 늦어진 것인지도 모릅니다.

효율적 시장 가설에 대한 역설도 나옵니다. 앞서 이야기한 두 번째 전제를 한번 생각해 보겠습니다. '모든 참여자가 매일매일 새로운 소식들을 모니터하고 주식의 가치를 산정하기 위한 기초가치분석을 수행해야 한다'고 했습니다. 이런 분석을 수행한다는 것은 열심히 노력하면 초과수익을 얻을 수 있어야 합니다(시장은 인센티브에 움직이니까요). 그런데 앞서 효율적 시장 가설의 결론이 '초과수익을 올리는 것은 불가능하다'는 얘길 했습니다. 초과수익을 얻을 수 없는데, 열심히 노력한다는 것이 말이 될까요? 이 뜻은 많은 투자자가 증권시장은 효율적이라고 믿지 말아야 한다는 이야기도 됩니다.

만약 모든 투자자가 증권시장이 효율적이라고 믿고 이러한 증권분석을 하지 않는다면, 시장의 효율성은 곧 사라지게 될 것이며, 현재의 주가는 주식의 본질적인 내재가치를 정확하게 반영할 수 없게 될 것입니다. 이것을 우리는 효율적 시장 가설의 역설이라고 합니다. 이런 역설에도 효율적 시장 가설은 여전히 건재하기도 합니다. 2013년 노벨상 수상을 보면 누구의 손을 들어줄 수도 없는 결론을 말해줍니다.

【문제】 다음 중 효율적 시장 가설에 대한 설명으로 옳은 것은?

① 시장은 공정한 분배를 달성하기 위한 가장 효율적인 메커니즘이다.

② 시장가격은 시장에 유입된 새로운 정보를 빠르게 반영한다.

③ 시장에서의 사회적 분업은 공급자의 효율성을 높여준다.

④ 완전경쟁시장에서는 자원이 효율적으로 배분된다.

⑤ 시장에서는 사회적 총잉여가 극대화된다.

| 해설 | 효율적 시장 가설은 자산 가격에는 그 자산의 가치에 관한 모든 공개된 정보가 반영된다는 이론이다. 이 가설에 따르면 금융시장은 활용 가능한 정보를 합리적으로 처리하므로 주식 가격에는 항상 모든 정보가 반영돼 있다. 따라서 주식투자를 통해 꾸준하고 지속적인 초과수익을 기대하기는 힘들다. 비이성적이거나 심리적 요인들도 자산 가격에 많은 영향을 미친다며 효율적 시장 가설에 반대하는 학자들도 있다.

[정답] ②

환율은 무엇일까?

경제 관련 기사를 보면 매일 나오는 기사가 있습니다. 바로 달러인데요. 기사를 읽다 보면 '달러 강세', '달러 대비 원화 환율'은 뭘 뜻하나 궁금해집니다. 그리고 '기준환율은 아는데 재정환율은 뭐지?' 하는 생각이 들기도 합니다. 그렇다면 환율은 대체 무엇일까요?

환율은 두 통화 간의 교환 비율을 의미합니다. 달러와 우리나라 원화 간에 교환할 때 비율이죠. 예를 들어 1달러를 사는 데 원화 1,000원이 필요하면 1,000'원/달러'라고 씁니다. 더 정확하게 말하면 이는 '자국통화표시환율'입니다. 자국통화표시환율은 외국 통화 1단위와 교환되는 자국 통화의 양이죠. '외국통화표시환율'이라는 것도 있습니다. 외국통화표시환율은 자국 통화 1단위와 교환되는 외국통화의 양입니다. 1원과 교환되는 달러의 양을 표시한 것이죠.

자국통화표시환율과 외국통화표시환율의 표시 방법을 잘 보면 무엇을 말하는지 알 수 있습니다. 자국통화표시환율은 '원/달러'이고 외국통화표시환율은 '달러/원'인 것입니다. 우리나라는 주로 자국 통화 표시 방법을 이용해 환율을 나타내고 있습니다. 게다가 통상 단위에서 달러를 생략하고 '1,131원'이라고 나타냅니다. 이때 자국통화표시

환율이라는 것을 알리기 위해 환율 앞에 '원·달러 환율'이라고 쓰거나 앞의 기사처럼 '달러 대비 원화 환율'이라고 씁니다.

그렇다면 재정환율은 무엇일까요? 재정환율을 알기 전에 기준환율을 알아야 합니다. 기준환율은 자국 통화와 여러 외국통화 간의 환율 결정에서 기준이 되는 환율을 말합니다. 앞서 이야기한 자국통화표시환율 원/달러 환율이 기준환율입니다. 이 기준환율을 기초로 원/엔, 원/유로, 원/파운드 등을 산출합니다. 이때 결정되는 환율을 재정환율이라고 합니다. 재정환율은 외국 통화가 국내외환시장에서 직접적으로 거래하지 않는 경우 각각의 시장에서 결정되는 가격을 이용해 산출하는 환율입니다. 다시 말하면 국내 외환시장에서 직접 거래하는 것은 기준환율, 직접 거래하지 않는 경우는 재정환율입니다.

우리나라에서는 서울외국환중개에서 외국환 매매를 중개도 하고 환율 고시도 하고 있습니다.

여기서 특이한 점은 보통 우리는 원/달러만 기준환율일 것으로 생각하지만 '원/위안'도 재정환율이 아닌 기준환율입니다. 다시 말해 서울외국환중개에서 달러와 함께 직접 위안화를 거래하고 있다는 뜻입니다.

환율은 늘 움직입니다. 그런 움직임을 이야기할 때 많은 사람들은 '가치가 상승한다' 또는 '가치가 하락한다'는 말을 합니다. 어떤 화폐가 다른 화폐에 비해 비싸질 때는 '가치가 상승한다'라는 것입니다. 어떤 기사에서는 '기준금리 인상이 있을 것으로 전망해 금융시장 투자심리가 위축되고 달러 강세가 이어졌다'고 했습니다. 달러 강세라는 말은 달러의 가치가 상승했다는 뜻이죠. 그래서 1달러를 사려면 더 돈을 지불해야 한다는 뜻입니다. 달러 가치가 상승하니 1달러로 살 수 있는 원화는 더 많이 필요합니다. 어떤 화폐가 다른 화폐에 비해 더 싸질 때 '가치가 하락한다'고 합니다. 달러 강세로 인해 원화가 상대적으로 싸졌으니 원화의 가치가 하락했으며 이를 '원화의 평가절하'라고 합니다. 다시 말하자면 '원/달러 환율 상승=원화 가치 하락'인 것이죠. 이런 환율을 결정하는 요인은 외환시장의 공급과 수요입니다.

● TESAT 문제로 알아보는 쏙쏙! 개념 잡기

【문제】환율에 대한 다음 설명 중 옳지 <u>않은</u> 것을 고르시오.

① 단기 균형환율의 변동 폭이 장기 균형환율의 변동 폭보다 크게 나타나는 이유는 가격변수가 단기에 경직적이기 때문이다.

② 구매력 평가설은 균형환율이 각 국가의 물가수준의 차이에서 결정된다고 본다.

③ 우리나라의 국제 수출경쟁력을 알아보기 위해서는 환율뿐만 아니라 우리나라와 교역상대국 물가의 상대적 비율을 감안해야 한다.

④ 환율이 상승하면 수출재 가격은 하락하고 수입재 가격은 상승한다.

⑤ 이자율 평가설은 국가 간 자본이동이 자유로운 상황에서 이자율 격차에 의해 장기 균형환율이 결정된다는 견해이다.

| 해설 | 국제 금융시장에서는 투자자들은 수익률과 위험을 동시에 고려하여 자산에 대한 투자 결정을 하고 이에 따라 자본이동이 나타난다. 이자율 평가설에 따르면, 국가 간 자본이동에 제약이 없는 상황에서 이자율의 차이(수익률)뿐만 아니라 예상환율 변화(위험)에 의해서도 단기 균형환율이 결정된다.

[정답] ⑤

환율이 변하는 이유

코로나19로 인해 해외로 나가지 못해 아쉬우시죠? 저도 그렇습니다. 해외여행을 나갈 때 가장 두근거리는 순간은 아마도 은행에서 환전하는 순간 같습니다. 그전까지는 환율에 관심 없던 사람일지라도 여행을 앞두고는 환율에 엄청난 관심이 쏟아집니다. 물론 주거래 은행에서 환율 우대를 받아서 좋은 가격에 환전해야죠. 이때가 환율에 가장 관심이 많은 순간이 아닐까 합니다.

하나 더 있습니다. 요즘 다들 주식시장에 관심이 많습니다. 국내 주식뿐만 아니라 해외 주식시장에도 관심을 많이 가집니다. '서학 개미'라는 말이 많이 나올 정도로 미국 주식에 개인투자자들이 많이 투자합니다. 역시 해외에 투자할 때 가장 관심을 가져야 할 것은 환율입니다. 돈을 환전해서 투자해야 하거든요. 게다가 환율이 어떠냐에 따라 수익이 바뀝니다.

개인뿐만 아닙니다. 수출하는 기업과 수입하는 기업의 성적이 항상 주가에 반영됩니다. 이들 기업이 제일 신경을 쓰는 것은 바로 환율입니다. 수출하는 기업과 수입하는 기업의 성적은 환율의 움직임에 따라 정반대의 성적을 받습니다. 이처럼 환율은 우리의 일상에 많은 영향을 미치고 있습니다. 그런데 정작 환율이 어떻게 변하는지 무감각하게 느끼고 그냥 '오르네, 내리네'만 생각하고 끝나는 경우가 많습니다. 그렇다면 환율은 왜 변하는 것일까요?

경제학에서 맨 처음 배우게 되는 것 중의 하나가 '수요와 공급'입니다. 수요와 공급에 의해 가격이 결정된다는 것이죠. 환율도 마찬가지입니다. 수요와 공급에 의해 결정됩니다.

특정 통화(대다수는 달러가 되겠죠)를 원하는 것을 수요라 하고, 그 통화를 판매하는 것을 공급이라고 합니다. 수요가 공급보다 많아지면 가격이 올라가듯이 환율도 상승하게 됩니다(달러의 수요가 높아지면 원/달러 환율이 높아지는 것이죠). 그러면 수요를 높이는 요인에는 어떤 것이 있을까요?

우선은 소비자들의 외국 제품에 대한 선호입니다. 예를 들어 국내 자동차보다 테슬라를 더 선호하거나 벤츠를 더 선호하게 되면 달러의 수요가 높아집니다. 물건을 사기 위해 달러를 사야 하니까요. 해외 주식시장 투자 선호 역시 달러의 수요가 높아져서 환율이 올라갑니다. 이런 소비자 선호를 파악하고 달러가 올라가리라 판단하면 많은 투자자는 달러를 구매하게 되죠. 이를 통해 달러 강세가 생기고 환율은 상승합니다.

두 번째는 물가의 차이에서 오기도 합니다. 최근 미국에서 인플레이션 공포가 확산되고 있다고 합니다. 실제 미국에서 인플레이션이 생기면 달러의 가치는 떨어집니다. 만약 한국에는 인플레이션이 없어 원화 가치가 유지된다고 하면 환율은 하락합니다. 달러 약세이기 때문이죠.

세 번째는 '금리'의 영향을 받기도 합니다. 만약 미국의 기준금리가 오르면 이자율도 올라서 해외에 투자한 돈을 다시 달러로 환전해 갖아야 합니다. 그래서 달러의 수요가 늘죠. 금리가 올라서 미국에 투자하는 것도 역시 달러의 수요를 높입니다.

네 번째는 '위험자산의 선호'입니다. 이번 코로나19의 확산처럼 사회나 경제가 불안할 때는 안전자산에 대한 선호가 높아집니다. 미국 국채나 달러 예금을 선호하는 것이죠. 물론 미국 국채를 사려면 달러가 필요합니다. 그래서 달러 수요가 높아지고 환율이 상승합니다.

중기적으로는 대외거래가 영향을 미칩니다. 국제수지가 적자인가, 흑자인가에 따라 변합니다. 국제수지가 흑자가 되면 국내에 외환 공급이 늘어나므로(달러의 공급 증가) 달러 가치가 하락합니다. 환율이 하락하죠. 이런 대외거래로 인한 환율 때문에 국가 간에 분쟁이 생기기도 합니다. 최근 미국의 환율조작국 지정이나 '플라자 합의'가 대표적 사례입니다.

통화정책도 한 요인입니다. 한국은행이 긴축적 통화정책을 펼치면 시중에 원화가 줄어듭니다. 원화의 공급이 줄어들면 원화 가치가 상승합니다. 환율이 하락하는 것이죠(달러 가치 상승·환율 상승, 원화 가치 상승·환율 하락). 물론 이외에도 많은 요인이 있을 수 있습니다.

우리는 가끔 기업의 실적이 예상을 웃돈다는 보도를 접하곤 합니다. 물론 그 기업이 물건을 잘 팔아서 그런 것일 수 있습니다. 그러나 수출하는 기업이라면 '환율의 마법'이 아닌가 한번 생각해 보아야 합니다.

여러분이 주식을 할 때 대다수 그 기업의 기사를 참고할 것입니다. 물론 그 기업이 좋은 실적을 낸다면 좋은 것이죠. 하지만 환율로 인해 잠깐 좋아진 것 같은 착시를 경계해야 합니다. 예를 들면 A기업이 해외로 차를 수출할 때 1대당 1만 달러라고 합시다. 이 기업은 1년에 100대를 해외에서 판매했습니다. 그럼 1년에 100만 달러를 벌었습니다. 연초의 환율이 1,000원/달러였을 때는 10억 원을 번 것으로 계산됐습니다. 만약 차 판 돈을 받는 연말에 환율이 1,500원/달러가 된다면? 같은 수량의 차량을 생산했지만 매출이 15억 원으로 5억이 증가했습니다.

수입하는 기업 역시 환율의 영향을 많이 받습니다. 100개를 수입해야 하는 비용이 환율이 오르면 비용이 증가해 적자폭이 늘어나는 것이죠. 그래서 수출과 수입을 하는 기업의 실적은 항상 환율을 염두에 두고 봐야 한다는 것입니다.

【문제】 다음 2019년 1월부터 4월까지의 환율의 추이를 보여주고 있다. 3월 초 이후의 환율 추이가 지속될 것으로 가정될 경우 예상되는 것으로 옳지 <u>않은</u> 것은?

(단위: 원)

① 미국 여행 시기를 앞당기는 것이 유리할 것이다.

② 달러화에 대한 원화의 가치가 하락할 것이다.

③ 미국산 수입 농산물의 국내 가격은 상승할 것이다.

④ 국내 기업의 대미 수출품 가격경쟁력이 약화될 것이다.

⑤ 달러 표시 외채의 채무부담이 증가할 것이다.

┃해설┃ 원·달러 환율이 3월 이후 계속 상승하는 추세에 있다. 원·달러 환율 상승은 원화 가치가 하락하고, 달러 가치가 상승하는 것을 의미한다. 한국 입장에서 환율 상승은 달러 표시 외채에 대한 상환 부담을 증가시킨다. 또한, 원화 표시 수입품의 가격이 상승하므로 미국산 수입 농산물의 국내 가격은 상승한다. 원화 가치가 하락하기 때문에 미국 여행을 준비 중인 한국인은 원화 가치가 더 떨어지기 전에 여행 시기를 앞당기는 것이 유리하다. 반면, 원·달러 환율 상승은 달러 표시 수출품의 가격 하락을 이끌어, 국내 기업의 대미 수출품 가격경쟁력에 유리하게 작용한다.

[정답] ④

실질환율과 구매력 평가설

여러분은 아마존에서 물건을 구매해 보신 적 있으세요? 독일이나 미국에서 물건을 사서 해외 배송을 통해 받을 때 이를 한국에서 사는 가격과 비교를 해 보신 적 있으세요? 환율만 생각했을 뿐 실제로 얼마나 절약했는지 생각을 해 본 적은 없을 것 같습니다. 그 나라의 물건값을 한국의 물건값과 비교할 때 복잡한 방법으로 계산해야 하므로 그냥 직관적으로 싸다고 느끼면 구매할 것 같습니다. 물론 저도 그런 경험이 많습니다.

이번엔 단순히 비교할 수 있는 명목환율과 물건의 실제 가격을 비교해 보는 실질환율에 대해 한번 생각해보려고 합니다. 그리고 여러분의 구매력으로 환율을 정하는 경제학 이론인 '구매력 평가설'에 대해 알아보겠습니다.

우선 명목환율은 한 나라의 화폐와 다른 나라 화폐의 교환 비율입니다. 이와 달리 재화와 서비스를 기준으로 구하는 환율이 있습니다. 바로 실질환율입니다.

여러분이 해외 배송 물건의 구매와 한국에서 구매하는 물건의 가격에 대해 비교해 보는 것이 실질환율입니다. 실질환율은 한 나라의 재화 또는 서비스가 다른 나라의 재화, 서비스와 교환되는 비율입니다. 1달러로 살 수 있는 외국 화폐를 더 많이 살 수 있는 경우 달러가 '절상'되었다고 합니다. 달러의 가치가 올라갔다는 뜻이죠. 명목환율은 이처럼 그냥 화폐만으로 이야기합니다.

실질환율에서 '절상되었다'는 것은 미국 제품의 가격이 상승했다는 뜻입니다. 단순히 돈으로 계산하는 것이 아니라 재화와 서비스의 기준으로 말하는 것입니다. 이 경우 미국 제품값이 비싸지고 외국 제품이 상대적으로 싸지므로, 수출은 감소하고 수입은 증가합니다. 바로 순수출이 감소하는 것이죠. 물론 달러의 실질환율이 절하되면 미국 재화와 서비스가 싸졌으므로 수출이 증가하고 수입이 감소해 순수출이 증가합니다. 즉, 실질환율은 그 나라의 수출과 수입을 살펴볼 수 있는 좋은 지표입니다.

환율은 수요와 공급의 원리로 정해집니다. 좀 더 자세하게 보면 구매력 평가설 이론으로 접근해볼 수 있습니다. 구매력 평가설은 일물일가의 법칙에 입각한 것입니다. 하나의 물건에는 하나의 가격으로 어디서나 같아야 한다는 것이죠. 지역에 따라 가격이 다르면 그 차익을 취하는 사람이 생깁니다. 예를 들어 한국에서 바나나는 1,000원이고 필리핀에서 바나나가 500원이라면 필리핀에서 사서 한국에 판매하는 방식이죠. 이런 차익 거래에 의하면 필리핀에서는 수요가 증가하여 가격이 상승하고 한국에서는 공급이 증가하여 가격이 하락하게 됩니다. 차익 거래로 두 나라의 거래 가격이 비슷해지는 것이죠. 두 나라의 바나나 가격이 같아질 때까지 계속 거래될 것입니다. 이런 논리가 구매력 평가설입니다. 구매력 평가설은 한 나라의 화폐는 어떤 나라에서나 구매력이 같다면 환율은 양국의 물가수준의 비율로 나타낼 수 있다는 것입니다. 앞서 실질환율과 비슷한 개념이죠. 물론 전 세계의 물가가 같을 수는 없습니다. 나라마다 인플레이션이 있을 수도 있습니다. 이를 반영해 상대적 구매력 평가설을 내놓기도 했습니다.

구매력 평가설의 대표적 사례는 '빅맥지수'입니다. 구매력 평가설이 성립하려면 여러 나라에서 공통으로 거래되는 재화나 서비스가 있어야 합니다. 이를 '빅맥' 햄버거로 정한 것이죠. 1986년 〈이코노미스트〉지에서 처음 사용한 것입니다. 예를 들자면 미국에서 빅맥의 가격이 5.71달러라고 합시다. 한국에서는 4,500원입니다. 미국 빅맥을 원화로 환산하면 환율 1,130원을 기준으로 하여 6,452.3원이 됩니다. 즉 미국 빅맥 1개의 가격은 한국에서 0.697개의 가격입니다(2021년 7월 기준 빅맥지수에 의하면 한국은 달러에 비해 -27.5%입니다). 빅맥지수가 높으면 물가도 높고 화폐 가치도 높으며, 빅맥지수가 낮으면 물가도 낮고 화폐 가치가 낮다고 합니다.

【문제】환율이 오직 구매력 평가설에 의해 결정된다면 미국의 물가상승률이 우리나라의 물가상승률보다 높을 때 원화로 표시한 달러화 환율은 어떻게 변할 것으로 예상되는가?

① 실질환율이 하락한다.

② 실질환율이 상승한다.

③ 명목환율이 상승한다.

④ 명목환율이 하락한다.

⑤ 실질환율의 변동은 알 수 없다.

| 해설 | 구매력 평가설은 환율이란 각국 화폐의 구매력 차이를 반영하는 지표일 뿐이라고 설명한다. 똑같은 제품은 어느 나라에서든 동일한 실질 가격에 판매되기 때문이다. 만약 실질 가격에서 차이가 난다면 이를 이용해서 차익을 벌기 위한 상거래가 일어나고 결국 동일한 가격이 될 것이다. 즉 일물일가의 법칙을 전제로 하는 것이다. 미국의 물가상승률이 한국보다 높을 경우 미국 달러화의 구매력은 한국 원화에 비교해 낮아지게 된다. 따라서 구매력 평가설에 따르면 원화와 비교한 달러화의 가치는 그만큼 낮아진다. 명목환율은 물가상승률의 차이만큼 떨어지게 된다. 실질환율은 이렇게 물가 변동이 환율에 미치는 영향을 제거하겠다는 의도로 만들어진 지표다. 실질환율=명목환율×(한국의 물가지수/미국의 물가지수)라는 공식을 통해 산출된다. 일물일가의 법칙이 적용되는 세계에서 실질환율은 1로 유지된다.

[정답] ④

밀턴 프리드먼의 항상소득가설

코로나19로 인해 힘드시죠? 전 세계가 코로나19라는 재난을 만나 힘든 나날을 보내고 있습니다. 이런 와중에 정부는 재난지원금 지급으로 사람들의 소득을 높이고 소비를 진작시켜 경제에 도움이 되고자 나서고 있습니다. 그런데 과연 재난지원금이라는 보조금이 우리의 소득이 될지, 아니면 그런 보조금을 받으면 전액을 소비할지 궁금해집니다. 이런 문제에 대해 밀턴 프리드먼은 항상소득가설을 내놓았습니다. 항상소득가설은 무엇일까요?

소득가설에 대해 알아보기 전에 우선 알아야 할 것이 있습니다. 바로 평균소비성향과 한계소비성향입니다. 평균소비성향은 처분가능소득 중에서 실제 소비 지출액이 얼마인지 계산한 것이죠. 여기서 처분가능소득이란 소득 중에서 재산세와 소득세 등 각종 세금과 건강보험료, 국민연금, 이자 등 비소비 지출을 제외하고 남은 금액입니다. 오직 쓸 수 있는 돈이라는 뜻이죠. 평균소비성향이 낮다는 뜻은 버는 액수에 비해 쓰는 돈이 적다는 것입니다. 평균소비성향 68.9%라는 것은 쓸 수 있는 돈 100만 원에서 68만 9,000원을 썼다는 뜻입니다.

그럼 한계소비성향은 무엇일까요? 우리는 경제학에서 '한계'라는 말을 많이 듣습니다. 평상시에 쓰는 한계는 '사물이나 능력, 책임 따위가 실제 작용할 수 있는 범위'라고 생각해 오해할 때가 많습니다. 경제학에서 한계란 '한 단위 더 추가했을 때'라는 뜻입니다. '한계효용'도 한 단위 더 추가했을 때 얻을 수 있는 효용이죠. 그래서 '한계소비성향'은 한 단위의 추가 소득이 있을 때의 소비성향입니다. 다시 말해 새로 추가한 추가 소득 중 저축되지 않고 소비되는 금액을 말합니다. 한계소비성향이 50%라는 것은 추가로 벌어들이는 100만 원의 수입 중 50만 원을 소비한다는 것이죠. 한계소비성향이 높을수록 소득이 증가하면 소비가 더 큰 폭으로 증가해 경제의 소비 증대 효과가 크게 나타납니다.

일반적으로 고소득층이 저소득층보다 한계소비성향이 낮다고 합니다. 인플레이션이 생기면 한계소비성향이 높아지는 경향이 있다고 하네요.

경제학에서 소득은 항상소득과 임시소득으로 구분됩니다. '항상소득'은 평생 벌어들일 것이라 예상되는 소득의 평균입니다. '임시소득'은 장기적으로 예견되지 않은 일시적인 소득이죠. 이번 재난지원금과 같은 소득이 임시소득인 셈이죠. 또, 일반 직장인이라면 연봉은 항상소득이고, 투자한 주식 가치가 올라 발생한 시세 차익은 임시소득입니다.

밀턴 프리드먼의 항상소득가설은 소비가 어떤 특정한 기간의 소득(임시소득)에만 의존하여 이루어지는 것이 아니라 장기적으로 기대되는 소득(항상소득)에 의존한다는 이론입니다. 쉽게 말하자면 항상소득이 높아야 소비성향이 높아진다는 것이고, 일시소득이 높다고 해서 소비가 높아지는 것이 아니라 저축성향이 높아진다는 것입니다.

최근 재난지원금으로 소비를 진작시키고 경제를 부양한다는 정부의 말은 틀릴 수 있다는 뜻입니다. 항상소득가설에 의하면 일시적 평균소비성향은 약간 높아질지 몰라도 전체적인 소비는 늘지 않을 것이기 때문이죠.

물론 임시소득이 저축으로 이어지고 그 저축된 돈이 기업으로 흘러가 경제를 부양시킬 수 있긴 합니다만, 그러려면 정부에서 소비를 장려하기보다 저축을 장려해야 하겠죠.

 ● **TESAT 문제로 알아보는 쏙쏙! 개념 잡기**

【문제】 밀턴 프리드먼의 항상소득가설에 대한 다음의 설명 중 **틀린** 것은?

① 소비는 일시적인 소득이 아닌 장기적 소득 전망에 따라 결정된다.

② 불황기에 정부가 재정지출을 늘리는 것도 이 항상소득가설에 따른 것이다.

③ 임시소득이 총소득에서 차지하는 비중은 호황기에는 높아지고 불황기에는 낮아진다.

④ 장기소득 변화 중 임시소득은 평균적으로 제로이므로 평균소비성향과 한계소비성향은 같아진다.

⑤ 항상소득은 정상적 소득을 의미하지만 측정하기 어렵다는 약점이 있다.

| 해설 | 프리드먼의 항상소득가설에 따르면, 소득을 정기적이고 확실한 항상소득과 변동성이 큰 임시소득으로 구분할 수 있으며 항구적인 성격의 항상소득만이 소비에 영향을 미친다. 항상소득이 늘어나면 소비도 증가하지만 임시소득은 저축으로 돌려지는 경향이 강하다. 항상소득은 한 가구의 재화와 서비스 구입 능력을 좌우하는 정상적 소득을 의미하며 측정하기는 어렵다. 인생 전체적인 평균소득을 의미하는 장기소득 개념으로 따지면 임시소득은 평균적으로 제로이므로, 즉 장기소득 전체가 항상소득이므로 평균소비성향과 한계소비성향은 같아진다. 항상소득이 늘어나는 만큼 소비도 그만큼 늘어난다는 뜻이다. 생애주기이론은 소득이 젊을 때는 적고 50세 정도에 절정에 이르는 등 연령에 따라 다르기 때문에 사람들이 어떻게 소비하고 저축하는가를 살펴본 것이다. 두 이론은 사람들이 미래를 고려한 합리적 판단을 하기 때문에 일시적인 소득 변화가 소비에 미치는 영향이 크지 않다는 점을 보여준다. 불황기에 정부가 재정지출을 늘리는 것은 케인스의 승수효과와 공급주의 등 재정이론에 따른 것으로 볼 수 있다.

[정답] ②

【문제】 프리드먼의 항상소득가설에 따를 때 다음 중 소비가 가장 많이 변화하는 경우는?

① 과거에 숨겨두었던 현금을 잊고 있다가 우연히 발견

② 감기로 인해 일을 못 하여 소득 감소

③ 복권에 당첨되어 상금 받음

④ 새로운 판매 기법을 발견하여 소득 증가

⑤ 날씨가 좋아 풍년으로 경작이 늘어 소득 증가

| 해설 | 항상소득가설은 항상소득이 소비를 결정한다는 이론으로 미국 경제학자 밀턴 프리드먼이 제창한 소비함수이론이다. 소득은 정기적이고 확실한 항상소득과 임시적 수입인 임시소득으로 구분된다. 항상소득은 어떤 개인이 자신의 인적자산과 금융자산으로 매기마다 발생하리라고 예상하는 평균적인 수입이다. 임시소득은 비정상적인 소득으로 예측불가능한 일시적인 소득이다. 복권 당첨 수입, 경기 호황에 따른 보너스 등이 대표적인 사례다. 프리드먼은 실질소득 가운데 항상소득의 비중이 클수록 소비성향이 높고 임시소득의 비중이 클수록 저축성향이 높아진다고 분석했다. 항상소득의 변화는 ④번이며 그 외의 상황은 모두 일시적 소득의 변화다.

[정답] ④

외환 유출입과 국제수지

우리는 지난 1997년에 'IMF 사태'라는 상황을 맞이한 적이 있습니다. 보유 외화가 부족하여 지급해야 할 거래 대금을 제때 지급하지 못해 벌어진 사태였습니다. '국가 부도'죠. 외환위기에 처한 나라에 긴급 대출을 해주는 국제기구인 국제통화기금(IMF)으로부터 자금을 지원받고선 강도 높은 구조조정을 했던 적이 있습니다. 상당히 고통스러운 시기였죠.

이런 외환위기를 맞지 않으려면 어떻게 하는 것이 좋을까요? 외환의 유출입을 잘 관리해야 합니다. 다시 말해 외화 유출입을 거래 유형별로 잘 정리해야 할 필요가 있습니다. 그 정리가 바로 국제수지입니다.

국제수지는 일정 기간에 한 나라의 거주자와 비거주자 사이에 발생한 모든 경제적 거래를 종합적으로 기록한 통계입니다. 다시 말해 일정 기간 발생한 항목별 외화 유출입 현황을 기록한 통계죠. 외화의 흐름(flow)을 기록한 것입니다. 우리나라에서는 한국은행이 매월 국제수지표를 작성하여 공표하고 있습니다. 매월 발표하는 나라로는 일본, 독일과 프랑스 등이 있고, 분기별로 발표하는 나라는 영국, 미국,

싱가포르 등이 있습니다(IMF에서는 국제수지 매뉴얼로 최소 분기 단위로 국제수지표를 작성하도록 회원국들에 권고하고 있습니다).

이런 국제수지는 국내 경제 동향 분석은 물론 대외거래의 국제 비교나 외화 유동성 등을 파악하는 데 매우 중요하게 이용되는 통계입니다.

국제수지의 정의를 보면 '거주자와 비거주자 사이에 발생한 모든 경제적 거래'라는 것이 있습니다. 그러면 과연 거주자는 누구이며 비거주자는 누구일까요? 단순히 한국에서는 한국인이면 거주자요, 외국인이면 비거주자인 것 같습니다. 그런데 만약 한국인이 6개월가량 국외에 거주하면 거주자일까요, 비거주자일까요? 미국인이 한국에서 1년 이상 거주하면 한국의 거주자일까요, 비거주자일까요?

우선 국제수지에서 거주자와 비거주자는 법률상의 국적보다는 거래 당사자의 경제활동에서 주된 경제적 이익의 중심을 기준으로 구분합니다. 경제주체가 1년 이상 어떤 나라에서 경제활동 및 거래를 수행하거나 할 의도가 있으면 해당 경제주체의 주된 경제적 이익이 그 나라에 있다고 보고 있습니다. 단순하게 1년 이상 살면 거주자, 1년 이하로 살면 비거주자로 구분된다는 것입니다. 기업은 법적으로 설립되고 등기된 나라에 경제권이 있다고 봅니다. 경제주체 중에 가계는 어떨까요?

가계는 가계 구성원이 주된 주거지로 하는 국가에 거주성이 있는 것으로 보고 있습니다. 따라서 유학생이나 치료 목적으로 국외에 체류하는 사람은 해외 체류 기간이 1년 이상이라고 하더라도 본국 가계의 구성원으로 남아 있으므로 거주자로 취급합니다.

【문제】 국제수지는 외국과 거래한 실물 및 자금의 수취와 지급 내역이다. 우리나라 국제수지에 대한 다음 설명 중 옳지 <u>않은</u> 것은?

① 유량(flow) 변수다.

② 상품수지는 금융계정에 기록한다.

③ 무상 원조나 국제기구 출연금 등은 경상수지의 이전소득수지에 속한다.

④ 국제수지표는 경상수지, 자본 · 금융계정 등으로 구분된다.

⑤ 서비스수지는 거주자와 비거주자 사이의 용역 거래를 기록한 것으로 경상수지에 속한다.

| 해설 | 국제수지는 일정 기간 외국과 거래한 모든 경제적 거래를 기록한 것으로 유량 변수다. 국제수지는 크게 경상수지와 자본 · 금융계정으로 나뉜다. 경상수지는 재화의 서비스 거래(경상거래)로 지급한 외화와 수취한 외화의 차이다. 상품수지, 서비스수지, 소득수지, 경상이전수지로 구성된다. 상품수지는 상품의 수출과 수입의 차이며, 서비스수지는 해외여행, 유학 연수 등과 같은 서비스 거래의 수입과 지출 차이다. 소득수지는 임금 또는 투자의 대가로 받은 배당금이나 이자 소득의 차액을 말한다. 경상이전수지는 기부금, 정부의 무상 원조 등 대가 없이 주고받은 거래액의 차이다. 자본 · 금융계정 수지는 자본거래의 결과로 유입된 외화와 유출된 외화의 차이다. 상품수지는 경상수지에 속한다.

[정답] ②

국제수지의 구성

〈한국경제신문〉을 보면 매달 나오는 기사가 있습니다. 한국은행에서 발표하는 국제수지와 관련된 기사입니다.

> 5월 경상수지가 역대 5월 중 최대 규모를 기록했다. 상품수지의 호조세가 이어지는 가운데 본원수지 중 배당소득수지가 46억 달러로 역대 최대 규모의 흑자를 기록한 결과다.

이런 기사를 볼 때마다 '경상수지'는 무엇이며, '본원수지 중 배당소득수지'는 무엇인지 궁금해집니다.

국제수지는 크게 경상수지, 자본수지, 금융계정으로 구성되어 있습니다.

경상수지

경상수지는 재화나 서비스를 외국과 사고파는 거래의 결과로 나타나는 수지를 말합니다. 경상수지는 상품수지, 서비스수지, 본원소득수지와 이전소득수지로 구분됩니다.

① 상품수지

상품수지는 거주자와 비거주자 간의 상품 수출과 수입 거래를 계산하여 정리한 것입니다. 다시 말해 스마트폰, TV, 냉장고, 원자재 등 상품의 총수출액에서 수입 상품 가격을 뺀 것이죠. 여기서 금액은 어떻게 정할까요? 바로 'FOB 조건'으로 수출입 거래를 기록합니다. FOB 조건이란 'Free On Board'로서 판매자가 선적하기 전까지의 비용을 포함하여 제품 가격을 산정하는 것입니다. 쉽게 말하면 물건 가격에 배에 선적하기 전까지의 운송료를 포함한다는 것이죠. 배에 선적하면 그것은 구매자에게 부담됩니다. 다시 정리하자면 수출액을 산정할 때 한국에서의 판매 물건 가격과 부산까지 물건을 옮기는 가격(부산항에서 수출할 경우)을 합친 것을 수출액으로 정한다는 것이죠(수입액도 역시 상대국에서 FOB 조건으로 계산).

상품수지와 비슷한 것으로 무역수지가 있는데, 무역수지는 관세청에서 발표하는 통관 기준 상품의 수출입 차액을 의미합니다. 상품수지와 무역수지를 동일한 통계로 혼동하는 경우가 종종 있는데요, 두 통계 모두 상품의 수출입의 차액을 의미하지만, 수출입을 보는 기준에서 몇 가지 차이가 있습니다.

ⓐ 범위의 차이: 상품수지는 거주자와 비거주자 간에 이루어진 모든 상품의 수출입 거래를 대상으로 합니다. 상품수지는 '소유권 이전'이 된 모든 거래를 대상으로 합니다. 관세선을 통과 안 해

도 소유권 이전이 발생했다면 상품수지에 기록됩니다. 반면, 무역수지는 우리나라의 관세선을 통과한 모든 실물자산의 이동만을 수출입으로 계산하여 넣습니다. 따라서 관세선을 통과한 소유권이 이전된 물품뿐만 아니라 소유권 이전 없이 이루어지는 견본품, 이사 화물 등의 반·출입도 모두 수출입에 포함하고 있습니다. 다시 말하자면 무역수지는 소유권 이전이든 아니든 관세선을 통과하기만 하면 기록되는 것이죠.

ⓑ 수출입 가격 평가 기준: 상품수지는 금액의 평가 기준으로 수입이든 수출이든 FOB 조건이라고 했습니다. 무역수지는 이와 달리 수출은 FOB 조건으로 산정하지만, 수입은 운임·보험료 포함인 'CIF(cost, insurance and freight) 조건'으로 평가합니다.

ⓒ 수출입 시점 차이: 상품수지는 상품의 '소유권 이전' 시점에 수출입을 집계하지만, 무역수지는 상품의 '수출입 신고 수리일'을 기준으로 수출입을 집계합니다. 보통은 통관 신고 시점이 소유권 이전이 대다수지만 특별한 때도 있습니다. 예를 들면 선박 건조 같은 일들입니다. 선박 건조 관련 대금은 워낙 큰 금액이라 한 번에 받지 않고 여러 번 나눠서 받게 됩니다.

이에 따라 상품수지는 선박 건조 진행 과정에 선박 대금을 영수했을 때 그만큼의 소유권이 이전되었다고 보고 상품 수출에 반영하고 있습니다. 반면, 무역수지는 선박의 건조가 끝나고 통관 수출 신고가 이루어지는 시점에 총선박 금액을 수출로 계산합니다.

② 서비스수지

서비스수지는 거주자와 비거주자 간의 서비스 수입과 지급을 기록합니다. 서비스수지에는 가공서비스, 운송, 여행, 건설, 보험서비스, 금융 서비스, 통신·컴퓨터·정보서비스, 지식재산권 사용료, 유지보수 서비스, 기타사업서비스, 개인·문화·여가 서비스, 정부 서비스 등이 있습니다. 이 중 가공서비스는 위탁 서비스로서 가공하거나 조립, 포장, 라벨 부착 등을 수행하는 서비스로 상품을 소유하지 않습니다. 여기서 수입은 한국에서 가공서비스를 하는 것이고, 지급은 다른 나라에서 가공서비스를 해서 그 나라에 지급하는 것이라 보면 됩니다.

서비스수지에서 지식재산권 사용료는 특허권, 상표권, 저작권, 프랜차이즈 등의 사용에 대한 대가와 컴퓨터 소프트웨어, 영화 작품 및 음향 녹음물 등을 복제하거나 배포하기 위한 라이선스 및 관련 권리에 대한 대가 등이 포함됩니다. 우리나라의 경우 국외 원천 기술에 대한 의존도가 높아 휴대폰 등 IT 관련 상품의 수출이 늘어나면 이와 관련된 특허권 등의 사용료 지급이 늘어나는 특징도 있습니다.

③ 본원소득수지

본원소득수지는 거주자와 비거주자 간에 발생하는 '급료 및 임금과 투자소득'입니다. 거주자와 비거주자의 구분 기준은 1년입니다. 국내 거주자가 해외에서 1년 미만으로 일하면서 비거주자(타국민)에게 받은 보수와 국내에 거주하는 비거주자가 국내 거주자로부터 받은 보수가 본원소득수지입니다. 해외에 1년 이상 거주한 한국인은 비거주자로 구분되어 그 나라에서 받은 보수는 '비거주자 간의 거래'에 해당하여 본원소득수지에는 기록되지 않습니다. 또, 국내에서 1년 이상 일한 외국인도 거주자로 구분되어 본원소득수지에는 기록되지 않습니다.

투자소득은 거주자가 대외금융자산과 금융부채를 보유함에 따라 발생하는 배당 및 이자의 수입과 지급을 말합니다. 우리나라 기업들이 외국인 주주나 채권 투자자에게 지급한 배당금이나 이자 등도 투자소득수지에 해당합니다. 이 중에서 '재투자'라는 부분이 있습니다, 이는 배당되지 않는 유보이익으로 투자소득에 '재투자 수익'으로 계산되지만 동시에 금융계정에 '수익 재투자'로도 기록됩니다.

④ 이전소득수지

이전소득수지는 거주자와 비거주자 사이에 경제적 대가 없이 이루어진 식량이나 의약품 등의 무상 원조, 증여성 송금 등의 이전거래를 기록하는 항목입니다. 코이카나 EDCF 원조가 이에 해당합니다. 그리고 국내에서 1년 이상 거주 중인 외국인 근로자가 본국의 가족에게 보내는 돈도 이전소득수지로 계상합니다.

자본수지

자본수지는 상표권, 영업권 등의 비생산·비금융자산의 취득 및 처분과 채권자에 의한 채무면제 등의 거래를 기록합니다. 다시 말해 경상수지처럼 제품이나 서비스 거래가 아닌 국내 기업, 금융기관과 외국의 기업, 금융기관이 서로 돈을 꾸거나 빌려주는 거래를 통해 생기는 수입과 지출의 차액을 말합니다. 외국인 투자, 해외 투자, 차관 등이 이에 포함됩니다.

금융계정

금융계정은 크게 직접투자, 증권투자, 파생금융상품, 기타투자 및 준비자산으로 구성됩니다. 여기서 준비자산을 제외하고 각 항목에는 자산과 부채로 구성되어 있습니다. 그 기준은 거주자의 입장이죠.

① 직접투자: 직접투자는 투자자와 투자기업 간의 관계로 투자자가 투자기업의 경영에 대해 통제 혹은 상당한 영향력을 행사할 수 있는 경우입니다. 투자자가 10% 이상의 의결권을 보유하거나 그와 비슷한 경우를 말합니다.

② 증권투자: 증권투자는 거주자와 비거주자 간에 이루어지는 주식과 부채성 증권 거래를 나타내며 이 중 직접투자 또는 준비자산에 해당하는 주식 및 부채성 증권 거래는 증권투자에서 제외됩니다.

③ 파생금융상품: 파생금융상품은 외환·예금·채권·주식 등과 같은 기초자산으로부터 파생된 금융상품입니다. 파생금융상품의 가치는 금융상품, 실물상품, 지표 또는 신용 등 다양한 기초자산의 가치변동 때문에 결정됩니다. 이런 파생금융상품의 거래는 증권투자와 같은 기초상품거래와는 별개의 독립된 거래로 취급됩니다. 거주자와 비거주자 간의 파생금융상품 거래로 실현된 손익 및 옵션 프리미엄의 지급과 수취가 파생금융상품 자산 및 부채로 계상되는 것이죠.

④ 기타투자 및 준비자산: 기타투자는 위에 포함되지 않는 투자를 말합니다. 기타투자 자산은 무역 신용, 대출, 현금 및 예금, 기타자

산 및 기타지분으로 나누어지고, 기타투자 부채는 무역 신용, 차입, 현금 및 예금, 기타부채, 기타지분 및 특별인출권으로 구성되어 있습니다. 준비자산은 외환보유액의 거래에 의한 변동입니다. 외환보유액이란 '정부가 보유하고 있는 언제든지 사용 가능하며 통제가 가능한 외화 표시 대외자산'으로 유가증권, 외화예치금, 금 및 SDR 보유, IMF 포지션 등으로 구성되어 있습니다.

● TESAT 문제로 알아보는 쏙쏙! 개념 잡기

【문제】 다음은 한국의 어떤 시기의 국제수지에 대한 글이다. 이에 대한 설명으로 〈보기〉에서 옳은 것을 모두 고르면?

> 한국은행이 발표한 국제수지 잠정 통계에 따르면 2020년 11월 경상수지는 89억 7,000만 달러(약 9조 7,952억 원) 흑자로 집계됐다. 다만 외국인이 한국에서 벌어들인 배당금 등이 빠져나가며 지난해 9~10월 100억 달러를 넘어섰던 흑자 흐름은 끊겼다. 이는 11월 배당소득 지급(4억 9,000만 달러 적자 전환)이 급증한 데서 기인한 것으로 분석됐다.

〈보기〉

ㄱ. 본원 소득 수지의 감소로 경상수지가 감소하였다.

ㄴ. 서비스수지 적자폭이 전월 대비 증가했다.

ㄷ. 경상수지 흑자폭이 전월 대비 감소했다.

ㄹ. 본원소득수지는 적자였다.

① ㄱ, ㄴ　　　　　　② ㄱ, ㄷ　　　　　　③ ㄴ, ㄷ

④ ㄴ, ㄹ　　　　　　⑤ ㄷ, ㄹ

| 해설 | 배당금은 투자소득이고, 투자소득은 본원소득수지에 포함된다. 그런데 투자소득이 적자라고 해서 본원소득수지가 적자라고 단정할 수는 없다. 다만 기사에 의하면 배당소득이 적자 전환했고, 경상수지가 이로 인해 전월보다 흑자폭이 감소했다면 이를 통해 본원소득수지가 전년 동기보다 감소했음을 추론할 수 있다.

[정답] ②

국외거래 동향을 알 수 있는 국제수지표

국제수지는 우리나라와 같이 수출입 등 국외거래가 경제에서 차지하는 비중이 큰 나라에서 국외거래 동향 파악을 위해 꼭 필요합니다. 이런 거래를 표로 작성한 것이 국제수지표입니다. 국제수지표는 기업에서 재무제표나 손익계산서와 같이 국가의 국외거래현황을 일목요연하게 보여줍니다. 이런 국제수지표도 기업의 재무제표와 같이 작성 기준이 있습니다. 바로 회계에서 쓰이는 복식부기의 원리가 국제수지표에도 적용됩니다. 국제수지표에는 거주자와 비거주자 간의 모든 거래를 차변과 대변에 각각 동일한 금액으로 작성합니다. 차변 항목의 합과 대변 항목의 합은 항상 일치하게 되며 국제수지표 전체의 수지는 원칙적으로 항상 0이 되는 체계를 가지고 있습니다. 그러나 실제로 국제수지표를 작성하다 보면 0이 안 되는 경우가 많습니다. 이는 서로 다른 기관으로부터 자료를 입수하여 일정이나 자료 부족이 생기기 때문입니다. 이런 경우 불일치 금액에 반대부호를 붙여 독립항목인 '오차 및 누락'으로 작성합니다.

회계를 잘 모르시는 분들을 위해 차변과 대변을 간단히 설명해 드리자면, 재무제표에서 차변은 왼쪽에 기록하는 부분으로 '자산'을 중심으로 기록합니다. 즉 자산을 기록하면 증가, 부채나 자본이 기록되면 감소인 셈이죠. 대변은 오른쪽입니다. 자산과 반대로 '자본'과 '부채'를 중심으로 기록합니다. 또, 손익계산서에서 차변은 '비용', 대변은 '수익'을 기록하기도 합니다. 이를 기준으로 국제수지표 중에서 경상수지는 손익계산서와 같이 생각하시면 됩니다. 물건을 팔고 사는 것이 바로 손익과 관계있기 때문이죠. 다시 말해 차변에는 상품 수입(돈을 줘야 하니 비용이죠), 서비스 지급, 본원소득 지급 등을 기록하고 대변에는 상품 수출(돈을 버니 수익입니다), 서비스 수입, 본원소득 수입 등을 기록합니다.

이와 달리 금융계정은 재무제표와 같은 역할을 합니다. 차변에는 '자산'인 금융자산 증가, 금융부채 감소 거래가 기록되고, 대변에는 '자본과 부채'인 금융자산 감소, 금융부채 증가 거래를 기록합니다.

국제수지표는 발생주의의 원칙을 따릅니다. 다시 말해 어떤 거래를 기록할 때 경제적 가치가 생성, 변화, 교환, 이전 또는 소멸하는 시점에 기록한다는 것이죠. 상품 수출의 경우 관행상 관세청 통관 신고 시점에 소유권이 변동된 것으로 간주해 그 시점을 기준으로 국제수지표에 기록합니다.

보통 수출이 증가하고 수입이 감소하면 경상수지는 흑자를 기록합니다. 이는 GDP의 증가를 의미하죠. GDP가 증가한다는 것은 고용도 늘어나고 국민의 소득도 올라가는 것입니다. 경상수지 흑자를 기록하면 외화자산이 증가하여 외채가 감소하고 국가의 부가 증가합니다. 물론 경상수지 흑자가 좋은 것만은 아닙니다. 경상수지가 흑자를 이어가면 외화가 국내에 많이 쌓이게 됩니다. 이를 원화로 환전해서 돈이 시중에 많이 풀리면 인플레이션이 발생할 수 있죠. 또 특정 국가가 경상수지 흑자를 지나치게 오래 이어가면, 경상수지 적자가 계속되는 상대 국가들과 무역마찰이 일어날 가능성도 있습니다.

● TESAT 문제로 알아보는 쏙쏙! 개념 잡기

【문제】다음 지문을 읽고, 유추할 수 있는 용어로 알맞은 것을 고르면?

A국 중앙은행이 발표한 '8월 국제수지(잠정)'에 따르면 경상수지는 36억 달러 흑자를 나타냈다. 흑자폭은 7월의 28억 달러보다 커졌다. 하지만 내용을 보면 수출이 큰 폭으로 줄어든 가운데 경기 침체와 투자 위축 등으로 수입이 수출보다 더 크게 감소하는 양상이 뚜렷했다.

① 낙수효과　　　　　　② 쌍둥이 적자　　　　　　③ 불황형 흑자

④ 저축의 역설　　　　　⑤ 트리핀의 딜레마

Ⅰ해설Ⅰ 불황형 흑자란 수입이 수출보다 더 줄어 무역흑자가 나는 현상이다. 경상수지는 수출이 늘면 흑자가 나지만 국내 투자·소비가 침체된 경우에도 수입이 줄어 흑자를 기록할 수 있다. 불황형 흑자는 보통 경기 침체기에 나타난다.

[정답] ③

【문제】다국적 기업들이 가상의 국가 A에 투자를 크게 늘리는 추세라고 하자. 아래 보기 중 반드시 성립한다고 볼 수 <u>없는</u> 것은?

① A국가의 정부 재정은 적자이다.

② A국가의 자본수지는 흑자이다.

③ A국가의 경상수지는 적자이다.

④ A국가의 순해외투자는 음의 값을 갖는다.

⑤ A국가의 국내 총투자가 국내 총저축을 초과한다.

| 해설 | 다국적 기업들이 A국가에 투자를 늘리게 되면 해외로의 투자 유출보다 국내로의 투자 유입이 많아지기 때문에 순해외투자는 0보다 작고, 자본수지는 흑자(+)다. 국제수지에서 경상수지와 자본수지의 합은 0이므로 A국가의 경상수지는 적자(−)로 볼 수 있다. 경상수지가 적자이기 때문에 국내 총저축보다 국내 총투자가 많다고 할 수 있다. 정부 재정이 적자인지 흑자인지에 대해서는 위의 내용으로 판단할 수 없다.

[정답] ①

【문제】 해외로부터의 외자 도입에 따른 이자 지급은 국제수지표에서 어느 항목에 기록되는가?

① 소득계정   ② 자본계정   ③ 투자계정

④ 서비스계정   ⑤ 준비자산계정

| 해설 | 일정 기간 한 나라의 거주자와 비거주자 사이에 발생한 상품·서비스, 자본 등의 모든 경제적 거래에 따른 수입과 지급의 차이를 국제수지라 하며 이를 체계적으로 분류 정리한 것이 국제수지표다. 국제수지는 크게 경상수지와 자본·금융계정으로 나눌 수 있다. 경상수지는 다시 △상품 수출입의 결과인 상품수지 △운수, 여행 등 서비스 거래의 결과인 서비스수지 △노동과 자본의 이용 대가(즉 임금 및 이자)의 결과인 본원소득수지 △아무런 대가 없이 제공되는 무상 원조, 교포 송금 등의 결과인 이전소득수지로 나뉜다. 자본·금융계정은 거주자의 대외 자본 거래 결과로 발생하는데 여기엔 직접투자, 증권투자 등을 포괄하는 금융계정과 이민에 따른 해외이주비 등이 포함되는 자본계정이 있다.
외자 도입은 금융계정에 포함되지만 이에 따른 이자 지급은 본원소득수지에 기록된다.

[정답] ①

비트코인은 화폐일까?

2021년 초 가상화폐 투자 붐이 불었습니다. 이렇게 투자에만 관심이 쏠리다 보니 가상화폐가 애초 블록체인 기술을 위한 것이란 의미는 이미 사라진 것 같습니다.

가장 대표적 가상화폐인 비트코인. '블록' 검증을 위한 소스 제공의 유인책으로 비트코인을 준 것이 시작이었습니다. 비트코인의 설계 역시 화폐의 유통을 본떴습니다. 화폐 기능인 '교환의 매개 수단'이나 '가치저장 수단'의 개념을 이용한 것이죠. 그렇다면 가상화폐로 불리는 비트코인은 진짜 '화폐'일까요? 물론 정부에서는 가상화폐나 암호화폐보다 '가상자산'이라는 용어를 쓰기로 했습니다. 가상화폐, 가상자산……. 아무래도 화폐가 무엇인지를 알아야 하겠죠?

화폐란 재화와 서비스를 구매하기 위해 쉽게 사용될 수 있는 자산을 의미합니다(《버냉키·프랭크 경제학》에서는 '모든 자산'이라고 했고,《맨큐의 경제학》에서는 '몇 가지 자산'이라고 정의했습니다). 현재 일반적인 화폐로는 지폐와 동전이 있습니다. 바로 재화로 교환할 수 있기 때문이죠. 여기에 더해 쉽게 현금으로 전환할 수 있는 자산, 유동성이 높은 자산도 화폐로 보기도 합니다. 만약 여러분이 편의점에서 물건을 사고, 현금이 아닌 다른 물건을 내면 어떻게 될까요? 당연히 화폐가 아니므로 이상한 사람 취급받습니다. 만약 삼성전자 주식을 가지고 있다가 물건을 살 때 이 주식을 주면 어떻게 될까요? 물론 주인의 성향에 따라 받을 수도 있지만, 보통은 그 주식을 현금화한 후에 물건을 살 겁니다. 주식을 바로 물건으로 교환을 하진 않죠. 그래서 주식은 자산이 될 수 있지만, 화폐는 아닙니다. 그렇다면 은행 계좌에 연결된 가계수표나 체크카드로도 결제할 수 있는데 이것은 화폐라고 할 수 있을까요? 네. 물론입니다.

미국 연방준비은행에서는 화폐의 정의로 두 가지를 제시합니다.

좁은 의미의 화폐인 M1과 넓은 의미의 화폐인 M2입니다. M1은 지금 유통 중인 바로 쓸 수 있는 현금과 바로 찾아 쓸 수 있는 당좌예금, 보통예금을 통칭하는 요구불예금, 여행자 수표로 구성되어 있습니다.

M2에는 지금 당장 직접 교환의 매개 수단이 될 순 없지만, 현금이나 당좌예금으로 전환될 수 있는 자산이 포함됩니다. '준화폐'라고 불리는 저축예금이나 정기예금이죠. 물론 M1도 M2에 포함되어 있습니다.

그렇다면 화폐의 목적은 무엇일까요? 화폐는 간접적인 교환을 가능하게 함으로써 교역으로부터의 이익이 발생하는 데 중추적인 기능을 담당하고 있습니다. 예를 들어 심장외과 전문의가 새 텔레비전을 사려고 할 때를 생각해 봅시다. 심장외과 전문의는 심장 수술이라는 가치 있는 서비스를 제공할 수 있습니다. 가전제품 가게 주인은 새 텔레비전을 제공할 수 있죠. 만약 이 두 사람이 물물교환을 해야 한다면 어떨까요? 두 사람이 서로 물건이나 서비스가 필요하다면 교환이 이루어질 것입니다. 하지만 가전제품 가게 주인이 텔레비전을 제공할 수 있어도 심장 수술이 필요하지 않다면? 거래가 성립하지 않겠죠. 이것을 '욕구의 일치 문제(double coincidence of wants)'라고 합니다.

물물교환 경제에서 거래가 성립하려면 서로가 원하는 재화나 서비스를 갖고 있을 때만 성립합니다. 화폐는 이와 같은 욕구의 일치 문제를 해결해 줍니다. 개개인은 자신이 팔고자 하는 물건을 화폐로 교환한 다음, 이 화폐를 가지고 자신이 원하는 재화나 서비스를 사면 되는 것이죠.

다음으로 화폐의 종류를 살펴보겠습니다. 우선 가장 오래전부터 사용돼온 화폐는 '물품화폐'입니다. 대표적인 것이 금이죠. 은도 물론 물품화폐입니다. 이런 물품화폐는 내재적 가치가 있어야 합니다. 가치가 없으면 교환을 할 수가 없습니다. 최근에도 전쟁터나 미국의 감옥 같은 곳에서는 담배나 고등어 등이 물품화폐 역할을 하기도 했습니다.

다른 화폐로는 '법화(명령 화폐)'가 있습니다. 법화는 그 자체로는 가치가 없습니다. 정부의 명령, 즉 법령에 따라 가치를 부여받은 화폐죠. 일반 지폐와 장난감 지폐의 차이가 바로 이것입니다. 장난감 지폐는 법령으로 가치를 부여받지 않았기 때문에 법화가 아닙니다.

이런 법화의 장점은 두 가지가 있습니다. 하나는 화폐가 인쇄된 종이 외에는 다른 자원을 사용하지 않는다는 것이고, 다른 하나는 경제의 필요 때문에 정부가 공급할 수 있다는 것이죠. 이런 법화를 애덤 스미스는《국부론》에서 '공중에 낸 마찻길'이라 했습니다. 보통 토지에 마찻길을 내면 토지 가치를 손상하지만, 공중에 내면 토지 가치도 손상하지 않으면서 마차들이 다닐 수 있는 길을 낼 수 있다는 뜻이죠. 앞서 법화의 장점 중 첫 번째를 이야기하는 것입니다. 다른 재화를 사용하지 않고 종이로만 사용하기 때문에 다른 자원을 손상하지 않는다는 것입니다.

● TESAT 문제로 알아보는 쏙쏙! 개념 잡기

【문제】어떤 가상자산이 화폐로 인정받기 위해서는 반드시 만족해야 하는 기능들이 있다. 화폐의 기능과 관련한 〈보기〉의 설명 중 옳은 것을 모두 고른 것은?

〈보기〉

ㄱ. 가상자산과 달리 화폐는 현재의 구매력 그대로를 미래로 이연시킬 수 있다.

ㄴ. 대표적인 가상자산인 비트코인으로 상품이나 서비스를 결제하려면 가격이 소수점으로 표시되기 때문에 회계의 단위로 사용하기 적합하다.

ㄷ. 가상자산으로 재화와 서비스를 매매하는 것은 화폐에 비해서는 제한적이므로 거래의 매개 수단으로 한계가 있다.

ㄹ. 가상자산의 가격은 변동성이 큰 편이기 때문에 거래의 매개 수단으로서의 기능은 제한된다.

① ㄱ, ㄴ　　　　　　② ㄷ, ㄹ　　　　　　③ ㄱ, ㄴ, ㄷ

④ ㄴ, ㄷ, ㄹ　　　　　⑤ ㄱ, ㄴ, ㄷ, ㄹ

| 해설 |　ㄱ. 인플레이션이 발생하면, 즉 물가수준이 상승하면 현재 구입할 수 있는 재화와 서비스의 양이 미래에는 줄어들게 된다.

ㄴ. 가격이 소수점일 경우 회계의 단위로 쓰기에는 적합하지 않다.

[정답] ②

화폐의 기능

대표적 가상화폐인 비트코인도 어떤 서비스를 구매하기 위해 사용할 수 있을까요? 화폐의 기능은 과연 무엇일까요?

교환의 매개 수단

우선 화폐는 그 자체를 소비하기 위해서가 아니라 재화 또는 서비스와 교환하기 위해서 사용되는 자산입니다. 원화나 달러 지폐를 먹을 수는 없지만 먹을 것과 교환할 수는 있습니다. 앞서 설명했던 '욕구의 일치 문제'를 해결해 주는 것이죠.

평상시에는 한국의 원화, 미국의 달러화, 일본의 엔화처럼 한 나라의 공식 화폐가 그 국가에서 일어나는 모든 거래에서 교환의 매개 수단이 됩니다. 하지만 혼란스러운 시기에는 다른 재화나 자산이 그 역할을 대신 수행할 수도 있습니다. 엘살바도르의 경우 자국 화폐가 무너지자 미국의 달러를 법정화폐로 정해 써왔습니다. 그러다가 이번에 비트코인도 법정화폐로 인정한다고 선언했습니다.

가치저장 수단

화폐가 교환의 매개 수단으로 사용되려면 가치가 있어야 합니다. 일정 기간 구매력을 보관할 수 있는 수단이 되어야 하죠. 아이스크림이 화폐라고 생각해 봅시다. 아이스크림을 받고 다른 재화를 줬습니다. 물론 본인은 아이스크림을 선호하지 않아 다른 물건으로 교환하길 원합니다. 하지만 아이스크림을 받자마자 녹기 시작합니다. 다른 재화나 서비스로 교환하기 전에 아이스크림은 다 녹아버리고 맙니다. 그러면 아이스크림을 화폐로 사용할 수 있을까요? 당연히 가치가 사라지므로 화폐로는 쓸모가 없습니다.

가치저장 수단으로 쓰이는 자산에 화폐만 있는 것은 아닙니다. 주식이나 채권을 구매함으로써 현재의 구매력을 미래로 이전할 수도 있습니다. 비트코인도 마찬가지겠죠. 하지만 주식도 현재가치가 높다고 해서 반드시 미래가치가 높을 수는 없습니다. 상장폐지 되면 휴지 조각이 될 수도 있습니다. 비트코인이나 화폐도 마찬가지죠. 그래서 가치저장 수단의 기능은 화폐의 필요조건일 뿐이며 충분조건은 되지 않습니다.

계산의 단위

마지막으로 화폐는 계산의 단위로서 기능합니다. 즉 가격을 정하고 경제적 계산을 하기 위한 척도로 사용됩니다. 예를 들어 티셔츠 한 장의 값은 30,000원이고 햄버거 세트의 가격은 6,000원이라고 칩시다. 이 경우 티셔츠 한 장 값은 햄버거 5개이고, 햄버거 1개의 값은 티셔츠 5분의 1장이라고 할 수 있습니다. 하지만 화폐의 단위가 있으므로 그런 식으로 비교하지는 않습니다. 이처럼 공통적인 척도가 없다면 거래의 조건을 결정하는 것이 어려울 것입니다.

그럼 다시 비트코인이 화폐의 기능을 수행할 수 있을지에 대해 살펴봅시다. 초기에 한 프로그래머가 비트코인 1만 개를 피자와 교환한 적이 있습니다. 물론 그 시기에 비트코인의 가치는 미미했습니다만, 지금의 가치로 다시 계산하면 약 '5,330억'이라는 어마어마한 액수를 주고 피자를 사 먹은 것입니다. 만약 여러분이 이런 비트코인을 가지고 있다면 어떻게 할까요? 저는 당연히 가치가 올라갈 것으로 생각해 오랜 시간 묻어둘 것 같습니다. 이런 부분은 화폐의 '가치저장 수단'이라는 기능에 해당합니다. 그렇지만 앞서 화폐의 정의에서 본 '쉽게 사용할 수 있는 자산'이라고 할 수 있을까요? 다들 비트코인을 내놓지 않으면 화폐의 중요한 기능인 유동성엔 문제가 없을까요?

아마도 다들 가상화폐라고 하지만 화폐의 기능보다는 주식과 같은 가상자산의 기능을 기대하고 있지 않을까 합니다. 특히 비트코인은 채굴된 비트코인의 약 70% 정도를 누가 가졌는지도 모르는 상태입니다. 이런 자산을 화폐라고 할 수 있을까요?

많은 사람들이 비트코인, 이더리움이 화폐가 되길 원하는 것 같습니다. 법정화폐가 되면 바로 '떡상'할 것으로 예상하기 때문이죠. 하지만 아이러니하게도 사람들은 가상화폐를 사용하지 않습니다. 유동성과 교환의 매개체라는 화폐의 기능을 버리고 가치저장의 기능만을 가지기 때문에 화폐가 될 수 없죠. 그래서 가상자산이란 개념에서 암호화폐에 투자하는 파생상품(ETF 같은) 등이 나오고 있습니다. 아무래도 '가상화폐'보다는 '가상자산'이 맞는 듯합니다.

【문제】다음은 화폐의 어떤 기능에 대한 설명인가?

> 예를 들면 물물교환 경제에서는 쌀을 가진 사람이 옷을 구하고자 할 때,
> 자신이 가진 쌀로 얼마만큼의 옷을 살 수 있는지를 알기 위해서는 다른
> 상품 간의 교환 비율까지 모두 알아야 한다. 그러나 화폐경제에서는 모
> 든 물건의 가치가 같은 화폐 단위로 표시되므로 모든 상품 간의 교환 비
> 율을 즉시 알 수 있다.

① 교환매개   ② 가치척도   ③ 가치저장

④ 지급수단   ⑤ 결제수단

| 해설 | 경제학에서 화폐는 지불수단으로 광범위하게 사용되고 받아들여지는 자산을 지칭하는 용어다. 화폐를 사용하면 재화와 서비스의 교환가치는 화폐로 표시된다. 계산도 화폐 단위로 이루어진다. 이를 화폐의 가치척도 기능이라 한다. 화폐를 사용하면 교환가치가 동일한 단위에 따라 일률적으로 매겨지기 때문에 거래비용이 줄고 교역이 증대된다. 화폐는 기본적으로 교환의 매개 수단으로서의 기능을 갖고 있으며, 화폐를 저장하는 것은 그만큼의 교환가치 또는 부를 저장하는 것과 같다. 지급수단으로서의 화폐는 채권 · 채무 관계에서 화폐가 사용될 때를 가리킨다.

[정답] ②

통화량과 화폐 승수

아마 여러분은 뉴스에서 '경기부양을 위해 자금을 풀었다'는 이야기를 들어보신 적은 있을 겁니다. 그런데 시중에 돈이 많이 풀렸음에도 내 수중이 돈이 없다고 느끼신 적도 있을 겁니다. 시중 통화량이 몇천 조인데도 정작 현금 구경을 하지 못한다? 단순하게 생각하면 현금은 없고 은행에서 숫자놀이만 하고 있다고 생각할 수 있습니다. 그래서 가상자산은 '현실적 화폐 없이 믿을 수 있는 숫자로 화폐를 만들면 어떨까?' 하는 아이디어에서 시작한 것일지도 모릅니다. 과연 화폐 발행과 시중의 통화량은 어떻게 정해지는 걸까요? 우리는 화폐 승수와 지급준비금이라는 말을 들어본 적 있을 겁니다.

지급준비제도라는 것은 은행이 전체 예금액 중에서 일정 비율 이상을 현금으로 가지고 있어야 하는 제도입니다. 이 제도의 시작은 1907년 니커보커 신탁의 부도로 인한 뱅크런 사태 때문입니다.

그럼 이 지급준비제도로 인해 어떻게 시중에 돈이 풀리는지 한번 생각해 보겠습니다. 우선 현실적 문제를 따지기 전에 비현실적이지만 문제를 쉽게 풀기 위한 하나의 가정을 생각합니다. '모든 사람은 돈이 생기면 100% 예금한다'고 가정합니다. 한국은행이 시중에 1억 원의 화폐를 공급했다고 생각해 봅시다. 지니 씨가 이 현금을 가지고 있으면 은행의 당좌예금에는 없고 시중에 유통 중인 현금이 1억 원이 됩니다. 지니 씨는 1억 원을 A은행에 예금합니다. A은행 당좌예금에는 1억 원이 되지만 유통 중인 현금은 0원이 되죠. 지급준비금도 역시 1억 원이 됩니다(은행에 있으면 유통 중인 현금은 아닙니다).

A은행은 시중에 대출을 시행합니다. 이때 지급준비율이 10%라고 가정(한국의 법정 지급준비율은 예금 종류에 따라 0~7% 수준이라고 합니다)합시다. 그럼 A은행은 1,000만 원을 지급준비금으로 놔두고, 9,000만 원을 대출해줍니다. 그럼 유통 중인 현금은 0원에서 9,000만 원이 되고, 예금은 1억 원이 됩니다. 통화량은 유통 중인 현금과 은행 예금이므로 1억 9,000만 원이 됩니다. 정리하자면 한국은행이 1억 원의 화폐를 공급해 통화량이 1억 원이었던 것이 은행 예금과 대출을 통해 통화량이 1억 9,000만 원이 되었습니다.

이번에는 9,000만 원을 대출받은 진 씨가 그대로 B은행에 예금합니다. B은행은 이 9,000만 원에서 지급준비금 900만 원을 제외하고 8,100만 원을 대출해줍니다. 이를 통해 유통 중인 현금은 8,100만 원, 모든 은행에 입금된 당좌예금은 1억 9,000만 원이 됩니다. 통화량은 2억 7,100만 원이 됩니다(8,100만 원+1억 9,000만 원). 대출받은(유통 중인) 현금을 다시 다른 은행에 예금으로 집어넣고, 이를 대출하면 유통 중인 현금은 7,290만 원, 예금은 2억 7,100만 원이 됩니다. 총통화량은 3억 4,390만 원이 되죠. 참 복잡하네요. 그럼 쉽게 계산식으로 설명해 보겠습니다.

그러니까 1억 원이 초기 화폐 발행량 또는 초기 초과지급준비금이라고 하고 100% 은행에 예금한다고 가정하면 최종 은행 예금(지급준비율 10%)은 1억/0.1=10억이 됩니다. 유통 중인 현금이 없는 상태라면 통화량은 10억이 되는 것이죠(1억이 10억이 되는 마술!).

물론 현실에서는 좀 다릅니다. 다들 100만 원 현금이 들어온다고 100만 원을 다 은행에 예금하는 것은 아니잖아요. 현금으로 20만 원을 가지고 있고, 80만 원을 예금하기도 하죠. 그래서 현실적으로는 복잡해집니다.

우선 통화 당국이 통제하는 범위를 명확히 해야 합니다. 통화 당국이 통제하는 것은 '본원통화'로 유통 중인 현금과 지급준비금의 합입니다. 만약 통화 당국이 1억을 내보냈다면 앞서 B은행까지 유통됐을 경우, 통화량은 2억 7,100만 원이 되었지만, 지급준비금은 1,900만 원, 유통 중인 현금은 8,100만 원으로 본원통화는 딱 1억 원인 것입니다.

이제 현실적 화폐 승수의 정의를 내려 보겠습니다. 우선 100% 예금한다고 했을 때 화폐 승수는 지급준비율의 역수입니다. 지급준비율이 10%라고 하면 1/0.1=10이 되어 1억이 통화량 10억이 되고, 화폐 승수는 10(10배)이 됩니다. 이와 달리 현실적인 화폐 승수는 통화량 대 본원통화의 비율입니다(통화량/본원통화). 통화량이 많다고 하면 화폐 승수가 늘어나고 통화량이 적어지면 화폐 승수가 줄어드는 것입니다. 그렇다면 통화량이 줄어드는 경우는 어떤 것이 있을까요?

① 경제가 나빠질 것 같아서 저축하지 않고 현금으로 보유할 경우

　이 경우 예금 잔액이 줄어들어, 은행에서 대출할 수 없어 통화량이 줄어듭니다.

② 뱅크런 사태를 대비해 은행에서 초과지급준비금을 높여 대출이 줄어들 경우

그러니까 화폐 승수가 줄어든다는 것은 경제가 안 좋아진다는 의미가 될 수도 있습니다. 통화량과 화폐 승수. 어렵지만 한번 곰곰이 생각해보시면 쉬울 겁니다. 딱 하나만 기억합시다.

화폐(통화) 승수=통화량/본원통화

● TESAT 문제로 알아보는 쏙쏙! 개념 잡기

【문제】 **통화량을 유통 중인 현금 및 은행 예금으로 정의하면, 이에 대한 설명 중 옳은 것을 고르시오.**

① 일반적으로 통화량이 증가하면 가계의 현금 보유 비중도 증가한다.

② 일반적으로 통화량이 증가하면 시장이자율은 상승하게 된다.

③ 일반적으로 민간의 현금 보유 비중이 증가하면 통화량은 증가한다.

④ 중앙은행이 민간이 보유한 국채를 매입하면 통화량이 감소한다.

⑤ 법정 지급준비율이 일정하더라도 민간은행이 지급준비금 보유 비중을 줄이면 통화량이 증가한다.

| 해설 | 중앙은행 및 민간 경제주체가 통화량 변화에 미치는 다양한 경로에 대한 이해를 요구하는 문제이다. 통화량은 민간의 현금 보유 비중이 증가하거나 은행 등 금융기관이 지급준비율을 높이는 경우 통화승수를 낮추기 때문에 통화량이 감소한다. 중앙은행이 민간 보유 국채를 매입할 경우 통화량이 증가한다. 통화량이 증가하면 다른 조건이 동일할 때 시장이자율은 하락하는 효과가 나타난다. 통화량 증가에 따라 인플레이션 우려가 커지면 가계는 현금 보유 비중을 낮출 수 있다.

[정답] ⑤

달러의 역사

비트코인과 같은 가상자산은 화폐가 아닙니다. 그럼 미국 '달러'는 어떨까요? 달러는 순수 명령 화폐입니다. 내재가치도 없고 내재가치를 가진 어떤 것(금 또는 은과 같은 것들)으로도 뒷받침되지 않습니다. 하지만 달러는 현재 기축통화죠. 독보적입니다. 사실 달러는 '연방준비권(FRNs, Federal Reserve Notes)'입니다. 왜 이런 애매한 이름이 붙여졌을까요?

미국이 생기기 전 유럽의 이주민이 정착하던 시절에는 유럽에서 주조된 금화와 은화를 비롯한 상품화폐를 사용하고 있었습니다. 하지만 미국에서는 이런 동전이 흔치 않았기 때문에 여러 가지 다른 형태의 상품화폐를 사용했죠. 예를 들어 버지니아의 정착민들은 담배를 화폐로 사용했고, 동북 지역의 정착민들은 일종의 조개껍데기로 만들어진 '조가비 염주(wampum)'를 사용했습니다.

역사적으로 경제적으로 많은 변화를 일으키는 중요한 포인트는 '전쟁 후'였습니다. 전쟁에 들어간 큰 비용을 조달하기 위해 세금을 거두거나 화폐를 찍어내는 등으로 인해 생기는 문제가 포인트였죠. 미국이라는 나라가 생긴 것도 그 이유였습니다. 영국과 프랑스의 7년 전쟁 후 전비 부담으로 인한 재정적자를 메우기 위해 식민지에 많은 세금을 부과한 것이죠. 이때 일어난 것이 '보스턴 차 사건'이었습니다. 식민지인(미국)들은 '(의회의) 대표 없는 곳에 과세 없다'라는 구호 아래 독립을 선언합니다. 그렇게 생긴 것이 미국입니다.

미국은 건국 이후 연방 정부의 권한을 강화하기 위한 정책의 하나로 '통화' 문제를 거론합니다. 각 주의 화폐가 통일되지 않아, 이를 통제하기 위해서였죠. 이 문제를 책임지고 정책을 펼친 것은 초대 대통령 조지 워싱턴 밑에서 재무장관을 지낸 알렉산더 해밀턴이었습니다. 해밀턴은 10달러 지폐에 나올 정도로 중요한 인물입니다. 이후 이야기할 '조세'에도 나오니 기억해두시면 좋습니다. 이 해밀턴의 일생은 뮤지컬로도 만들어졌는데 퓰리처상을 받을 정도로 흥행한 뮤지컬 중의 하나라고 하네요.

어쨌든 이 해밀턴은 지폐를 발행하는 중앙은행이 필요하다며 1791년 미합중국 제1은행을 창립합니다. 20%는 정부가 출자하고 나머지는 민간 금융 자본이 출자했으며, 승인 기간은 20년이었습니다. 이 은행을 통해 전쟁으로 인한 부채를 처리하고 표준 통화를 만들고자 한 것이죠. 이런 중앙은행은 우선 헌법적 논쟁에 부딪힙니다. 반대하는 사람들은 중앙은행이 북부에 있는 소수의 부자를 더욱 부유하게 해줄 뿐만 아니라, 남부의 농민과 소기업들이 의지하고 있는 주 은행을 장악할 것이라고 주장했습니다. 국가의 부를 어느 한 곳으로 집중시켜서는 안 된다고 했습니다. 그런 논쟁 속에 승인 기간 20년이 지나고 해체되었습니다. 그리고 6년 뒤 미합중국 제2은행이 설립됩니다. 이는 미영전쟁으로 재정 악화와 심한 인플레이션을 막기 위함이었습니다. 이로부터 20년 뒤 제7대 대통령 앤드루 잭슨은 제2은행마저 폐지하죠. 그 후 77년간 미국에서는 중앙은행이 없었습니다.

제2은행이 폐지된 1830년 이후 미국의 주 은행은 우후죽순처럼 생깁니다. 주 의회가 은행을 개인의 조합으로 간주해 연줄만 있으면 간단히 설립 허가를 내어주었습니다. 결국, 1,600개가 넘는 소규모 은행이 생기면서 발행된 지폐가 7,000여 종, 위조지폐도 5,000여 종에 달했습니다. 너무 많은 지폐가 생기면서 통화는 신용을 잃었죠.

미국은 건국 이후 통합이라는 문제가 늘 존재했습니다. 중앙 정부의 권한을 강화하려는 북부와 주의 자치권을 유지하려는 서부, 면화 플랜테이션 농장주가 중심이 된 남부. 이 삼자의 골은 메워지지 않았습니다. 1861년 남북전쟁은 이런 문제의 발현이었죠. 어쨌든 남북전쟁의 승리는 북부로 돌아갔습니다. 하지만 전쟁은 늘 비용을 불러온다고 앞에서 이야기했습니다.

전쟁 비용을 충당하기 위해 링컨 대통령은 정부가 담당하는 내셔널 뱅크에서 돈을 발행해 국채를 인수하게 했습니다. 국채의 90% 범위에서 지폐를 발행합니다. 이것이 바로 그린백입니다. 그린백인 이유는 녹색 잉크로 인쇄되었기 때문입니다.

1862년부터 발행된 그린백은 불환지폐로 고정된 가치를 가지지 않았습니다. 발행액 역시 3억 달러를 넘어서 남북전쟁 이후의 자금 사정을 순식간에 해결시키죠. 하지만 화폐의 발행은 물가의 상승을 가져오기 시작했습니다. 남부 지역은 전쟁에서 지고 남부 주 은행들이 발행한 지폐가 폭락하면서 물가가 90배나 뛰게 됩니다. 이런 문제를 해결하기 위해 미국 재무부는 그린백을 회수함으로써 다시 화폐 발행권은 민간 은행에 돌아갑니다. 이와 함께 금에 대한 1달러의 교환가치를 보증시키는 금 태환 제도를 도입하죠. 물론 이 시기의 그린백은 지금의 달러는 아닙니다. 현재의 달러가 시작된 것은 연방준비제도와 연방준비은행의 등장과 함께입니다.

연방준비은행에서 발행되는 달러는 '연방준비제도이사회의 결정에 따라 발행된 정부의 채무'를 의미하는 '연방 정부의 차금 증서(연방준비권)'입니다. 이것이 현재 우리가 알고 있는 달러입니다. 우리는 달러라고 알고 있지만 명확한 이름은 연방준비권입니다. 그 이유는 미국의 헌법에 '통화는 의회가 발행한다'라는 조항 때문입니다. 의회가 아닌 연방준비은행이 발행한 화폐이기 때문이죠. 1994년 링컨의 그린백 유통이 중지되면서 지금 미국 대표적 지폐인 연방준비권, 즉 달러가 99%를 차지하게 됩니다.

참고로 달러의 $ 기호는 스페인의 8리알 은화에 있는 두 개의 헤라클레스 기둥을 둘러싼 S자 모양의 장식용 리본에서 유래되었다는 주장과 스페인 국왕의 문장에서 나왔다는 주장 등이 있다고 합니다만, 미국 정부의 홈페이지(www.uscurrency.gov)에 의하면 스페인계 화폐 단위인 페소에서 유래했다고 합니다.

【문제】 많은 국가가 한국은행과 같이 중앙은행을 정부에서 독립된 기관으로 설립하고 있다. 이러한 이유에 대한 설명으로 옳지 <u>않은</u> 것은?

① 중앙은행의 통화정책은 재정정책보다 이해관계 대립이 적다.

② 정부는 보다 단기적인 목표에 집착하는 경향이 있다.

③ 중앙은행이 독립된 국가에서 물가상승률이 보다 낮은 편이다.

④ 물가상승률을 낮게 유지하면 경기 변동도 완화되는 경향이 있다.

⑤ 중앙은행의 역할이 금융안정까지 포괄하는 등 점차 확대되고 있다.

| 해설 | 중앙은행의 이자율 정책은 직접적으로 정부가 지출하는 재정정책에 비해 특정 이해 당사자에게 영향을 덜 주는 편이다. 하지만 최근에 미국 연준과 같은 중앙은행이 수행한 금융 안정 정책은 특정 금융기관에 자금을 제공하는 등 경우에 따라선 이해가 엇갈릴 수 있는 정책이 많아 과연 중앙은행이 정부의 간섭 없이 독단적으로 정책을 수행할 수 있는지에 이견이 제기되고 있다.

[정답] ⑤

달러와 트리핀 딜레마

'전쟁 후'에는 많은 변화가 일어납니다. 영국과 프랑스의 7년 전쟁 이후 미국의 독립선언이 있었고, 미국의 남북전쟁 후 그린백을 찍어냈습니다. IMF도 제2차 세계대전 이후 생긴 것입니다. 바로 브레턴우즈 체제와 함께 탄생한 기구죠. 이 브레턴우즈 체제에서 달러(연방준비권)는 기축통화가 됩니다. 이에 대해 이야기하기 전에 우선 금본위제도가 무엇인지에 대해 한번 생각해보겠습니다. 금본위제도란 각국이 자국 통화와 금의 교환 비율을 정하고, 자유로운 금 태환을 보장하는 제도입니다. 예를 들어, 한국이 금 1g에 1,000원, 미국은 금 1g에 1달러, 일본은 금 1g에 100엔이라고 정했다고 칩시다. 그럼 '금 1g=1,000원 =1달러=100엔'이 성립합니다. 이를 통해 무역 시 1,000원짜리 물건은 해외에서 1달러에 팔린다는 것입니다. 이런 금본위제도가 붕괴한 것은 제1차 세계대전 이후였습니다. 제1차 세계대전의 승전국은 영국과 프랑스였지만 영국은 막대한 군사비를 지출해야 했습니다(국가 예산의 70%). 이런 전쟁 비용을 조달하기 위해 태환을 정지하고 변동환율제도를 채택했습니다. 그렇게 금 태환 제도는 막을 내렸습니다. 그리고 영국과 프랑스는 패전국 독일을 희생양 삼아 전쟁 이후 번영을

여기 금 1g어치 쌀 주세요.

찾으려고 했죠. 독일은 1,320억 금마르크(1금마르크=순금 358mg, 금 약 4만 7,256t)라는 천문학적 배상금을 내야 했습니다. 이에 독일은 경제를 살리기 위해 지폐를 추가로 찍어내면서 초인플레이션의 시대를 맞이하게 됩니다.

제2차 세계대전이 시작된 것은 '대공황'이라는 상황이 벌어지면서였습니다. 사실 제1차 세계대전의 수혜국은 미국이었습니다. 유럽과 떨어져서 유럽에 전쟁물자를 공급하는 역할을 하였죠. 그렇게 유럽의 금들이 미국으로 이동했습니다. 여기에 더해 여러 산업 혁신이 이루어졌습니다. 그렇게 미국의 월가로 대표되는 금융이 날로 부활합니다. 하지만 호황은 지속하지 않죠. 거품 속에 있던 주식시장이 붕괴하면서 뱅크런이 연쇄적으로 발생합니다. 자본시장의 붕괴는 대공황으로 번졌죠.

제1차 세계대전 후 미국은 독일에 적극적으로 투자를 합니다. 미국이 독일에 돈을 빌려주면, 독일은 영국과 프랑스에 배상금을 냅니다. 영국과 프랑스는 이 배상금으로 전쟁물자를 조달해준 미국에 돈을 갚는 형식이었죠. 하지만 대공황이 시작되면서 미국 월가에서 독일에 투자한 자본을 거둬들이면서 문제가 생깁니다. 독일의 경제가 붕괴한 것이죠. 1932년 실업률이 약 40%에 달했습니다. 이런 상황에서 등장한 것이 히틀러의 '나치스'였습니다. 그렇게 제2차 세계대전이 시작된 것이죠.

제2차 세계대전이 끝나기 직전인 1944년, 미국 뉴햄프셔주의 휴양지 브레턴우즈에서 연합국 45개국의 재무·금융 담당자 회의가 열립니다. 이 회의에서 금 1온스를 35달러와 태환하겠다는 '금·달러 본위제(gold-exchange standard system)'를 채택합니다. 달러를 기축통화로 하는 고정환율제도로서 각국은 기축통화 달러와 교환 비율을 일정하게 유지하는 것이죠. 이 브레턴우즈협정에서 단기국제금융기구인 IMF와 장기국제금융기구인 국제부흥개발은행(IBRD)이 설립됩니다.

미국 달러가 기축통화가 된 것은 전 세계의 지폐를 금으로 태환할 만큼 미국에 금이 보관되어 있다는 전제를 깔고 있었습니다. 미국에 보관된 금에 태환된 달러를 기축통화로 삼은 것이죠. 하지만 이것은 문제가 있었습니다. 국제 경제가 커지면 커질수록 달러의 공급은 늘어야 했습니다. 미국이 아닌 다른 나라로 달러가 흘러 들어가면 미국의 국제수지는 적자가 됩니다. 미국의 국제수지 적자가 지속되면 달러의 신뢰도는 하락합니다. 달러의 신뢰도가 하락하면? 당연히 기축통화의 지위는 흔들리고 금이 다시 부상하게 됩니다. 이것이 바로 트리핀 딜레마입니다.

트리핀 딜레마는 로버트 트리핀 예일대 교수가 달러가 기축통화가 되면서 생기는 모순을 지적한 것이죠. 앞서 전 세계 경제가 커지면 커질수록 달러는 계속 찍어야 하는 상황이고, 이렇게 되면 기축통화로서의 신뢰도가 하락한다고 했습니다. 만약 반대로 미국이 기축통화인 달러의 신뢰도를 지키려면? 미국이 국제수지를 흑자 상태로 유지하기 위해 국제무역이나 자본거래를 제약하게 됩니다. 그러면 미국의 신뢰도가 떨어지고 국제무역은 얼어붙게 되겠죠. 적자 상황이든 흑자 상황이든 연출될 수밖에 없는 달러의 이럴 수도 저럴 수도 없는 모순을 가리켜 '트리핀 딜레마'라고 하는 것입니다.

베트남 전쟁으로 인해 전쟁 비용이 많이 들어간 미국은 국제수지의 엄청난 적자를 맞이합니다. 국제수지 적자를 메우기 위해 달러를 과잉으로 공급하자 금 가격은 폭등합니다. 이 때문에 달러의 금 태환이 어려워진 거죠. 이때 유럽의 몇몇 국가들이 금 태환을 요구합니다. 결국, 1971년 미국의 닉슨 대통령이 금 태환 정지 선언을 하면서 브레턴우즈 체제가 막을 내립니다. 이것이 '닉슨 쇼크'였죠.

《오즈의 마법사》와 금본위제

혹시 《오즈의 마법사》라는 동화를 들어본 적 있으세요? 《오즈의 마법사》는 1900년 미국 중서부 지역의 신문 편집자인 프랭크 바움 (1856~1919)이 발표한 동화입니다.

《오즈의 마법사》에는 주인공 도로시와 그녀의 애견 토토가 나옵니다. 그냥저냥 살아가던 어느 날 회오리바람이 불어 집과 함께 어디론가 날아갑니다. 그렇게 도착한 곳은 멀고 낯선 오즈의 나라. 다시 고향으로 돌아갈 방법이 막막하던 도로시에게 착한 마녀가 나타납니다. 착한 마녀는 집에 깔린 마녀의 은 구두를 전해주며, 집으로 돌아갈 수 있는 유일한 방법은 위대한 마법사 오즈를 찾아가 부탁하는 것뿐이라고 이야기합니다. 도로시는 마법사 오즈를 찾기 위해 노란 벽돌 길을 따라 에메랄드 성으로 가는 여행을 시작하죠.

이 여행길에 다양한 친구들을 만납니다. 생각할 수 있는 뇌를 갖고 싶어 하는 허수아비와 사랑을 느낄 수 있는 마음을 갖고 싶어 하는 양철 나무꾼, 그리고 용기를 얻고 싶어 하는 겁쟁이 사자입니다. 이들은 각자의 소원을 마법사 오즈를 통해 이루기 위해 함께 여행하죠. 여러 가지 사건과 위험을 겪으면서 에메랄드 성에 도착했지만 마법사 오즈

《오즈의 마법사》에 숨은 뜻이?

는 소원을 들어줄 수 없습니다. 그도 역시 가짜 마법사였기 때문이죠. 그러나 착한 마법사를 만난 도로시는 집으로 갈 방법을 알게 됩니다. 바로 도로시가 신고 있는 은 구두가 해결사였습니다. 그 은 구두를 툭툭 치면서 소원을 빌면 모든 것을 이룰 수 있다는 것이죠. 그렇게 도로시는 고향으로 돌아오게 되는 이야기입니다.

《오즈의 마법사》는 동화 같은 이야기지만 그 시대의 정치적 문제를 풍자했다는 이야기도 있습니다. 1990년에 발표한 휴 로코프는 논문 〈화폐 우화로서의 《오즈의 마법사》(The Wizard of Oz as a Monetary Allegory)〉에서 다음과 같이 해석했습니다.

도로시: 미국의 전통적 가치 또는 서민

토토: 금주주의당(절대 금주주의자)

허수아비: 농부들

양철 나무꾼: 산업 근로자들

겁쟁이 사자: 민주당 대통령 후보 윌리엄 제닝스 브라이언

난쟁이족: 동부 사람들

사악한 동쪽의 마녀: 당시 미국 대통령 그로버 클리블랜드

사악한 서쪽의 마녀: 공화당 대통령 후보 윌리엄 매킨리

마법사: 공화당 의장 한나

오즈: 금의 무게 단위인 온스의 줄임말

노란 벽돌길: 금본위제도

다시 말해《오즈의 마법사》는 금본위제를 금 · 은본위제로 바꿀 것을 주장하는 동화라는 것입니다. 당시 1880년부터 1896년 사이의 미국의 물가수준은 23%나 하락할 정도로 디플레이션이 심했습니다. 금본위제를 채택했기 때문이었죠. 시장이 활성화되려면 그에 충분한 화폐가 공급되어야 함에도 금이 부족하다는 이유로 화폐가 공급되지 않았습니다. 이 때문에 화폐 가치가 오르면서 물가가 하락하는 디플레이션 상태였다는 것입니다. 디플레이션으로 인해 경기가 침체하니, 임금 등도 줄어들게 되는 것이죠. 물가가 하락하면 좋은 것 아니냐고 하는데, 사실 일반 서민은 더 힘들어질 수 있습니다. 월급이 줄어들거나 경기 침체로 실직자가 늘어납니다. 게다가 화폐 가치가 하락하면 부채에 대한 실질적 부담이 증가합니다(돈을 빌려준 금융업자들로서는 이득이 커집니다).

19세기 말 미국에서 디플레이션이 벌어진 이유가 '금 부족 현상'

때문에 일어난 것으로 생각합니다. 그래서 당시 보유량이 풍부했던 은을 포함하면 인플레이션이 촉진되면서 경제가 살아날 것이라는 주장이 나오기 시작했습니다. 금본위제에서 금 · 은본위제로 바꿀 것을 말이죠. 이를《오즈의 마법사》에 녹인 것이라고 합니다.

다시 한번《오즈의 마법사》를 살펴보겠습니다. 서쪽에서 회오리바람이 불어옵니다. 이는 금본위제와 금 · 은본위제의 정치적 대립입니다. 도로시는 오즈의 나라에서 은 구두(은본위제)를 신습니다. 마지막에 집으로 돌아오는 해결책도 이 은 구두죠. 바로 은본위제가 답이라는 것입니다. 그리고 노란 벽돌길(금본위제)을 따라 여행을 떠납니다. 허수아비(농부), 양철 나무꾼(노동자), 겁쟁이 사자(민주당 대선 후보)와 함께 여행을 떠나 에메랄드 성(녹색은 그린백)에서 만난 오즈(무게의 단위인 온스의 약자)의 마법사는 아무것도 할 수 없는 사람이었습니다. 디플레이션에서는 금으로는 아무것도 할 수 없다는 것이죠. 이때 은 구두(은본위제)를 통해 다시 마을로 돌아옵니다. 은을 통해 전통적인 미국 가치로 돌아갈 수 있다는 것을 의미합니다.

참고로 1939년 영화에서는 은 구두가 아닌 루비 구두로 나옵니다. 할리우드 영화 제작자들은 이 소설이 19세기 미국의 통화정책과 연관되어 있다는 사실에 관심을 가지지 않은 모양입니다. 영화는 단순히 영화임을 보여주는 것이죠.

한편 금 수급 문제로 인해 디플레이션이 왔습니다. 이를 해결하기 위해 많은 사람이 금 · 은본위제를 주장했지만, 사실 채택하지 않았습니

다. 이유는 금이 대량으로 생산되었기 때문입니다. 《오즈의 마법사》
가 나오던 당시 알래스카·호주·남아프리카공화국 등지에서 금광
이 발견되었습니다. 게다가 원석에서 금을 쉽게 추출할 수 있는 청화
법이 발명되었죠. 청화법은 금·은의 광석을 분쇄하여 사이안화알칼
리 수용액으로 녹인 뒤에, 아연 가루를 더하여 금·은을 침전시켜 얻
는 습식 제련법입니다. 금이 대량 생산되자 통화 공급이 증가하고, 물
가가 상승합니다. 1896년부터 1910년까지 물가는 35%가량 상승하
죠. 금 부족으로 걱정하던 디플레이션이 한 번에 풀렸기 때문에 은본
위제를 채택하자는 주장은 힘을 잃어버립니다.

● **TESAT 문제로 알아보는 쏙쏙! 개념 잡기**

【문제】《오즈의 마법사》는 화폐 제도의 개혁을 요구했던 19세기 말 미국의 대
중용 창작 동화다. 당시의 경제 상황을 기술한 다음의 설명 중 사실에 부합하
는 것은?

① 금본위제를 은본위제로 개편할 것을 요구하였다.

② 인플레이션을 통제할 필요성을 역설하였다.

③ 가난한 사람들을 위해 화폐 가치를 높일 것을 요구하였다.

④ 소득의 재분배 정책을 요구하였다.

⑤ 금, 은 등 귀금속 제련술이 발전하면서 논란은 더욱 커졌다.

┃ 해설 ┃《오즈의 마법사》는 1900년 프랭크 바움이라는 미국의 신문 편집자가 쓴 정치 풍자 소
설이다. 흥미롭고 교훈적인 내용을 담고 있어 오늘날은 아이들을 위한 동화로 더욱 널리 알려졌

다.《오즈의 마법사》가 쓰였던 19세기 말 미국은 금본위제도를 채택하고 있었다. 지금과는 달리 금 보유액에 해당하는 금액만큼만 돈을 찍어 낼 수 있었던 것이다. 그런데 1880년께부터 미국 중앙은행이 보유한 금의 양이 부족해 원하는 만큼 돈을 찍어 낼 수 없게 되자 물가가 하락하고 화폐 가치가 오르는 디플레이션이 발생했다. 이에 농민, 근로자 등 서민들은 화폐 가치의 상승과 물가하락을 막기 위해 금본위제를 폐기하고 은본위제를 도입하자고 주장하게 된 것이다. 《오즈의 마법사》라는 제목의 오즈는 귀금속을 잴 때 사용하는 도량형 단위 온스에서 유래됐다. 또 동화에 등장하는 노란 벽돌길과 은색 구두는 금본위제와 은본위제를 각각 상징한다. 특히 주인공 도로시가 불가사의한 은색 구두의 힘으로 고향인 캔자스로 돌아가는 끝 부분의 이야기는 은본위제 개혁을 지지하고 있음을 보여준다. 문학작품도 창작 당시의 사회적 배경을 알아야 내용을 제대로 이해할 수 있다.《오즈의 마법사》는 디플레이션으로 고통받던 당시의 정치 경제 상황을 풍자한 소설이면서 동시에 은본위제를 대중에게 널리 선전하기 위해 쓰인 소설이다. 치열한 계급 갈등이 노정됐던 19세기 말 미국의 풍경이다.

[정답] ①

고정환율제도와 변동환율제도

금본위제도와 브레턴우즈 체제는 고정환율제도입니다. 고정환율제도라고 하면 말 그대로 환율을 고정하는 것입니다. 하지만 환율이 고정되어 있다고 움직이지 않을까요? 당연히 환율은 움직입니다. 이 환율을 고정하기 위해 문제가 생기기도 하죠. 지금은 우리나라도 고정환율이 아닌 변동환율제도를 쓰고 있습니다.

고정환율제도는 정부가 특정 통화에 대한 환율을 일정 수준으로 정하고 이를 유지하는 제도입니다. 이 환율제도의 장점은 환율변동에 따른 불확실성이 없습니다. 환율변동에 대한 불확실성이 사라지니 무역이나 금융이 안정적으로 거래가 이루어지죠. 무역이나 금융이 안정되니 물가 역시 안정을 이룰 수 있습니다. 이런 장점에 의해 고정환율을 도입했지만, 고정환율제도에는 여러 문제가 있습니다.

고정환율제도에서는 환율을 일정하게 유지하기 위해 중앙은행 또는 정부가 지속해서 개입해야 합니다. 예를 들어 달러화에 대한 원화 가치를 생각해 봅시다. 시장에서 원하는 원·달러 균형 환율이 1,000원이지만 고정환율은 800원이라고 생각해 봅시다.

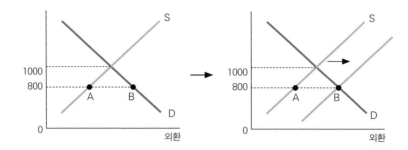

위 그래프에서 보다시피, 선분 AB만큼 초과수요가 생깁니다. 1달러 =1,000원을 1달러=800원으로 맞추기 위해서는 중앙은행이 선분 AB 만큼 달러를 공급(매각)해야겠죠. 중앙은행이 계속해서 달러를 매각하 면 중앙은행의 보유 외환이 점점 감소합니다. 이 때문에 고정환율을 방어하기 위해서는 충분한 보유 외환이 있어야 합니다. 게다가 달러 를 공급했으니 그 교환된 원화는 다시 중앙은행으로 유입됩니다. 그 래서 시중에 통화량은 감소하게 되죠. 다시 말하자면 고정환율을 방 어하기 위해 중앙은행이 달러를 매각하면 할수록 보유 외환이 바닥나 고, 시중의 통화량은 감소하는 상황이 생깁니다.

바로 이 상황이 우리나라에서 벌어졌던 '1997년 IMF 사태'였던 것 입니다. 국제적으로 여러 문제가 있었지만, 그 시절의 대한민국은 정 부가 사실상 고원화를 위한 고정된 환율에 대한 고집으로 제대로 방 어하지도 못하고 보유 외환의 고갈, 통화량 감소 등으로 경제가 휘청 인 것입니다.

고정환율을 유지하기 위해 외환을 매각해야 하는데 충분한 외환을 가지고 있지 못하다면? 달러 매각보다 평가절하를 선택해야 합니다. 이런 정보를 미리 알고 있다면 당연히 그에 따른 차익을 얻기 위해 원화를 투기적으로 매도할 수 있죠.

변동환율제도란, 환율이 외환시장에서 수요와 공급에 의해 결정되도록 하는 것입니다. 이 변동환율제도에는 정부가 전혀 개입하지 않는 자율변동환율제도와 외환시장에서 결정되어도 가끔 정부의 개입이 이루어지는 관리변동환율제도가 있습니다. 주요 선진국들은 자유변동환율제도를 채택하고 개도국들은 관리변동환율제도를 채택하는 경향이 있다고 합니다(한국은행 경제용어사전 참고).

변동환율제도의 장점은 앞서 고정환율제도의 단점이었던, 국제수지 불균형이 자동으로 조정된다는 것입니다. 자동으로 조정되다 보니 외국의 경기 침체와 같은 해외 여러 문제가 국내로 대체로 전파되지 않는다는 것이죠. 중앙은행이 외환시장에 개입하지 않으니 독립적인 통화정책을 펼칠 수 있다는 장점도 있습니다. 물론 단점으로는 불확실성과 투기성 단기자본의 유입이죠.

● **TESAT 문제로 알아보는 쏙쏙! 개념 잡기**

【문제】소규모 완전 개방 경제인 국가가 있다. 신용카드와 같은 대체 결제수단의 급격한 발전으로 화폐에 대한 수요가 감소했다고 하자. 단기에 GDP에 미치는 효과로 옳은 것은?

① 변동환율제도인 경우에만 GDP가 증가한다.

② 변동환율제도인 경우에만 GDP가 감소한다.

③ 고정환율제도인 경우에만 GDP가 증가한다.

④ 고정환율제도인 경우에만 GDP가 감소한다.

⑤ 환율제도와 관계없이 GDP에 영향을 미치지 않는다.

| 해설 | 고정환율제도란 정부가 특정 통화에 대한 환율을 일정한 수준으로 정하고 이를 유지하는 제도이고, 변동환율제도란 기본적으로 외환시장에서 수요와 공급에 의해 환율이 결정되는 제도다. 소규모 개방 경제인 국가에서 화폐의 수요가 감소하면 이자율이 하락하게 된다. 이자율이 하락하면 변동환율제도에서는 환율이 상승해 수출이 증가하므로 GDP가 증가한다. 그러나 고정환율제도인 경우에는 환율 상승을 막기 위해 중앙은행이 외환을 매각하면서 국내 통화 공급이 감소한다. 이에 따라 이자율에 변동이 없고 GDP도 변하지 않는다.

[정답] ①

월급은 얼마가 적당할까?

월급은 얼마가 적당하다고 생각하세요? 다들 '많으면 많을수록 좋다'고 하시겠죠? 물론 많으면 많을수록 좋겠지만 경제학에서는 생산성에 맞게 주어져야 한다고 합니다. 완전경쟁시장에서 각 생산요소는 생산성에 비례하는 소득을 얻게 된다는 가설이 널리 받아들여지고 있습니다. 물론 생산성이란 것도 정확하게 측정할 수는 없습니다. 그래서 대다수 사람은 받는 월급에 늘 불만을 품고 살죠.

효율성 임금이론은 근로자 임금의 크기가 생산성을 결정하는 요인이 된다는 이론입니다. 다시 말해 균형임금보다 높은 임금을 주면 생산성이 높아진다는 것이죠. 이 이론은 조지 애컬로프 교수의 논문 〈선물 교환과 효율성 임금이론: 네 가지 관점(Gift Exchange and Efficiency-Wage Theory: Four Views)〉과 조지프 스티글리츠 교수의 논문 〈노동자 직업훈련으로서의 균형실업(Equilibrium Unemployment as a Worker Discipline Device)〉에 의해 정립되었습니다.

효율성 임금이론에는 네 가지 모형이 있습니다. 첫 번째는 도덕적 해이에 관한 모형입니다. 이는 스티글리츠 교수의 논문에서 나온 내용입니다. 균형임금을 주었을 때는 직원이 도덕적 해이를 하여 실직을 하더라도 그 임금을 받을 수 있는 다른 사업장을 찾기가 쉬울 것입니다. 그래서 더 쉽게 도덕적 해이에 빠지죠. 만약 균형임금보다 더 높은 임금을 지급하면 직원은 고민에 빠집니다. 업무를 소홀히 하다가 잘리면 당연히 이만한 월급을 주는 곳을 못 찾을 것입니다. 지금 회사에서 잘리면 더 큰 비용을 치러야 하죠. 그래서 해고당하지 않기 위해 더 열심히 일할 것이라는 모형입니다.

두 번째는 근로자들이 높은 임금을 받으면 이직을 하지 않아 생산성이 계속 유지된다는 것입니다. 그뿐만 아니라 회사에 대한 충성심이 올라간다는 것이죠. 돈을 많이 준다는 것은 직원을 생각하고 있다는 것으로 간주합니다. 직원을 생각하는 조직에 대한 애정은 저절로 올라가겠죠? 물론 돈 잘 주는 사람이 끌리는 것과 같은 이치입니다.

세 번째는 높은 보수로 인해 유능한 사람을 영입해 생산성을 더 높일 수 있다는 것입니다. 해당 문제는 조지 애컬로프 교수의 〈레몬 시장〉에도 나옵니다. 즉, '역선택'입니다. 효율성 임금을 통해 역선택을 방지할 수 있다는 것이죠. 최근 미국 실리콘밸리에 연봉이 높은 이유가 바로 이 때문입니다. 다른 기업에 면접을 받았을 때 제시받은 금액을 가져오면 그 금액 이상으로 지급하는 것이죠. 이를 통해 더 우수한 인력을 채용하려고 하는 것입니다. 스포츠 시장도 마찬가지입니다. 더 좋은 선수를 데려오기 위해 높은 금액을 제시하는 것이죠.

네 번째는 균형임금보다 높은 임금을 받으면 근로자는 영양 상태가 더 좋아진다는 것입니다. 물론 선진국보다는 후진국에 적용되는 모형입니다. 균형임금이 근로자들의 영양이나 보건 상태를 유지할 수 없을 때, 임금을 올려 근로자의 건강을 좋게 만들면 생산성이 더 높아진다는 것입니다.

효율성 임금이론을 정립한 조지 애컬로프와 조지프 스티글리츠, 두 사람의 공통점은 바로 정보경제학을 중심으로 하는 학자들이라는 점입니다. 둘 다 2001년 노벨경제학상을 받기도 했죠. 정보경제학에서 왜 이런 임금에 관해 관심을 가졌을까요? 바로 정보의 비대칭성으로 인한 임금의 불평등 분배 문제 때문입니다. 정보경제학에서는 노동시장의 정보 비대칭성의 문제를 푸는 방법으로 당근과 채찍 전략을 제시합니다. 당근은 당연히 월급을 올려주는 것이죠. 바로 효율성 임금입니다. 채찍이요? 높은 임금을 지급해도 도덕적 해이가 발생한다면 바로 해고하는 것이겠죠.

그렇습니다. 이런 효율성 임금이론이 제대로 작동하려면 '노동의 유연성'이 필요합니다. 다시 말해 해고와 고용이 자유로워야 합니다. 해고가 쉽지 않다면 아무리 높은 임금을 주더라도 도덕적 해이가 발생할 것입니다. 고용주 역시 해고가 자유로워야 새로운 사람에게 더 높은 임금을 주고 데려오겠죠. 물론 노동자로서도 본인의 생산성에 못 미치는 월급을 받는다면 바로 다른 곳으로 이직할 수 있어야 합니다. 이직이 쉬우려면 시장에 일자리가 많아야 하겠죠? 그러려면 아무래도 유연한 노동시장이 존재해야 가능한 일일 것입니다.

해고가 쉬워지게 되면 본인이 길바닥에 앉는 것은 아닐까 걱정하는 분이 많으실 것 같습니다만……. 자르기가 쉬워지면 고용도 쉬워져야 한다고 말씀을 드렸습니다. 본인이 맞지 않는 곳에서 일하면 생산성은 높아지지 않습니다. 그래서 해고돼도 고용이 쉽다면 일자리는 많을 것입니다. 본인이 생산성을 높일 수 있는 좋은 일자리를 찾기가 쉽다는 이야기도 되죠. 맞습니다. 새로운 일자리에서 새로운 도전이 여러분을 늘 기다리고 있을지도 모릅니다.

● TESAT 문제로 알아보는 쏙쏙! 개념 잡기

【문제】 효율성 임금이론은 실질임금이 균형임금 수준보다 높게 결정되면 노동생산성이 높아진다는 이론이다. 이런 견해를 뒷받침하는 것으로 볼 수 <u>없는</u> 것은?

① 높은 실질임금은 노동자들의 태만을 줄인다.

② 높은 실질임금으로 노동 고용량이 줄어들어 노동의 한계 생산성이 증가한다.

③ 높은 실질임금은 노동자의 이직률을 낮춰 직업훈련에 필요한 비용을 줄일 수 있다.

④ 높은 실질임금을 제공하면 생산성이 높은 노동자들을 채용할 가능성이 높아진다.

⑤ 저개발 국가의 경우 실질임금이 최저생계비보다 낮으면 노동력 유지에 필요한 영양 공급이 불충분할 수 있다.

| 해설 | 효율성 임금이론은 시장균형 임금보다 높은 수준의 임금을 지급하면 생산성을 높일 수 있다고 보는 이론이다. 생산성이 임금을 결정하는 것이 아니라 임금이 생산성을 결정한다고 본다. 근로자에게 높은 임금을 지급하면 이직률이 낮아지고, 근로 열의가 높아지며, 우수한 근로자를 채용할 수 있다는 것이다. 노동 고용량 변화로 인한 노동생산성 변화는 효율성 임금이론과는 관련성이 없다.

[정답] ②

부채한도와 셧다운

미국 부채한도에 관한 기사를 보신 적 있으실 겁니다. 부채한도나 셧 다운 같은 기사가 보이면 보통 미국 주식시장은 크게 출렁이기도 합 니다. 미국 국채금리도 영향을 받고요. 그러면 부채한도가 무엇인지 알아야 투자에도 도움이 되겠죠?

미국의 부채한도란 미국 정부가 사회 보장 및 의료 보험 혜택, 국가 채무 관련 이자 지급, 세금 환급 등을 포함하여 지출에서 법적 의무를 충족하기 위해 빌릴 수 있는 총금액입니다. 쉽게 말하자면 미국의 재 무부가 정부지출을 위해 합법적으로 빌릴 수 있는 최대 금액이죠. 빌 린다고 하면 '누구에게, 어떻게?'라는 생각을 하실 수 있습니다. 바로 재정증권(국채)을 발행해 국민이든 해외든 자금을 조달하는 방식이죠. 그런 채권을 마음대로 발행하는 것이 아니라 딱 한도를 정해놓고 돈 을 빌리는 것입니다. 여러분도 카드를 쓰잖아요? 그 카드 한도액이라 고 생각하시면 됩니다. 정부는 국채를 발행해 돈을 조달하지만, 개인 은 카드사의 카드를 통해 돈을 빌린 것이라 보면 됩니다. 카드를 사용 하면 다 카드사에 대한 빚이 되는 거죠. 부채한도나 카드 한도나 한도 에 다다르면 돈을 쓸 수가 없죠. 그래서 한도를 증액하거나 아니면 지출을 축소하는 것과 같다고 보시면 됩니다. 만약 카드 한도보다 초과해 지출하여 돈을 못 갚으면 신용불량자가 됩니다. 미국 부채한도 역시 같습니다. 다시 말해 부채한도에 다다르면 재무부는 재정증권을 발행할 수 없어 채무 불이행(디폴트) 상태에 빠지는 것이죠.

이런 부채한도를 법으로 정한 시기는 1917년이었습니다. 이전까지 미국은 명시된 한도 없이 의회 승인 아래 재무부의 채권 발행과 금액이 결정되었습니다. 이후 제1차 세계대전이 발발하면서 미국 정부는 지출이 많아지게 되었습니다. 이런 상황에 채권 발행에 대해 일일이 의회의 승인을 받으려면 시간이 늦어질 것 같아 부채한도를 정하고 재무부는 의회의 승인 없이 재량적으로 채무증권을 발행할 수 있게 되었습니다. 이후 1939년 의회는 모든 종류의 채무증권에 대한 한도를 정하면서 현대의 부채한도 시스템이 탄생한 것이죠. 첫 한도는 1940년에 490억 달러로 정해졌습니다. 그 이후 오늘날까지 부채한도는 90차례에 걸쳐 수정되었죠. 2021년 10월 기준으로 한도는 22조 달러입니다. 트럼프 정부에서부터 코로나19 사태로 인해 부채한도 유예가 되면서 부채한도를 넘어서 부채가 약 28.5조 달러가 된 상태입니다. 이후에 한도를 28조 달러 이상 증액하거나 아니면 유예 기간을 더 늘리거나 하는 선택을 해야 하는 상황이죠.

부채한도 유예는 코로나로 인해 2019년 8월에 의결하여 2021년 7월 31일로 종료했습니다. 지금 부채가 한도를 6조 달러나 넘은 상태이기에 국채를 발행할 수는 없습니다. 이 경우 우선 재무부는 연준에 예치된 일반계정 자금(2021년 6월 말 기준 8,500억 달러)을 먼저 사용합니다. 이마저 소진 시에는 특별 조치를 통해 자금을 조달합니다.

특별 조치 기간에는 정부의 주요 기금 세 곳에 재투자를 중단하거나 기금 재원을 사용할 수 있습니다. 해당하는 기금은 정부 저축계정 투자 기금(G Fund), 외환안정기금(ESF), 공무원 퇴직 · 장애인 연금(CSRDF) 등 세 가지가 있습니다(특별 조치 가용 예산으로 약 3,600억 달러 수준이라고 하네요). 이마저도 다 쓰게 되면 미국 정부는 돈을 지불할 수 없는 상황인 디폴트 상태가 됩니다. 이날이 바로 X date(특별 조치 이후 미국 정부의 채무 불이행이 도래하는 일자)입니다.

아마 여러분은 셧다운은 들어보셨을 겁니다. 미국 정부 예산이 통과되지 않아 돈을 쓸 수 없어 생기는 상황입니다. 이 경우 '비필수적'으로 간주하는 지출 항목들이 운영 중단되는 상황이죠. 이 시기에는 일부 공무원들의 월급이 지급되지 않고 무급 휴가를 갈 수도 있습니다. 물론 필수적이라 할 수 있는 연방 차입 및 지출(연방 부채에 대한 이자 지급 등), 필수 국방 유지비 집행 등은 계속됩니다. 이와 달리 X date 이후엔 연방 정부가 모든 지출 능력을 상실합니다. 셧다운 시기의 필수 지출마저도 X date 이후엔 지급을 할 수 없죠. 미국의 연방 정부가 디폴트 상태가 되면 전 세계 경제는 혼돈 상태(자산 가격과 달러 가치 급락, 신용위험 부상, 미 국채금리 급등)에 빠질 것입니다. 그러므로 미국 의회의 부채한도 합의는 결국 이뤄질 것이라는 게 대부분 이들의 예상입니다. 왜냐하면 누구도 그런 혼돈을 만든 책임을 지기 싫어하기 때문이죠.

그럼에도 미국 여야 간 부채한도 협상에 관심을 가지는 것은 협상이 타결되어도 금융시장에 영향이 있을 것이기 때문입니다. 2011년에 미국 부채한도 협상이 마감 시한을 단 몇 시간을 앞두고 타결되긴

했지만, 신용평가사인 S&P가 미국의 국가신용등급을 AAA에서 AA+로 하향 조정하면서 금융시장이 흔들린 적이 있습니다. 2013년엔 협상이 지연되면서 연방 정부가 셧다운 되기도 했죠.

그러면 부채한도 합의가 지지부진한 이유는 무엇일까요? 우선 2022년 예산안이 가장 큰 쟁점입니다. 바이든 정부의 사회복지 예산(교육, 보건 등) 3조 5,000억 달러와 1조 2,000억 달러 규모의 초당적 인프라 법안에 대한 이견 때문이죠. 안 그래도 재정적자에 더 큰 적자를 내지 말자는 공화당은 사회복지 예산 증액은 반대하고 있는 것입니다. 민주당 내에서도 사회복지 예산을 얼마로 할 것이냐에 대한 이견도 있고요.

어쨌든 이런 상황에도 민주당은 상원에서 연방 정부 임시 예산안과 부채한도 유예에 대한 법안을 표결에 밀어붙였습니다. 임시 예산안에 대한 부분은 겨우 통과가 되었지만, 부채한도 유예 문제는 계속 진행 중이죠. 민주당이 표결로 밀어붙인 것은 야당인 공화당이 국가 부도 사태를 초래하고 있다는 여론을 형성하려는 의도인 것 같습니다. 반면 공화당은 부채한도를 유예하는 대신 민주당이 예산 관련 법안의 단독 처리가 가능한 예산조정권을 이용해 부채한도를 상향시킬 것을 압박하고 있습니다. 부채를 늘린 책임을 민주당 정권에 넘기려는 것이죠.

【문제】 다음 기사의 빈칸 (가), (나), (다)에 들어갈 말을 제대로 짝지은 것은?

> 국제 신용평가회사인 스탠더드앤드푸어스(S&P)가 신용등급 전망을 부
> 여하기 시작한 1991년 이후 처음으로 미국 국채의 신용등급 전망을 '안
> 정적'에서 '(가)'으로 낮췄다. S&P는 18일 성명을 통해 "미국이 같은
> AAA 등급을 받고 있는 국가들과 비교할 때 막대한 (나)와 급증하는 부
> 채, 이에 대처하는 과정에서 예상되는 불확실성 등으로 인해 장기 전망
> 을 '안정적'에서 '(가)'으로 낮췄다"고 밝혔다. (중략) 미국 신용 전망 강
> 등 소식이 전해지면서 이날 개장한 뉴욕증시는 오전 10시 10분 현재
> 200포인트(1.65%)가량 급락하고, 미국 국채 수익률도 소폭 (다)하는 등
> 부정적 영향을 받고 있다.　　　　　　　　-〈○○일보〉 2011년 4월 19일자

(가)	(나)	(다)	(가)	(나)	(다)
① 중립적 – 재정적자 – 상승			② 중립적 – 무역적자 – 하락		
③ 부정적 – 재정적자 – 상승			④ 부정적 – 무역적자 – 하락		
⑤ 불안정 – 무역적자 – 상승					

│ **해설** │ 신용평가회사(신평사)들은 국가나 기업들의 신용등급을 올리거나 낮추는 동시에 앞
으로 신용등급 변화를 미리 예고하기도 한다. 이게 바로 신평사들이 발표하는 신용등급 전망이
다. 신용등급 전망엔 세 가지 종류가 있다. 하나는 '안정적'으로 현재의 신용등급이 앞으로 상당
기간 유지될 것이란 뜻이다. 또 신용등급을 올릴 가능성이 크다면 '긍정적', 반대로 신용등급을
내릴 가능성이 크다면 '부정적'으로 평가한다. 신용등급을 매기는 핵심 기준은 국가나 기업들이
어느 정도 빚(채무)을 갚을 능력이 있는지 여부다. 미국의 신용등급은 막대한 재정적자와 국가
부채로 인해 안정적에서 부정적으로 하향 조정된 바 있다. 국가신용등급이 떨어지면 해당 국채
의 수익률은 뛰는(국채값은 떨어지는) 것이 보통이다.

[정답] ③

필립스 곡선과 스태그플레이션

필립스 곡선을 아시나요? 인플레이션과 스태그플레이션. 신문에서 계속 접하고 있습니다. 심지어 왝플레이션이라는 신조어도 생겼네요. 왝플레이션이란, '후려치기' '강타'를 의미하는 단어 'whack'과 화폐 가치가 하락해 물가가 오르는 인플레이션을 합성한 신조어랍니다.

인플레이션은 단기와 장기 인플레이션으로 구분합니다. 단기 인플레이션의 원인으로는 '수요견인'과 '비용인상'이 있습니다. 장기적 인플레이션의 원인에는 '통화량'이 있죠. 현재의 인플레이션의 원인은 무엇일까요? 그 원인에 따라서 해법도 다를 것입니다.

수요가 창출되어 생기는 인플레이션이라고 진단하는 경우가 많기도 합니다. 이와 달리 '각국 정부의 과도한 돈 풀기 때문에 물가가 급등'하는 장기적 인플레이션으로 진단하기도 했습니다. 여러분은 어떻게 생각하세요? 여러분도 한번 진단해보시기 바랍니다.

어쨌든 인플레이션이 올 것이라는 진단을 하고 있지만, 일부는 스태그플레이션을 걱정합니다. 스태그플레이션은 경기 침체에도 불구하고 물가가 오히려 오르는 현상입니다. 이에 관해 알려면 우선 필립스 곡선을 알아야 합니다.

1958년 뉴질랜드 출신 영국의 경제학자인 필립스는 〈이코노미카〉라는 학술지에 한 편의 논문을 발표합니다. 이 논문의 제목은 〈1861~1957년 영국의 실업률과 명목임금 변화율의 관계〉입니다. 명목임금상승률과 실업률 사이에는 역(마이너스)의 상관관계가 있음을 발견한 것이죠. 이후 여러 학자에 의해 명목임금상승률은 물가상승률(인플레이션율)로 대체하더라도 같은 관계가 있음을 확인합니다.

　필립스의 논문이 발표되고 난 뒤, 미국의 경제학자 폴 새뮤얼슨과 로버트 솔로는 〈아메리카 이코노믹 리뷰〉에서 미국에서도 인플레이션율과 실업률 사이에 마이너스 상관관계가 존재한다는 사실을 입증합니다. 이 두 사람이 이런 관계를 필립스 곡선이라고 부릅니다.

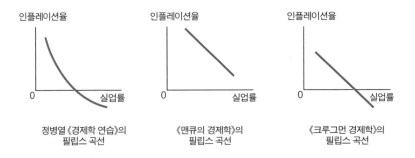

정병열《경제학 연습》의
필립스 곡선

《맨큐의 경제학》의
필립스 곡선

《크루그먼 경제학》의
필립스 곡선

위 그래프에서 보듯이 인플레이션율이 높을수록 실업률이 줄어듭니다. 쉽게 이야기하자면 물가가 상승할수록 공급이 활성화되면서 실업이 줄어든다는 것입니다. 정부 당국은 이를 이용해 실업률을 줄이려면 인플레이션을 유발해야 한다는 것이죠. 다시 말해 정부는 실업률과 인플레이션율 두 마리 토끼를 다 잡을 수 없으므로 재정정책과 통화정책을 잘 이용해 둘 중 하나를 선택해야 한다는 것입니다. 이런 필립스 곡선은 '재량적 안정화 정책을 펼쳐야 한다'라는 케인스학파 주장에 대한 뒷받침이 되기도 했습니다.

1970년까지는 대체로 필립스 곡선이 인플레이션율과 실업률 관계를 잘 설명했습니다. 하지만 1970년대 이후에는 인플레이션율과 실업률은 필립스 곡선과는 다르게 움직입니다. 인플레이션율과 실업률이 동시에 상승하는 현상이죠. 이 시기 중요한 사건이 바로 1974년 OPEC 회원국들이 이윤을 늘리기 위해 원유 공급량을 제한한 오일쇼크 즉, 석유 파동입니다.

오일쇼크는 공급 충격의 한 예입니다. 공급 충격이란 재화나 서비스의 가격이 갑자기 변화하는 것을 말합니다. 오일쇼크처럼 원유 공급량을 제한하자 원유가격이 급격히 올라 몇 년 만에 두 배 이상으로 가격이 오르는 것이죠. 이러한 급격한 변화는 균형가격에 영향을 끼칩니다. 공급 충격은 가격을 상승시키고 총공급 곡선을 왼쪽으로 이동시킵니다. 필립스 곡선 역시 오른쪽으로 이동시킵니다.

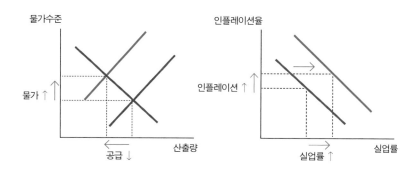

공급 충격으로 인해 생산이 줄면 기업이 필요로 하는 근로자의 수도 줄어듭니다. 바로 실업률이 늘어나는 것이죠. 물가수준도 높아져 인플레이션율도 상승합니다. 가격은 상승하고 생산성은 하락하고 실업률은 증가하는 총체적 난국에 빠지죠. 바로 이것이 스태그플레이션입니다.

스태그플레이션은 침체를 의미하는 스태그네이션과 물가상승을 의미하는 인플레이션을 합성한 용어입니다. 생산성이 하락하고 실업률이 높아지면서 전체적인 경제활동이 침체하고 있음에도 불구하고 지속해서 물가가 상승하는 상태가 유지되는 저성장·고물가 상태를 의미하는 것이죠.

필립스 곡선을 기준으로 재정정책과 통화정책을 잘 사용해 인플레이션율과 실업률을 잘 컨트롤할 수 있을 것이라는 예상은 공급 충격으로 혼란이 왔습니다. 물론 공급 충격에서 벗어나면 필립스 곡선이 원래대로 돌아오리라 생각했지만, 실제로는 그러질 못했습니다. 게다가 석유 파동이라는 공급 충격 이전에 이미 필립스 곡선은 이동한 것이라는 실증적 분석도 나왔습니다. 이런 문제가 어떻게 일어났는지 다른 의견을 제시한 사람들이 있었습니다. 바로 밀턴 프리드먼과 에드먼드 펠프스였습니다.

프리드먼과 펠프스는 '적응적 기대'라는 개념을 통해 경제주체들이 단기에는 인플레이션율을 정확하게 예측하지 못하지만, 장기적으로는 인플레이션율을 정확하게 예측할 수 있다고 주장했습니다. 따라서 단기에 필립스 곡선은 우하향하지만, 장기적으로는 인플레이션율과 상관없이 실업률은 자연 실업률 수준에 고정되어 필립스 곡선이 수직의 형태를 띠게 된다고 본 것입니다.

예상 인플레이션율이 실제 인플레이션율과 같다면 실업률은 자연실업률과 같을 것이고, 경제의 실질변수에는 아무 변화가 일어나지 않습니다. 그러나 확장적 금융정책 또는 재정정책의 시행으로 인해 물가가 예기치 않게 상승한 경우 예상 인플레이션율보다 실제 인플레이션율이 높아지게 됩니다. 이 지점에서는 실제 인플레이션율이 예상 인플레이션율보다 큽니다. 그러나 시간이 지나면서 사람들의 예상 인플레이션율이 점차 증가합니다. 사람들의 예상 인플레이션이 증가한다는 것은 곧 사람들이 향후 실질임금이 지속적으로 하락할 것으로 예측하고 있다는 것과 같은 의미입니다. 따라서 이때 사람들은 노동공급을 줄이려고 할 것이고, 결과적으로 장기에는 물가상승률에 관계없이 노동공급은 극단적인 고정 상태에 수렴하게 됩니다. 바로 이것이 장기에 필립스 곡선이 수직의 형태를 띠는 이유입니다.

실업률이 너무 높으면 세금 감면이나 소비 촉진, 이자율 인하 같은 확장 정책을 구사하고, 인플레이션이 심각할 때는 세금을 인상하고 지출을 줄이며, 이자율을 높이는 수요 줄이기 정책에 나선 것입니다. 스태그플레이션이 발생하면 수요의 관리를 통한 해법이 더 이상 유효하지 않게 된다고 가르칩니다. 즉 장기 관점에서 필립스 곡선이 통용되지 않습니다. 따라서 정부가 인위적으로 총수요 조정 정책을 통해 실업률을 잡으려고 할 경우 실질적인 실업 감소 효과 없이 그저 물가 상승만을 초래할 것이라는 이야기입니다.

【문제】 인플레이션과 실업의 관계, 곧 필립스 곡선에 관한 다음의 설명 가운데 옳지 않은 것은?

① 수요충격에 따라 인플레이션이 증가하면 실업이 감소한다.

② 기대 인플레이션이 증가하면 필립스 곡선이 아래로 이동한다.

③ 부(negative)의 공급충격은 필립스 곡선을 위로 이동시킨다.

④ 수요충격만이 존재한다고 하면 필립스 곡선은 공급 곡선의 또 다른 형태이다.

⑤ 인플레이션과 실업이 함께 증가할 수도 있다.

ㅣ해설ㅣ 양의 수요충격은 인플레이션과 산출량(고용)을 동시에 증가시킨다. 기대 인플레이션이 증가하거나 부의 공급충격이 증가하면 필립스 곡선이 위로 이동한다. 수요충격만이 존재한다고 하면 균형이 공급 곡선을 따라 이루어지기 때문에 필립스 곡선은 공급 곡선의 다른 형태라고 할 수 있다. ⑤는 스테그플레이션을 말하고 있다.

[정답] ②

자연 실업률 가설

필립스 곡선은 '물가가 상승할수록 공급이 활성화되면서 실업이 줄어든다는 것'입니다. 그래서 많은 정책 담당자들은 이 필립스 곡선을 이용해 통화정책이나 재정정책의 근거로 많이 사용했습니다.

한번 생각해봅시다. 만약 영원히 필립스 곡선이 맞았다면? 확장적 통화정책을 통해 장기적인 경제성장을 달성할 수 있고, 실업률을 줄일 수 있다면 이 세상에 가난한 국가는 없을 것 같아요. 그런데 역시 필립스 곡선도 틀린 부분이 생겼습니다. 필립스 곡선이 맞을 것이라는 예상과는 달리 1970년대에 공급 충격으로 인해 물가가 상승하지만, 실업률도 늘어나는 상황이 되었습니다. 스태그플레이션이라고 하죠.

이런 상황을 잘 설명한 학자가 바로 밀턴 프리드먼과 에드먼드 펠프스였습니다. 밀턴 프리드먼은 1968년 〈아메리칸 이코노믹 리뷰〉에 〈통화정책의 역할〉이라는 논문을 발표했습니다. 해당 논문에서는 통화정책이 '할 수 있는 것'과 '할 수 없는 것'으로 구분해 설명합니다. 여기서 프리드먼은 통화정책으로는 필립스 곡선 위의 점을 선택할 수 없다고 합니다. 다시 말해 아무리 통화정책을 펼쳐서 인플레이션을 높여도 실업률을 조정할 수 없다는 것이죠.

거의 비슷한 시기에 에드먼드 펠프스도 인플레이션율과 실업률의 장기적 상충관계에 대한 부정적 논문을 발표합니다. 이들이 주장한 것이 바로 자연 실업률 가설입니다. 실업률을 인위적으로 낮추기 위해 통화량을 증가시켜 인플레이션율을 올린다고 생각해봅시다. 이때 모든 가격이나 명목 소득은 상승할 것입니다. 하지만 실업률은 단기적으로 영향을 미치나 노동시장의 경직성, 노동조합의 영향력, 효율 임금의 역할, 직업 탐색 과정 등 한 나라의 실업률을 결정하는 요인들에는 미치지 못합니다. 따라서 장기적으로는 인플레이션만 높아질 뿐 실업률은 자연 실업률에 수렴한다는 것이죠.

자연 실업률이라고 하는 것은 사실 자연스러운 실업률이 아닙니다. 사회적으로 바람직한 실업률이 아니라 통화정책이 미치지 못한다는 의미에서 밀턴 프리드먼이 사용했던 것입니다. 사실 필립스 곡선의 경우 실증으로 밝혀진 사실이지만, 밀턴 프리드먼과 펠프스의 자연 실업률 가설은 이론일 뿐 실증은 아니어서 설득력이 약할 수도 있었습니다. 그래서 이들은 '기대 인플레이션'이라는 변수를 도입했습니다.

기대 인플레이션이란 전반적인 물가상승에 대한 경제주체들의 기대치입니다. 물가가 장기간 상승하는 인플레이션이 지속하면 경제주체들은 앞으로도 물가가 계속 상승할 것이라고 예상한다는 것이죠. 이런 예상 물가수준은 명목임금에 영향을 미칩니다. 기대 인플레이션에 의해 물가가 올라가면 올라갈수록 임금이 상승할 것을 예상해 실업을 지속할 수 있다는 것입니다. 다시 말하자면, 경제주체들의 기대 인플레이션이 증가하면 필립스 곡선 자체가 상향 이동합니다. 다시 정부가 통화정책을 펼치면 또 필립스 곡선이 상향 이동을 하는 것이 죠. 이처럼 기대 인플레이션에 의해 필립스 곡선이 이동하면 이동할 수록 수직의 형태로 변하게 됩니다. 다시 말해 자연 실업률에 수렴한 장기 필립스 곡선은 수직인 상태가 됩니다. 인플레이션율이 아무리 변해도 자연 실업률은 변화가 없다는 뜻이죠.

앞서 단기에서는 필립스 곡선이 우하향하지만, 장기에서는 수직이 라고 했습니다. 이와 같은 모양으로 총공급 곡선이 있습니다. 총공급 곡선은 단기에서는 우상향의 형태를 띠지만, 장기에서는 수직인 형태 가 됩니다. 이는 물가수준이 높아지더라도 산출량은 변하지 않는다는 뜻입니다. 다시 말해 장기에는 물가수준보다 자본, 노동, 기술이 재화 와 서비스의 공급량을 결정한다는 것이죠.

정리하자면, 어떠한 외적 힘(통화정책이나 재정정책)을 가해서 단기균 형을 변화시킬 수는 있지만, 변화된 단기균형이 장기균형에 영향을 미칠 수는 없는 것입니다. 따라서 경제 현상을 올바르게 이해하려면 단기와 장기를 구분하여 사고하는 습관을 지니는 것이 좋을 것 같습 니다.

【문제】 필립스 곡선에 대한 설명으로 옳은 것은?

① 단기 필립스 곡선이 장기 필립스 곡선보다 가파르다.

② 자연 실업률이 증가하면 필립스 곡선은 왼쪽으로 이동한다.

③ 자연 실업률 가설에 따르면 장기 필립스 곡선은 수평선이 된다.

④ 필립스 곡선은 실업률과 물가상승률 간의 상충관계를 보여준다.

⑤ 기대 물가상승률이 높아지면 필립스 곡선은 왼쪽으로 이동한다.

┃ 해설 ┃ 1958년 영국의 경제학자 필립스는 단기적으로 실업률과 인플레이션율 사이에는 상충관계가 있다는 것을 밝혀냈다. 이처럼 인플레이션과 실업률 사이의 단기 상충관계를 보여주는 곡선이 필립스 곡선이다. 단기 필립스 곡선은 우하향하는 모습으로 정부가 단기적으로 재정이나 통화정책을 통해 총수요를 확대하면 실업률을 낮출 수 있다는 것을 보여준다. 그러나 실업률을 낮출 수는 있지만, 인플레이션율은 높아진다. 장기 필립스 곡선은 수직이다. 인플레이션과 실업 사이에는 서로 관계가 없는 것이다. 자연 실업률이 증가하면 필립스 곡선은 오른쪽으로 이동한다. 기대 물가상승률이 높아지면 필립스 곡선은 오른쪽으로 이동한다.

[정답] ④

【문제】 다음 중 필립스 곡선에 대한 설명으로 옳지 <u>않은</u> 것은?

① 실업률과 물가상승률 간 상충관계를 나타낸다.

② 자연 실업률 가설에 의하면 장기적으로 정책 당국이 실업률을 통제할 수 없다.

③ 예상 물가상승률이 낮아지면 필립스 곡선은 아래로 이동한다.

④ 합리적 기대 아래에서 예상치 못한 통화팽창은 단기적으로 실업률에 영향을 미칠 수 없다.

⑤ 1970년대 스태그플레이션은 필립스 곡선의 불완전성을 입증했다.

| 해설 | 1958년 영국의 경제학자인 필립스는 실업률과 물가상승률 사이에 마이너스 상관관계가 있음을 밝혔다. 즉 물가상승률이 낮으면 실업률이 높고, 물가상승률이 높으면 실업률이 낮다는 말이다. 다시 말하면 중앙은행이 돈을 풀어 물가를 올리는 정책을 취하면 단기적으로 경기를 부양해(물가를 끌어올려) 실업률을 낮출 수 있다는 이야기다. 필립스는 명목임금상승률과 실업률의 관계를 분석했지만, 일반적으로 명목임금상승률과 물가상승률은 비슷한 움직임을 보이기 때문에 어떤 지표를 사용해도 큰 차이는 없다. 세로축에 물가상승률, 가로축에 실업률을 놓고 필립스 곡선을 그리면 우하향한다. 단기 필립스 곡선은 예상 물가상승률이 높을수록 더 높은 곳에 있고 예상 물가상승률이 낮아지면 아래로 이동한다. 또한, 예상치 못한 통화팽창을 하면 경제의 균형은 필립스 곡선을 따라 움직인다. 실업률이 더 낮고 물가상승률은 더 높은 점으로 옮겨간다. 1970년대 원유가격이 급상승했을 때 필립스 곡선은 우상향했다. 실업과 물가상승률이 동시에 증가하는 현상이 나타났는데 이 현상을 스태그플레이션이라 한다.

[정답] ④

빚에 대한 권리, 채권

채권은 빚에 대한 권리입니다. 국가 또는 기업이 시장에서 자금을 조달하면서 만기가 되면 얼마의 이자를 주겠다고 약속한 증서입니다. 정부나 공공이 발행하면 국공채, 기업이 발행하면 회사채, 금융회사가 발행하면 금융채라고 합니다. 이 채권에는 발행 시에 액면가, 만기, 표면금리(발행금리)를 표시합니다. 액면가란 처음 발행하는 채권의 금액란에 표시하는 금액이고요, 표면금리는 채권 발행자가 발행가를 기준으로 정기적으로 혹은 만기에 이자를 지불할 때 기준이 되는 금리에요.

채권시장을 이해하는 방법은 발행시장과 유통(거래)시장을 구분하는 것입니다. 발행시장은 말 그대로 발행하는 시장입니다. 발행시장에서의 금리는 표면금리죠. 발행 시에 찍히는 금리입니다. 이 금리는 시장금리를 기준으로 발행되어 만기까지는 고정됩니다.

채권의 종류에는 이표채, 할인채, 단리채, 복리채 등이 있어요. 이표채는 기간마다 이자를 지급하고 만기에 이자와 원금을 주고요, 단리채와 복리채는 단리와 복리로 만기에 원금과 이자를 주는 것입니다.

할인채는 액면가와 발행가가 달라요. 할인채는 발행 시 만기에 줄 이 자를 할인해서 액면가보다는 싸게 팝니다. 그리고 만기에는 액면가의 원금을 지급하는 형식이죠.

이런 채권을 만기 전에도 팔 수 있습니다. 바로 유통시장입니다. 유 통시장에서 통용되는 채권을 샀을 때 연 몇 %의 이익을 얻을 수 있을 지에 대한 부분이 채권 수익률, 바로 채권금리입니다. 할인채는 발행 가와 액면가가 달라서 액면가와 발행가 차이가 클수록 수익률이 높아 집니다.

예를 들어 볼게요. 어느 나라가 표면금리 2%의 국채를 발행했습니 다. 이를 A 씨가 삽니다. 경기가 나빠지면서 정부는 돈을 풀기 위해 기준금리를 1%로 내립니다. 시중의 금리도 같이 내려갑니다. 이제 발 행되는 국채의 표면금리는 1%가 됩니다. 유통시장에서 이 표면금리 1% 국채보다 이전에 발행했던 표면금리 2% 국채의 가격은 오릅니다. 만기에 돈을 더 많이 주니 인기가 높아지기 때문이죠. 이때 채권 가치 (채권가격)가 올랐다고 합니다.

이런 채권도 투자 시장의 생리가 작용합니다. 기준금리를 내릴 것 같 으면 이미 발행된 채권의 가치가 올라가니 채권의 가격은 높아지고 채권금리는 내려갑니다. 기준금리를 올릴 것 같으면 채권을 지금 사 는 것보다 나중에 사는 것이 좋으니 채권의 가격은 내려가고 채권금 리는 올라갑니다.

기준금리를 올리면? 돈 빌려 주식투자했던 사람들이 돈을 갚으려 고 움직입니다. 채권금리가 올라간다는 것은 경기가 뜨거워진 것을 식히기 위해 정부 또는 중앙은행이 무엇인가 행동을 할 것이라는 생각의 반영입니다.

【문제】 금리와 예금 · 주식 · 채권의 관계에 대한 설명으로 옳지 <u>않은</u> 것은?

① 금리가 인상되면 주식시장에는 악재가 된다.

② 금리 인하 시기에는 예금보다는 주식 또는 채권시장이 유망하다.

③ 금리가 인상되면 채권금리 상승으로 채권가격이 상승할 것이다.

④ 금리가 인하되면 채권가격의 상승으로 차익을 노릴 수 있다.

⑤ 금리 인상은 주식시장과 채권시장에 악재로 작용할 수 있다.

> | 해설 | 금리 인상은 주식시장의 자금이 예금으로 이동할 수 있게 하고, 채권가격을 하락하게 한다. 금리 인상으로 채권금리가 상승하면 수익률이 하락하여 채권가격은 하락한다. 한편, 금리 인하는 예금에서 주식 또는 채권시장으로 이동하게 할 수 있다. 따라서 금리 인상은 주식과 채권시장에 악영향을 줄 수 있다.
>
> [정답] ③

【문제】 채권의 가격 및 수익률에 대한 설명으로 옳지 <u>않은</u> 것은?

① 시중 통화량이 줄어들면 채권의 가격은 하락한다.

② 채권의 가격이 오르면 채권의 수익률도 동반 상승하게 된다.

③ 신용등급이 A인 회사채의 금리는 일반적으로 BB인 회사채보다 낮다.

④ 일반적으로 선진국의 채권금리는 후진국의 채권금리보다 낮은 편이다.

⑤ 중앙은행이 기준금리를 당분간 인상하지 않는다는 방침을 밝히자 채권가격이 올랐다.

| 해설 | 채권의 가격이 상승하게 되면 채권의 수익률은 하락한다.

[정답] ②

봉이 김선달과 공매도

조선 말기에 평양에 살았다는 '봉이 김선달' 이야기가 있습니다. 물론 실제 인물인지는 확인이 되지 않습니다. 그의 이야기 중에 유명한 것이 '대동강 물을 팔아먹은 봉이 김선달'입니다. 물장수들에게 먼저 돈을 준 뒤 물을 퍼갈 때마다 돈을 돌려받는 식으로 연출합니다. 이를 상인들에게 보여주며 대동강이 자신의 것처럼 행동하다 상인들에게 대금 수천 냥을 받고 팔아넘기죠. 우리들의 기억 속에는 이런 봉이 김선달의 스토리가 남아있습니다.

요즘 주식시장에서 핫한 이슈와 연결되며 부정적 인식이 많이 남아있는 것이 있습니다. 바로 공매도입니다.

공매도는 말 그대로 없는 주식을 파는 것입니다. 없는 주식을 어디서 만들어 오느냐? 바로 주식을 가진 사람에게 빌려서 팔고 어느 시점이 지난 뒤에 돈으로 갚아주는 것이 아닌 주식으로 갚아주는 것이죠. 보통 주식에 대한 모두의 바람은 가장 좋은 가격에 파는 것일 겁니다. 공매도로 파는 것도 어떤 정보를 가진 누군가는 주식이 하락할 것을 알고(지금이 고점) 미리 다른 사람의 주식을 빌려서 팔고 주식이 하락했을 때 다시 사서 주식으로 돌려주는 것이죠. 공매도는 정보의 비대칭성을 이용한 투자 방법입니다. 2008년 금융위기를 주제로 한 〈빅쇼트〉도 이런 거품 낀 시장에 대한 공매도를 배경으로 한 영화입니다.

쉽게 이야기하자면 A기업의 주식이 현재 1만 원이라고 합시다. B라는 전문투자자는 A기업의 부정적 정보를 듣습니다(아니면 그 주가가 거품이라고 생각할 수도 있습니다). 그래서 기관으로부터 A기업의 주식 10만 주(10억 원)를 빌립니다(물론 바로 1만 원에 전량 매도를 합니다). 이후 A기업에 대한 부정적 뉴스가 나간 뒤 주가가 5,000원까지 하락합니다. 그럼 B는 A기업의 주식 10만 주(5억 원)를 삽니다. 그리고 이를 갚아주면 5억 원의 차익이 생깁니다. 물론 빌린 수수료는 갚아야 합니다.

공매도로 수익을 얻을 수 있습니다만 그 수익은 딱 그 주가만큼입니다. 손실은? 무한대가 될 수 있습니다. 앞서 이야기한 A기업의 주가가 1만 원에서 0원까지 곤두박질쳤다고 생각하면 수인은 주당 1만 원이 되어 B는 10만 주에 대한 수익 10억 원을 벌게 되죠. 만약 A기업의 주가가 거품이라고 생각한 B는 공매도했지만 거품이 아니라 엄청난 기술 개발에 성공했다면? 주가가 1만 원에서 시작해 급격히 오릅니다. 10만 원까지 올랐다면 B는 기관에 10만 주를 갚아야 하기 때문에 100억 원의 비용을 들여야 합니다. 5억을 벌려다 90억을 날린 셈이죠. 이를 주식을 비싸게 사서 되갚아야 하는 '쇼트 스퀴즈'라고 합니다. 바로 이것이 최근에 일어난 게임스톱 사태입니다.

공매도에는 주식을 빌렸는지 여부에 따라 무차입공매도와 차입공매도로 구분됩니다. 무차입공매도는 현재 갖고 있지 않은 주식을 미리 판 후 결제일 이전에 시장에서 해당 주식을 다시 사서 갚는 방법이고, 차입공매도는 제3자로부터 주식을 빌려 매도한 후 갚는 방법입니다. 국내의 경우, 누구든지 증권시장에서 상장된 증권(대통령령으로 정하는 증권에 한함)에 대하여 '소유하지 않은 증권의 매도(무차입공매도)' 또는 '차입한 증권으로 결제하고자 하는 매도(차입공매도)'를 하거나 그 위탁 또는 수탁해서는 안 된다고 규정하고 있습니다. 다만, 예외적으로 차입공매도에 해당하는 경우로서 증권시장의 안정성 및 공정한 가격 형성을 위하여 대통령령으로 정하는 방법에 의한 경우에만 제한적으로 공매도가 인정됩니다(최근 재개된 공매도). 쉽게 말하자면 원칙적으로 모든 공매도를 금지하지만, 이 중 차입공매도에 해당하고 결제 불이행 가능성이 없는 때에만 허용하는 것입니다.

물론 공매도는 아무나 할 수 없습니다. 앞서 이야기한 것처럼 결제 불이행이 없어야 합니다. 그래서 공매도를 하려면 기관투자자, 즉 자산운용사나 헤지펀드 등이어야 합니다. 개인도 전문투자자 자격을 받으면 공매도가 가능한데, 이를 위해서는 금융상품 잔고가 50억 원 이상이어야 합니다. 그래서 소위 '개미' 투자자들은 공매도를 반대합니다. 기관이거나 고액 자산가여야 공매도를 할 수 있으니, 그렇게 부자가 아닌 개미 투자자에게는 불리하다는 거죠. 그래서 '기울어진 운동장'이라는 표현을 씁니다. 특히나 기관이나 고액 자산가는 개미들보다 정보가 많을뿐더러 정보도 금방 알게 될 텐데, 어떤 주식에 악재가 있다는 걸 미리 안 기관이나 고액 자산가가 공매도해서 주가가 떨어지면 개미들은 속수무책으로 당할 수밖에 없다는 거죠.

그렇다면 공매도의 장단점은 무엇일까요? 공매도의 장점은 주식시장의 효율성을 높여줍니다. 모두 돈을 벌기 위해 주식시장으로 모입니다. 이런 현상은 주식시장의 과열을 불러오죠. 거품이 생겼다가 폭락하게 되면 더 위험합니다. 공매도할 수 없다면 이런 시장의 거품이 사라질 것이라는 의견이 반영이 안 됩니다. 그래서 적절한 공매도는 거품을 제거할 기회를 만들어 주기도 합니다. 다음에 이야기할 '효율적 시장 가설'의 전제 조건이 바로 공매도입니다.

뉴올리언스대학의 에드워드 밀러 교수는 1977년에 공매도에 관련한 논문을 발표했습니다. 밀러 교수의 논문에서는 주식이든 튤립이든 투자하기 위해 애쓰는 소수의 열광적인 집단이 있다고 가정합니다. 이 열광적인 투자자들이 공격적으로 자산을 구매해 독차지해버린다면 아마도 그 자산은 고평가될 것입니다. 이때 현명한 투자자들은 나중에 발생할 가격하락(거품 붕괴)으로부터 이윤을 얻기 위해 고평가된 자산을 공매도하길 원할 것이죠. 그러나 문제는 주식을 빌릴 수 없다면 매입을 할 수밖에 없는데, 열광적 투자자들이 팔지 않을 겁니다. 결국, 현명한 투자자는 시장에 참여할 기회를 놓치게 됩니다.

주주에게 경영 권한을 위임받은 전문경영인이 자신의 이익을 우선하며 발생한 2001년 미국 에너지 기업 '엔론의 파산'을 예견한 짐 채노스나 헤지펀드 머디 워터스 같은 공매도 세력은 회계 부정 사태를 파헤칩니다. 미국 수소전기차 업체 니콜라의 의혹 제기나 중국판 스타벅스라고 알려진 루이싱커피의 회계 부정 사건이 대표적 사례입니다. 공매도를 찬성하는 사람들은 공매도를 통해 시장이 건전해진다고 믿는 것이죠. 이를 통해 주식시장의 유동성도 높아집니다.

공매도의 단점은 주식시장 전체의 투자 심리를 강하게 위축시킨다는 것입니다. 사실 공매도한 주식만 떨어지는 것이 아니라 관련 주식들이 같이 떨어진다는 것이죠. 예를 들어 C라는 바이오 기업이 공매도를 당해 주식이 폭락했다면 관련 바이오주들도 동반 폭락하는 것입니다.

또 다른 단점으로 채무 불이행이 있습니다. 주식을 빌리는 만큼 주식을 돌려주지 못하는 사태가 벌어질 수 있다는 것이죠. 1998년에 파산한 롱텀캐피털이 대표적입니다. 최근 게임스탑 사태에서도 일어날 뻔했죠. 이런 상황을 모면하기 위해 공매도를 한 헤지펀드들은 어떻게든 주가를 떨어뜨려야 하므로 나쁜 소문이나 루머, 불리한 사실 같은 것을 무차별로 뿌리게 됩니다. 이 상황에는 심지어 내부자 정보의 유출까지 일어납니다. 도덕적 문제에 직면하는 것이죠.

최초의 공매도는 언제일까요? 물론 공매도의 역사는 주식회사의 시작과 함께하죠. 그 이전에는 있을 수가 없습니다. 그렇다면 시작은? 당연히 1602년에 설립된 네덜란드 동인도회사입니다. 세계 최초의 증권거래소 역시 네덜란드에 있습니다. 최초의 공매도는 영국 함대와 동인도회사의 관계를 이용한 공매도였습니다. 영국 함대가 동인도회사의 선박을 공격한다는 정보를 미리 알게 된 상인들이 주식을 빌려 미리 파는 방법으로 돈을 벌게 된 것입니다. 앞서 이야기한 정보의 비대칭성을 이용한 공매도였죠.

만유인력의 뉴턴도 주식으로 쪽박을 찬 사례가 있습니다. '남해 버블'이었습니다. 영국의 남해주식회사는 영국과 남미 식민 지역 간의 독점 교역을 이끌 목적으로 세워진 공기업이었습니다. 뉴턴이 영국

조폐국장으로 일하던 시기에 남해주식회사는 기업공개(IPO)를 합니다. 투자금을 유치하기 위해 허위 사실까지 퍼뜨렸습니다. 남해주식회사의 주가는 두 달도 채 되지 않는 사이에 100파운드에서 1,000파운드로 열 배나 치솟습니다. 뉴턴도 빚까지 지면서 투자를 하죠. 하지만 남해주식회사의 실상이 알려지면서 거품이 꺼집니다. 남해주식회사의 내부 정보를 활용한 일부 고위 관료들은 공매도로 돈을 벌었지만, 뉴턴은 전 재산을 잃어버리고 "나는 천체의 움직임은 계산할 수 있었지만, 대중의 광기는 계산할 수 없었다"라는 말을 남깁니다. 돈을 번다는 것은 참 쉽지 않습니다.

● TESAT 문제로 알아보는 쏙쏙! 개념 잡기

【문제】 이것은 주식을 가지고 있지 않은 상태에서 주식을 팔겠다는 주문을 내는 것을 말한다. 시세 차익을 추구하는 투자 방법의 하나지만, 개인투자자에게 피해를 주는 부작용이 크다는 비판도 받고 있는 이것은?

① 공매수   ② 공매도   ③ 손절매

④ 유상증자   ⑤ 무상증자

| 해설 | 공매도란 가격 하락을 예상해 주식이나 채권을 빌려 매도하는 것을 말한다. 증권회사 및 증권금융회사에서 빌린 주식을 파는 것으로 형태는 어디까지나 실물거래지만 가지고 있지 않은 주식을 팔기 때문에 공매도라고 한다. 판 주식의 가격이 하락하면 그 주식을 다시 사서 차액만 얻을 수 있다. 공매도는 합리적인 주가 형성에 기여하지만 증시 변동성을 키우고 불공정거래 수단으로 악용된다는 비판도 듣고 있다. 하락장에서 공매도가 늘면 낙폭이 확대되는 원인이 된다. 반등 시에는 단기 급등 요인으로 작용한다.

[정답] ②

【문제】 주식을 빌려 시장에 매각한 다음 주가가 떨어지기를 기다렸다가 시장에서 되사들인 후 갚는 것을 공매도라 한다. 공매도에 대한 다음의 설명 중 사실과 다른 것은?

① 주가 하락을 예상한 투자전략이다.

② 선물을 매입하는 전략과 함께 구사할 수 있다.

③ 주가 하락을 장기간 지속시키는 결과를 초래한다.

④ 결제 불이행이 발생하면 시장 체계에 혼란이 온다.

⑤ 결제 불이행을 막기 위해 일정한 담보를 제공해야 한다.

| 해설 | 공매도는 문제에도 나왔듯이 주가 하락을 예상하고 증권회사로부터 주식을 빌려 시장에 판 다음 주가가 떨어지면 싼값에 주식을 되사들인 후 증권회사에 빌린 주식을 갚는 투자기법이다. 일반적인 주식투자와 달리 주가가 내려야 시세 차익을 얻는 셈이다. 만일 예상과 달리 주가가 오를 경우 빌린 주식을 높은 가격에 사서 증권사에 되갚아야 하므로 주가가 오른 만큼 손해를 보게 된다. 공매도는 현물주식을 파는 것이므로 선물을 헤지 수단으로 사용할 수 있다. 예를 들어 거래량이 적어 주식을 살 수 없는 상황이면 선물을 매입해 손실을 줄일 수 있을 것이다. 공매도는 주식을 빌려 파는 것이므로 빌린 주식을 갚지 못하면 금융시스템 전체를 붕괴시키기도 한다. 주식을 빌릴 때 담보를 제공해야 하는 것은 물론이다. 주가 하락 효과는 장기간이 아니라 단기간에 나타난다.

[정답] ③

현재가치와 미래가치

다들 주식, 코인, 부동산 등 투자에 관심이 많으실 것으로 생각됩니다. 그런데 투자하실 때 수익률 계산은 잘하고 계신가요? 다른 사람의 권유에 휩쓸리진 않으신가요? 어떤 권유를 받더라도 먼저 생각해야 할 것이 있습니다. 투자하든 돈을 빌리든 금융에 관한 의사결정의 기본은 '시간에 따른 가치'와 '위험'입니다.

우선, 가치는 '현재가치'와 '미래가치'를 생각해야 합니다. 현재가치는 현재의 이자율을 적용하여 미래에 주어진 금액을 얻기 위해 지금 필요한 금액입니다. 미래가치는 현재 이자율에서 오늘 주어진 금액으로 미래에 얻을 수 있는 금액입니다. 다시 말하면, 현재가치는 시간을 역순으로 계산하는 것(나누기)이고 미래가치는 현재 금액을 기준으로 곱하는 것입니다.

예를 들어 누군가 지금 당장 100만 원 받거나 10년 뒤에 200만 원을 받는 두 가지의 제안을 했다고 생각해 봅시다. 여러분은 어떤 선택을 할까요? 어쨌든 공짜니까 당연히 받을 것 같습니다(공짜 점심은 없다고 하니 공짜가 아닐 수도 있습니다). 모든 투자는 연 이자율이 5%, 복리로 계산한다고 가정합시다(최근 은행 이자율은 더 낮긴 합니다만 우선 예시니까요).

우선 현재 100만 원을 받아서 은행에 예금할 때 미래가치를 계산해 봅시다.

100만 원. 연 이자율 r=0.05(5%)
1년 뒤: 100+100×r=100(1+r)
2년 뒤: 100(1+r)+100(1+r)=100(1+r)^2
⋮
10년 뒤: 100(1+0.05)^{10}
=163만 원

10년 뒤에 200만 원을 받기로 했으니 현재가치는 얼마일까요?

10년 뒤 200만 원. 현재가치는 x로 가정
x(1+0.05)^{10}=200

$x=\dfrac{200}{(1+0.05)^{10}}=$123만 원

그런데 이자율이 달라지면 얼마나 될까요? 만약 연이율이 10%라고 가정해 봅니다.

100만×(1+0.1)^{10}=2,593,742원(미래가치)

$\dfrac{200만}{(1+0.1)^{10}}=$77만 원(현재가치)

즉 이자율이 높아질수록 미래가치가 더 크므로 미래에 200만 원 받는 것보다 현재 100만 원을 받는 것이 더 이득이네요. 이런 계산을 하지 않고 '나는 투자의 귀재다'라고 하는 분은 100만 원을 받아서 투자하

시겠죠. 10년 뒤에 잊어버릴지 모르니 먼저 받아놓자고 하시는 분도 계시겠지만 어쨌든 이건 가정일 뿐이고 현실은? 그냥 각자가 가진 돈으로 어떤 투자를 할지에 대한 선택의 게임입니다.

앞서 투자에 실패한 뉴턴에 관해서 이야기했었습니다. 또 다른 위대한 학자인 아인슈타인도 투자에 실패한 일화가 있습니다. 아인슈타인은 1921년 노벨상 상금으로 주식투자를 했다가 대공황을 거치며 투자금 대부분을 잃었습니다. 이런 아인슈타인이 발견한 법칙이 있습니다. 바로 '72의 법칙'입니다. 72의 법칙은 복리로 계산했을 때 내 돈이 두 배가 되는 기간입니다(빚이 두 배가 되는 기간도 계산할 수 있습니다).

이자율이 4%라고 생각해 봅시다. 100만 원이 200만 원으로 두 배가 되는 시간은 72÷4=18, 18년이 걸린다는 것이죠.

현재 저금리 시대라면 더 걸리겠죠. 그래서 이자율이 높은 곳으로 돈이 몰려가는 것입니다. 주식투자로 연 20%의 수익률을 꾸준히 올린다고 가정하면 72÷20=3.6, 3.6년이면 원금의 두 배를 달성할 수 있습니다. 대출도 마찬가지입니다. 100만 원을 현금서비스 대출을 받았을 때 이자율이 24%라면 빚이 두 배가 되는 기간은 3년이 되는 것입니다. 이런 72의 법칙은 기업 M&A에서도 사용된다고 합니다. 원금의 두 배가 되는 투자금 회수 시점이나 요구수익률을 알 수 있다는 것이죠.

72의 법칙도 있지만 '70의 법칙'도 있습니다. 70의 법칙은 한 나라의 경제성장률을 가지고 GDP가 두 배가 되는 기간을 구하는 것입니다. 경제성장률이 7%라면 한 나라의 GDP가 두 배가 되려면 10년이 걸린다는 것이죠. 한국의 경제성장률을 대략 3.5%로 잡는다면 현재 한국의 GDP(1,924조)에서 두 배(3,848조)가 되려면 20년 가까이 걸린다는 것이죠. 이처럼 72의 법칙과 70의 법칙을 구분하는 방법은 개인 투자에서는 72의 법칙을, 국가 경제성장에서는 70의 법칙을 쓴다는 것이죠. 또 다른 이야기로 72의 법칙, 70의 법칙, 69.3의 법칙이 있고, 연 이자율에 따라 선택을 해야 한다는 이야기도 있습니다. 72의 법칙은 이자율이 높을수록 오차가 적고, 69.3의 법칙은 이자율이 낮을수록 오차가 적다는 이야기입니다.

● TESAT 문제로 알아보는 쏙쏙! 개념 잡기

【문제】 현재가치와 미래가치에 대한 설명으로 올바르지 <u>않은</u> 것은?(단, 이자율 r>0)

① 현재가치란 미래 일정 시점의 금액을 현재 시점의 가치로 환산한 금액이다.

② 미래 금액의 현재가치 환산은 이자율과 기간에 따라 달라진다.

③ 현재와 미래 사이의 기간이 길수록 미래 금액의 현재가치는 작아진다.

④ 미래에 받을 돈의 현재가치는 이자율이 상승할수록 높아진다.

⑤ 현재가치의 개념을 알면 서로 다른 시점에서의 가치를 비교함으로써 자신에게 이익이 되는 결정을 내릴 수 있다.

| 해설 | 화폐는 시간이 흐르면서 가치가 늘어난다. 기간이 같다면 이자율이 높을수록, 이자율이 같다면 기간이 길수록 현재가치는 작아진다.

[정답] ④

미국 3대 주가지수를 알자

미국 증시 뉴스에 꼭 나오는 말이 있습니다. 바로 3대 주가지수입니다. 이 주가지수를 기준으로 증시 상황을 판단하곤 합니다. 이 대표적 주가지수는 '다우존스30 산업평균지수', 'S&P500지수', '나스닥지수'입니다. 이 세 지수마다 각각의 특징이 있습니다. 그 특징을 알고 미국 주식시장의 흐름을 알면 더 재미있습니다.

다우존스30 산업평균지수는 뉴욕 증권시장에 상장된 우량기업 주식 30개 종목(일명 blue-chip stocks)을 기준으로 하여 산출하는 주가지수를 말합니다. 다우지수라고도 하죠. 〈월스트리트저널〉 편집자이자 다우존스앤컴퍼니의 공동창립자 찰스 다우가 창안한 주가지수입니다. 다우지수는 주식의 시장가격을 평균하여 산출하는 비율평균(scaled average) 방식을 따릅니다.

최초의 다우지수는 1884년에 발표된 이후 137년이나 지속되었을 정도로 오랜 역사가 있습니다. 100년이 넘는 기간 동안 포함된 기업은 계속 바뀌었습니다. 그래서 그 시기의 주요 산업의 변화를 보려면 다우지수를 구성하는 종목을 보면 됩니다. 처음 발표할 당시에 구성 종목은 9개의 철도회사, 1개의 증기선회사, 1개의 전신회사 등 11개였습니다. 미국의 초기 교통 인프라 확충을 중심으로 구성한 것이죠. 초기 인프라 구축으로 막대한 자본이 필요했던 철도회사들을 중심으로 주식시장이 발전했다고 보시면 됩니다. 그리고 15년 뒤부터는 산업을 중심으로 구성되었습니다. 이때 구성 종목은 소비재 관련 6개, 철강, 석탄, 전기 같은 산업재 6개사로 구성되었습니다. 이때 포함된 제너럴일렉트릭(GE)은 2018년 제외될 때까지 최장수 편입 종목이었습니다(물론 중간에 나갔다 들어왔다 했습니다). 이후 1915년에는 자동차회사 제너럴모터스(GM)가 편입되었습니다.

1929년 대공황으로 1930년대에 다우지수는 많은 변화가 생겼습니다. 1930년에는 필름제조업체 코닥, 타이어 제조회사 굿이어 타이어, 향후 보잉 등으로 나뉜 항공 제조 운수 기업 유나이티드 에어크래프트 앤드 트랜스포트 코퍼레이션(United Aircraft and Transport Corporation)이 포함되었으며, 1932년 코카콜라, IBM, P&G, 1939년 AT&T 등이 포함되었습니다. 1985년에는 식음료로 맥도날드가 처음 등장했으며, 1991년에는 JP모건이 은행으로는 처음 포함되었습니다. 그해 월트디즈니도 같이 등장했죠. 1997년부터 IBM 이후 첫 IT섹터 종목인 휴렛팩커드, 제약업체 존슨앤존슨, 대표적 소매업체 월마트가 포함됩니다. 인텔과 마이크로소프트는 1999년에 등장합니다. 2015년 애플이 포함되었습니다. 2020년 8월에는 엑손모빌을 대신해 소프트웨어 기반 CRM 업체인 세일즈포스가 편입되면서 시장의 이목을 집중시켰습니다. 엑손모빌은 한때 미국 주식시장에서 시가총액 1위를 기록했을 정도로 막강한 영향력을 자랑했던 기업이었지만 회사 설립 20년을 간신히 넘긴 세일즈포스닷컴에 자리를 내준 것이죠.

S&P500지수는 뉴욕증권거래소에 상장된 500개 기업의 주식을 포함한 지수입니다. 맥그로 · 힐 계열사인 S&P가 소유 및 관리를 맡고 있습니다. S&P는 무디스, 피치 등과 함께 세계 3대 신용평가 기관이기도 합니다. S&P500지수에 포함된 종목은 공업주(400종목), 운수주(20종목), 공공주(40종목), 금융주(40종목)로 그룹별로 지수가 나누어져 있습니다. 이 지수는 시가총액을 비교하는 방식으로 동향 파악이 다우식보다 쉽습니다. 반면 대형주의 영향을 크게 받는 경향이 있을 뿐만 아니라, 투자자가 느끼는 주가의 변동추이와 지수 움직임이 큰 차이를 보인다는 약점을 가지고 있습니다.

2008년 금융위기 전에는 국제 유가와 관계없이 움직였으나, 2009년 이후의 양적완화 때문에 원유와 S&P500지수 간에 관계가 생기기 시작해 관심을 끌고 있습니다. 이는 여러 가지 이유가 있겠지만, 금융에서 에너지 부분에 거액의 투자나 대출을 해주어서 그렇다는 이야기가 있습니다.

나스닥은 우리나라 코스닥 시장과 비슷합니다. 사실 한국의 코스닥은 나스닥을 벤치마킹한 것이죠. 나스닥에는 벤처기업들이 상장된 장외시장이었습니다. 상대적으로 자본력이 부족하고 실적이 부족한 기업들이 자금을 조달하기 위한 창구로 사용했습니다. 그래서 대부분 기업이 첨단 기술 분야입니다. 나스닥에는 애플, 구글, 아마존, 마이크로소프트, 페이스북 등 7,000여 개 기업이 상장되어 있습니다. 이들의 시가총액은 초기에는 미미했지만, 지금은 세계 2위의 증권거래소가 되었습니다. 그뿐만 아니라 장외시장으로 시작했지만, 포함된 기업들이 커가면서 장내시장이 되었습니다. 지금은 2부 리그 취급이 아닌 별개의 시장으로 인정받는 것이죠. 심지어 뉴욕증권거래소에서 나스닥으로 옮기는 경우도 있습니다. 나스닥은 상대적으로 진입장벽이 낮아 변동성이 큰 기업들이 포함된 경우가 많습니다.

그런데 왜 세 개의 지수에 관심을 가져야 할까요? 세 지수는 각각 상이한 집단의 주식을 포함하고 있습니다. 다우지수는 대표적 30개 기업으로 그 시대를 대표하는 기업의 흐름을 대변해 줍니다. 나스닥지수의 경우 기술주 영향을 강하게 받습니다. S&P500지수는 가장 폭넓은 지수로 다른 두 지수의 중간쯤이라고 생각하시면 됩니다.

주식은 회사의 미래가치에 대한 기대의 구현입니다. 세 지수가 속한 기업들에 대한 투자자들의 기대가 반영된 것이 바로 다우지수, S&P500지수, 나스닥지수입니다. 다시 말해 어느 날 나스닥지수가 상승하고 다우지수가 하락한다면 IT나 바이오 같은 첨단 기술 부문에 대한 전망이 대표적 기업보다 미래가 더 밝다고 판단하는 것입니다.

어려운 경제!
경제기사로 쉽게 배워
TESAT까지 한 번에!

읽으면 돈 되는
끝장 경제 상식

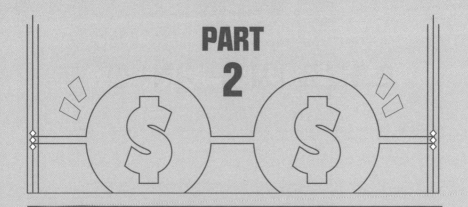

PART
2

미시

MICROECONOMICS

효율을 증대시키는 가격차별

경제학에서는 '효율'을 중시합니다. 이용 가능한 희소 자원으로부터 가능한 한 많이 획득하는 것이 바로 효율이죠. 이런 효율을 더 증대시키는 방법의 하나가 바로 '가격차별'입니다.

어느 독점기업이 재화를 단일 가격으로 팔 경우 그 재화는 일정한 수량을 판매하고 나머지는 남게 됩니다. 독점기업의 관점에서 보면 판매량을 늘리기 위해 기존의 모든 판매량 가격을 낮추어야 하는 것은 손해죠. 그런데 소비자는 다들 그 재화를 사기 위한 지불용의 가격이 달라요. 소비자 관점에서 보면 가격 하락은 이득이 됩니다. 하락한 가격만큼 돈을 절약할 수 있죠. 만약 가격을 낮출 수 없다면? 그걸 못 사는 소비자와 버려지는 재화…… 이런 것을 비효율이라고 하지요. 이를 위해 '가격차별'이 있습니다. 사실 우리는 가격차별이라고 하면 뭔가 부정적인 의미로만 받아들였습니다. 그 이유는 마지막에 이야기하고 우선 가격차별에 대한 설명부터 해보겠습니다. 가격차별의 종류는 다음과 같습니다.

1급 가격차별

완전가격차별이라고 합니다. 소비자의 성향을 완벽하게 알고 있어서 소비자의 최대 지불용의 가격에 맞게 기업이 판매하는 모든 상품의 가격을 다르게 책정하는 것이죠. 그리고 요즘 빅테크 기업 이야기가 많죠? 사실 IT 기술의 발달로 많은 사람의 데이터를 활용해 광고를 보여주는 경우가 많습니다. 구매 성향이나 관심 상품의 정보를 가지고 추천하는 시스템도 1급 가격차별에 매우 가깝다고 볼 수 있습니다.

2급 가격차별

1급 가격차별과는 달리 정보를 알지 못하는 기업이 쓰는 전략입니다. '상품'이 기준이 되는 것이죠. 바로 소비자가 스스로 차별화된 상품군을 선택하는 것이죠. 수요가 많은 집단에 가격을 할인해주는 전략입니다. '1개 사면 1,000원, 2개 사면 1,900원' 같은 것이죠.

3급 가격차별

가장 흔한 가격차별입니다. '사람'이 기준이라고 생각하면 돼요. 특성이 다른 두 시장에 다른 가격을 적용하는 것이죠. 지역, 나이, 성별, 직업 등으로 다른 집단을 구성하고 이들의 탄력성을 분석해 다른 가격을 적용하는 것이지요. 예를 들면 학생 할인 같은 것입니다.

그렇다면 가격차별의 전제 조건은 무엇일까요?

시장지배력

가격차별을 하려면 '독점기업'이라는 전제가 붙습니다. 사실 독점에 관해서 이야기하자면 길어지니 이건 뒤에서 이야기하는 것으로 하겠습니다. 그래도 가격차별을 하면 독점이라고 이야기하는데, 사실 독점까지는 필요가 없습니다. 제품 차별화로 독점적 경쟁이 가능한 정도의 시장지배력만 보유해도 가격차별이 가능합니다.

시장 분리 가능

여기서 소비자의 가격탄력성에 관한 이야기가 나옵니다. 기업은 소비자를 성별, 나이별, 거주지 등등을 차별화할 수 있어야 한다는 조건이 있습니다.

재판매 불가

소비자에게 가격을 차별하여 판매하더라도 재판매를 하면 가격차별이 무의미해집니다.

그런데 생각해보면 가격차별은 좋은 것 같은데 왜 이미지가 안 좋을까요? 개인적인 생각으로 우리는 가격차별이라고 하면 '가격'보다는 '차별'에 방점을 찍습니다. 평등해져야 한다는 의미의 차별은 중요하지만 사실 가격차별은 평등과는 다르다고 볼 수 있습니다. 가격차별을 통해 다양한 소비자가 혜택을 받습니다. 다만 차별적 대우 때문에 비싸게 산 사람은 싸게 산 사람보다 허탈해지는 것은 당연합니다. 하지만 그 부분도 해결할 방법은 싸게 사기 위한 노력을 하면 된다는 것이죠. 가격차별은 영원한 차별이 아니라 본인의 선호 가격 또는 지불 용의 가격에 맞춰지기 때문입니다. 가격차별에 의해 서민이 혜택을 보는 경우도 많습니다.

● TESAT 문제로 알아보는 쏙쏙! 개념 잡기

【문제】 다음 중 1급 가격차별이 시행되는 독점시장에 대한 설명으로 옳지 <u>않은</u> 것은?

① 소비자잉여는 매우 적지만 0보다 크게 존재한다.

② 완전경쟁시장과 동일한 수량이 시장에 공급된다.

③ 한계수입 곡선은 시장수요 곡선과 동일하다.

④ 모든 소비자는 각각 다른 가격을 지불한다.

⑤ 일반 독점시장에 비해 사회적 후생이 더 크게 나타난다.

| 해설 | 1급 가격차별이 시행되는 독점시장에서는 각각의 소비자에게 그 소비자의 유보가격 (소비자가 지불할 용의가 있는 최대 가격)만큼의 가격을 책정해 완전가격차별이 이뤄지게 된다. 경제학에서는 1급 가격차별을 완전가격차별이라고 한다. 독점기업은 항상 소비자의 유보가격에 물건을 판매하게 되고, 이로 인해 독점기업의 한계수입은 소비자의 유보가격이 돼 한계수입 곡선과 수요 곡선이 일치하게 된다. 기업의 이윤 극대화 조건인 한계수입(MR)=한계비용(MC)은 수요 곡선과 MC곡선이 만나는 점으로 완전경쟁시장에서의 거래량과 동일하다. 모든 소비자에 대해 각각의 유보가격을 가격으로 책정하므로 소비자잉여는 0이며 소비자들은 각각 다른 가격을 지불하고, 모든 사회적 후생은 생산자에게 귀속된다. 따라서 1급 가격차별이 시행되는 독점시장에서는 소비자잉여가 존재하지 않으며, 사회적 후생은 생산자잉여와 같다.

[정답] ①

【문제】 기업이 이윤을 증대하기 위해 동일한 재화에 서로 다른 가격을 설정하는 것을 가격차별이라고 한다. 다음 중 가격차별이 가능하기 위한 전제 조건으로 옳은 것을 모두 고르면?

> 가. 많은 판매자와 낮은 진입장벽이 존재해야 한다.
>
> 나. 가격차별 대상이 되는 집단 간에 상호 재판매가 불가능하여야 한다.
>
> 다. 수요에 대한 가격탄력성이 높은 집단과 낮은 집단이 동시에 존재한다.
>
> 라. 차별 가격은 항상 한계비용과 일치하여야 한다.

① 가, 나   ② 가, 다   ③ 나, 다

④ 나, 라   ⑤ 다, 라

| 해설 | 가격차별은 1~3급 가격차별로 나뉜다. 1급 가격차별이란 각 단위의 재화에 대해 소비자의 최고 지불 가격에 해당하는 가격을 설정한다. 2급 가격차별이란 수요량에 따라 구간을 나누어 가격을 서로 다르게 설정하는 것이다. 일반적으로 가격차별은 3급 가격차별을 의미한다. 소비자의 특징에 따라 시장을 몇 개로 나누어 각 시장에서 서로 다른 가격을 설정한다. 가격차별이 가능하려면 공급자가 독점력을 가지며 가격차별 대상이 되는 두 집단 간에 상호 재판매가 불가능하다. 수요에 대한 가격탄력성이 높은 집단과 낮은 집단이 동시에 존재한다. 독점시장을 전제로 한 가격차별은 한계수입이 한계비용과 일치하지만, 가격은 항상 한계비용보다 크다.

[정답] ③

독점은 왜 생길까?

시장은 완전경쟁시장과 불완전경쟁시장으로 분류할 수 있습니다. 또 불완전경쟁시장에는 독점, 과점, 독점적경쟁시장 등이 있습니다. 경제를 이야기할 때는 이런 부분을 정확히 이해하셔야 합니다.

독점이 생기는 이유에 관해서 경제학 교과서들은 진입장벽을 이야기합니다. 진입장벽은 생산요소 독점, 정부 규제, 생산기술(자연독점) 문제 등이 있습니다.

생산요소 독점

중요한 생산요소를 한 기업이 독점한 경우를 말합니다. '다이아몬드여 영원하여라(A diamond is forever)'라는 광고 문구를 쓴 드비어스가 유명한 사례죠.

정부 규제

독점이 공익을 보호한다는 정부의 판단으로 독점권이 부여되기도 합니다. 특허권과 저작권을 예로 들 수 있습니다. 제약회사들은 정부가 보호하는 특허권으로 독점이 발생해 높은 이익을 보장받습니다. 더 새로운 약품을 연구개발하는 유인이 되기도 합니다.

생산기술 문제

자연독점이라고 합니다. 상품의 특성 때문에 시장에서 자연스럽게 생겨난 독점이죠. 자연독점은 생산 규모가 커질수록 생산비용이 계속 낮아지는 규모의 경제가 존재할 때 발생합니다. 수도, 전기 등 규모의 경제가 큰 산업은 독점이 발생합니다. 예를 들어 지역 주민에게 수돗물을 공급하는 경우 공급자는 도시 곳곳에 수도관을 설치해야 하죠. 이때 복수의 공급자가 수돗물을 공급한다면 공급자마다 수도관을 설치해야 하는데, 이를 위해서는 막대한 고정비용을 지출해야 합니다. 따라서 수돗물을 공급하는 평균비용은 하나의 공급자가 존재할 때 가장 낮아서 독점이 생깁니다.

그런데 독점은 왜 나쁜 걸까요? 독점기업은 가격설정자라고도 합니다. 마음대로 가격을 설정할 수 있죠. 이를 이용한 높은 시장가격과 낮은 생산량 때문에 독점 체제에서는 경제적으로 순손실이 발생하게 됩니다. 이러한 요인들 때문에 독점은 사회 전체적 측면에서 비효율적이라고 할 수도 있죠. 또한 독점은 경쟁의 실종 때문에 종종 방만경영과 도덕적 해이를 초래하는 주범이 되기도 합니다.

그렇다면 독점은 영원할까요? 아닙니다. 최근에 제가 30년 전 〈한국경제신문〉 기사를 본 적 있습니다. 미국의 시어스라는 유통회사에 관한 기사였죠. 이 회사는 미국의 소매 유통을 독점하다시피 할 정도였습니다만, 월마트에 무너졌습니다.

독점이라는 것을 판단할 때 그 시장만으로 볼 것이냐 아니면 더 넓게 볼 것이냐에 따라 달라집니다. 사실 기술도 너무나 빨리 발전해 새로운 기술로 인해 독점은 독점이 아니게 되기도 합니다. 바로 독점으로 유명한 사례 드비어스도 그렇습니다. 기술이 발전하자 '인공 다이아몬드'라는 시장이 생겼습니다(물론 전에 반독점 제재로 독점력이 무너지긴 했습니다).

독점에 관한 판단은 어떻게 할까요? 경제학은 하나의 정태적 현상으로 보면 안 됩니다. 시간에 따른 흐름을 봐야 합니다. 그래서 섣부른 판단으로 규제하게 되면 그에 따른 문제가 반드시 생깁니다. 이것이 또 다른 역효과를 낳게 됩니다. 유명한 일화로 록펠러의 스탠더드오일이 있습니다. 미국의 독점 사례로 유명하죠. 록펠러의 스탠더드오일은 크고 작은 석유회사를 사들여, 1890년 기준 미국 석유시장의 90%를 차지했습니다. 석유의 가격을 좌지우지할 힘을 가진 회사가 되자 1911년 미국 대법원은 독점 판결을 내립니다. 그리고 34개의 회사로 분리되죠. 이 판결을 듣고 록펠러는 골프를 같이 치던 사람에게 "분리된 스탠더드오일의 주식을 사야 할 시기다"라고 이야기했다는 일화도 있습니다. 하여튼 그렇게 분리된 스탠더드오일 계열사는 주식시장에 상장되자마자 주식가격이 최소 2배 이상 뛰어버리는 결과를 낳았습니다.

또 기업의 경쟁에서 중요한 것은 소비자입니다. 소비자에게 좋은 상품을 싸고 편리하게 제공하여 시장점유율을 높인 것을 나쁜 독점으로 볼 것인가도 판단해야 합니다. 그러니 경제를 공부할 때는 다양하게 볼 수 있는 관점을 기르는 것이 중요해요.

【문제】 아래 기사를 읽고, 인텔이 중앙처리장치(CPU) 시장점유율에서 강세를 보이는 가장 근본적인 이유를 고르면?

> 한때 세계 시장을 100% 장악했던 미국 인텔은 1985년 D램 사업을 전격적으로 포기했다. 회사 매출이 1984년 16억 3,000만 달러에서 1985년 13억 6,000만 달러로 16.7% 감소하긴 했지만 사업을 포기할 정도는 아니었다. 하지만 인텔 경영진은 정부 지원을 받던 일본 반도체업체들의 저가 공세를 이겨 내기가 쉽지 않을 것으로 내다봤다. 대신 부가가치가 높고 성장 가능성이 큰 CPU를 택했다. (중략) 인텔의 CPU 시장점유율은 90%를 넘는다.

① 인텔은 독점기업이기 때문이다.

② 인텔이 시장지배력을 행사해 소비자에게 해를 끼치며 이익을 취했다.

③ 인텔이 시장지배력을 행사해 경쟁기업을 몰아냈기 때문이다.

④ 인텔이 보여준 시장점유율은 그만큼 경쟁력 있는 제품을 만든 결과다.

⑤ 인텔이 90% 이상의 CPU 시장점유율을 보유했다는 것은 경쟁을 제한하는 행위를 해 제품을 만든 결과다.

| 해설 | 시장점유율은 소비자를 만족시킨 제품을 생산·공급한 결과다. 그리고 시장점유율을 유지하기 위해서는 계속해서 소비자를 만족시켜야만 한다. 그렇지 않으면 소비자는 경쟁기업의 제품을 사용함에 따라 시장점유율이 하락한다. 그러한 점에서 시장점유율이 높다는 사실만을 가지고 경쟁제한 여부를 판단해서는 안 된다. 또한 시장점유율이 높다고 해서 해당 기업이 시장지배력을 행사할 수 있는 것이 아니다. 인텔의 경우 점유율이 상당했던 D램 사업을 접고 CPU 시장에 진입해 경쟁력 있는 제품을 만들어 소비자를 만족시켜 시장에서 선택받았다.

[정답] ④

【문제】 다음 글을 읽고 필자의 주장과 가장 가까운 것을 고르면?

> 기업들이 힘든 경쟁을 피하는 방법은 시장에서 '독점적 위치'를 차지하
> 는 것이다. 연구개발(R&D) 투자를 통해 남보다 앞선 제품을 개발함으로
> 써 독점적 지위를 차지한다면 누구도 비난하지 않을 것이다. 문제는 정
> 부의 '규제 권한'을 이용해 독점적 지위에 오르는 것이다. 정부 관료나
> 정치가들에게 로비를 해 독점적 지위를 획득하거나 자신에게 유리한 규
> 제를 설정하는 경우가 적지 않다. 미국 뉴욕시의 택시 규제를 보자. 택시
> 업계의 로비를 받은 뉴욕시는 택시 면허를 1만 3,000대로 제한했다. 그
> 결과 택시 시장에 신규 진입이 막혀 기존 택시 운전사들은 돈을 더 벌지
> 만 뉴욕 시민들은 돈을 더 내면서도 더 오래 기다려야만 했다. 일반적으
> 로 면허제도로 운영되는 시장은 이러한 현상이 빈번할 수 있다. 택시 면
> 허 외에 의사, 변호사 등도 그렇다.

① 독점은 규제해야 한다.

② 택시 면허를 함부로 내주어서는 안 된다.

③ 의사, 변호사 면허를 엄격하게 운영해야 한다.

④ 연구개발을 통한 독점은 장려할 필요가 있다.

⑤ 정부 규제를 이용한 지대추구 행위는 경제에 해를 끼칠 수 있다.

| 해설 | 지대추구는 기존의 부에서 자신의 몫을 늘리는 방법을 찾으면서도 새로운 부를 창출
하지는 않는 활동을 말한다. 지대추구 활동에 의해 고르지 못한 자원 분배, 실질적 부 감소, 정
부 세입 감소, 소득 불균형의 심화, (잠재적) 국가 약화 등의 현상이 일어날 수 있으며, 이에 대
한 결과로 경기 효율이 떨어진다. 규제가 많으면 지대추구 행위가 심해진다.

[정답] ⑤

탐욕과 죄수의 딜레마, 그리고 과점

사실 현실에서는 독점이 많이 존재하지 않습니다. 그럼 현실적으로 어떤 시장이 많을까요? 바로 과점과 독점적경쟁시장입니다. 독점과는 달리 보통 3개 정도의 기업이 생산하는 형태를 말합니다. 이 정도면 생각나는 기업 있으시죠? 네. 대기업을 떠올리면 과점을 이해하실 수 있습니다. 휴대폰, 자동차, 이동통신서비스…… 국제적으로는 석유 등이 있습니다.

일반적인 과점시장의 특성으로는 치열한 경쟁으로 인한 '상품 차별화'의 시도, 상대 회사의 반응을 고려해 자신의 행동을 결정해야 하는 '전략적 상황'의 존재, 경쟁을 애써 피하려 하는 '담합'의 가능성 등이 있습니다. 우린 과점보다 담합이라는 말을 많이 듣습니다. 매번 공정거래위원회와 기업들이 치열하게 다투는 이유기도 합니다.

과점시장에서는 담합을 통해 경쟁을 피하려고 합니다. 서로 정보를 교환해 생산 수량이나 가격을 은근슬쩍 결정하는 것이지요. 이런 행위가 극대화되면 카르텔이라고 합니다.

그런데 과점시장의 기업들이 담합으로 독점적 이윤을 유지하느냐? 아닙니다. '죄수의 딜레마'라고 있습니다. 게임이론의 대표적 사례죠.

죄인 A

죄인 B

죄수의 딜레마는 두 명의 사건 용의자가 체포되어 서로 다른 취조실에서 격리되어 심문을 받을 때 이 두 죄수의 제일 나은 선택은 무엇인가에 대한 것입니다. 조건은 이렇습니다.

- 둘 중 하나가 배신하여 죄를 자백하면 자백한 사람은 즉시 풀어주고 나머지 한 명이 10년을 복역해야 한다.
- 둘 다 서로를 배신하여 죄를 자백하면 둘 다 5년을 복역한다.
- 둘 다 죄를 자백하지 않으면 둘 다 6개월을 복역한다.

이 게임의 죄수는 상대방의 결과는 고려하지 않고 자신의 이익만을 최대화한다는 가정에 따라 움직이게 돼요. 이때 언제나 협동(침묵)보다는 배신(자백)을 통해 더 많은 이익을 얻으므로 모든 참가자가 배신(자백)을 택하는 상태가 내시균형이 되는 것입니다. 결과적으로 둘 다 5년을 복역하는 셈이죠. 다시 말하면 과점의 기업 역시 담합을 해도 독점적 이윤 유지가 어렵다는 것입니다. 죄수의 딜레마는 자신의 이익을 위한 선택이 균형이라고 하였습니다. 담합도 담합을 통해 독점적 이윤을 누리려고 해도 약속을 위반할 수밖에 없는 유인이 있기 때문에 담합은 깨지고 경쟁 상태는 지속이 된다는 것입니다. 바로 앞에 설명한 상대 회사의 반응을 고려해 자신의 행동을 결정해야 하는 전략적 상황이 존재한다는 것이죠.

● TESAT 문제로 알아보는 쏙쏙! 개념 잡기

【문제】다음 지문을 읽고, 전자결제 시장의 시장 형태와 연관된 내용을 〈보기〉에서 모두 고르면?

> LG유플러스가 전자결제(PG) 사업부를 기업 인수합병(M&A) 시장에 매물로 내놓는다. 이 사업부는 KG이니시스에 이어 국내 2위 전자결제 사업자다. 국내 전자결제 시장은 KG이니시스와 LG유플러스, NHN한국사이버결제 등 3개 사가 65~70% 점유율을 차지하고 있다. LG유플러스가 시장점유율 2위를 차지하고 있는 PG사업부를 매각하기로 한 건 '선택과 집중'을 위해서다. 본업인 통신사업과의 시너지 효과가 크지 않다고 판단한 것으로 풀이된다. 이동통신과 유료 방송 등 핵심사업에 집중하기 위해 비핵심사업을 정리하기로 했다는 분석이다.

<보기>

ㄱ. 게임이론   ㄴ. OPEC

ㄷ. 공유지의 비극   ㄹ. 내시균형

ㅁ. 가격수용자

① ㄱ, ㄴ, ㄷ   ② ㄱ, ㄴ, ㄹ   ③ ㄱ, ㄴ, ㅁ

④ ㄴ, ㄷ, ㄹ   ⑤ ㄴ, ㄷ, ㅁ

| 해설 | 지문에 나타난 전자결제 시장의 시장 형태는 과점이다. 과점이란 소수의 기업이 시장 수요 대부분을 공급하는 시장 형태다. 과점시장은 진입장벽이 존재해 새로운 기업의 진입이 어렵거나 불가능하다. 진입장벽의 대표적인 예로는 정부의 인허가, 특허권, 생산요소의 독점적 소유 등이 있다. 과점시장과 관련된 내용으로는 한 사람의 행위가 다른 사람의 행동에 미치는 상호의존적 · 전략적 상황에서 의사결정이 어떻게 이뤄지는가를 연구하는 게임이론과 이와 연관된 내시균형이 있다. 또한 석유수출국기구(OPEC)와 같이 카르텔을 형성하는 행위도 과점시장과 관련이 있다. 가격수용자는 완전경쟁시장의 특징이다.

[정답] ②

【문제】 현실 경제에서는 완전경쟁시장보다는 과점시장이 많이 존재하는데, 이러한 과점시장에서 나타날 수 있는 상황으로 가장 거리가 먼 것은?

① 비가격 경쟁이 치열하다.

② 담합과 카르텔이 나타난다.

③ 가격이 신축적으로 변화하지 않는다.

④ 개별 기업의 전략적 행동은 나타나지 않는다.

⑤ 희소한 자원이 비효율적으로 사용되고 있다.

| 해설 | 과점시장에는 소수 기업 간 상호의존성으로 각 개별 기업의 전략적 행동을 분석하는 게임이론이 존재한다.

[정답] ④

완전경쟁시장과 독점적경쟁시장

우리는 유독 '경쟁'이라는 말에 민감한 반응을 보입니다. 일상적 대화에서 경쟁이란 다른 경쟁자를 꺾는다는 의미가 많기 때문일 겁니다. 경제학에서도 경쟁이라는 말을 많이 씁니다. 특히 시장을 이야기할 때는 더 그렇습니다. 과연 경제학에서 경쟁이 상대방을 이겨야 한다는 의미만 있을까요? 경제학에서 경쟁은 경제적 자유를 인정하고 각자 그 기능을 충분히 발휘하게 하여 서로 자신의 이익을 추구하게 하는 것이기도 합니다.

이번엔 완전경쟁시장과 독점적경쟁시장에 대해 이야기해 보겠습니다. 두 사례는 이상과 현실처럼 완전히 극단입니다. 다만 완전경쟁시장과 독점적경쟁시장은 시장에 다수가 참여한다는 공통점이 있습니다.

완전경쟁시장	시장 진입과 퇴출이 자유롭고, 시장에 대한 정보가 완전하며, 공급자와 수요자가 다수가 존재함으로써 상품의 가격에 어느 사람도 아무런 영향을 줄 수 없는 시장. 다만 재화의 품질뿐만 아니라 판매 조건, 기타 서비스 등 모든 것이 같아야 함
독점적경쟁시장	완전경쟁시장과 같이 시장 진입과 퇴출이 자유롭고, 시장에 대한 정보가 완전하지만, 상품이 차별화된 시장

완전경쟁시장은 현실적으로 존재하지 않습니다. 한번 생각해 보세요. 어떤 미용실이나 똑같은 머리를 깎아준다고…… 끔찍하죠? 이런 악몽을 축복으로 바꿔준 경쟁시장이 바로 독점적경쟁시장입니다. 독점적경쟁시장은 상품의 차별화가 가능한 시장입니다. 음식으로 예를 든다면 함경도 아바이순대, 강원도 오징어순대, 충청도 병천순대 뭐 이런 것들이죠. 또 동질의 제품이라도 디자인을 달리하거나, 품질보증 기간을 더 길게 한다거나 고객 만족 서비스를 차별화할 수도 있습니다. 이런 상품 차별화 전략은 여러 형태의 광고를 통해 효과의 극대화를 노리기도 해요.

독점적경쟁시장의 특징은 '단골'입니다. 독점적경쟁시장의 차별화 전략 덕분에 기업은 자사 상품의 마니아를 끌어 모을 수 있어요. 많은 사람이 머리 손질을 하러 갈 때 단순히 가격만 고려해 미용실을 선택하지는 않죠. 처음에는 여기저기 다녀볼지 모르지만, 얼마 지나면 자신의 스타일에 가장 잘 어울리게 머리 손질을 해주는 미용실의 단골 손님이 됩니다. 마찬가지로 자주 다니는 커피숍이 생기고, 자주 다니는 주유소가 생기게 마련이죠. 왠지 그곳에 가면 나에게 맞는 안성맞춤 서비스를 기대할 수 있기 때문입니다.

시장의 종류에 대해 마지막으로 정리하자면 다음과 같습니다.

	완전경쟁시장	독점시장	독점적경쟁시장	과점시장
공급자의 수	다수	하나	다수	소수
상품의 질	동질	동질	이질	동질 또는 이질

진입장벽	없음	매우 높음	낮거나 거의 없음	높음
특징	거래자들이 시장에 대해 완전한 정보 소유	독점기업이 시장가격 결정	상품 차별화로 특정 고객에게 독점적 시장지배력 소유	한 기업의 행동이 다른 기업에 큰 영향을 끼침

● TESAT 문제로 알아보는 쏙쏙! 개념 잡기

【문제】다음 중 완전경쟁시장의 특징으로 옳은 것은?

① 생산자에 의해 제품의 가격이 결정된다.

② 기업이 생산하는 제품은 기업마다 조금씩 다르다.

③ 시장 내에 소수의 생산자 및 다수의 소비자가 존재한다.

④ 소비자와 생산자가 시장에 대한 모든 정보를 알고 있다.

⑤ 진입장벽이 있어 생산자들이 시장에 자유롭게 진입하지 못한다.

| 해설 | 완전경쟁시장은 모든 기업이 동질적인 재화를 생산한다. 재화의 품질뿐만 아니라 판매 조건, 기타 서비스 등 모든 것이 동일하다. 따라서 소비자가 특정 생산자를 특별히 선호하지 않는다. 그리고 다수의 소비자와 생산자가 시장 내에 존재하여 소비자와 생산자 모두 가격에 영향력을 행사할 수 없는 가격수용자이다. 또한 진입과 퇴출이 자유롭다. 완전경쟁시장은 경제주체들이 가격 등 시장에 관한 완전한 정보를 보유하고 있으며, 미래에 대한 불확실성은 없는 것으로 가정한다.

[정답] ④

【문제】 다음 보기에서 각 시장구조와 관련된 다음 설명 중 옳은 것을 모두 고르시오.

〈보기〉

ㄱ. 완전경쟁시장의 개별 기업이 직면하는 수요 곡선은 균형가격에서 수평이다.

ㄴ. 완전경쟁시장에서 시장수요 곡선은 우하향한다.

ㄷ. 완전경쟁시장의 한 기업이 현재 손실을 보고 있다면 단기에 항상 생산을 중단해야 한다.

ㄹ. 독점적경쟁시장의 기업들은 우하향하는 수요 곡선에 직면하기 때문에 가격이 한계비용보다 높지만, 진입과 퇴출이 자유롭기 때문에 장기적으로 0의 경제적 이윤을 얻는다.

ㅁ. 과점시장에서 기업들이 협조하지 않고 각자 생산량을 결정한다면 시장 생산량은 완전경쟁시장에 비해 많고, 독점시장에 비해 적다.

① ㄱ, ㄴ, ㄷ   ② ㄱ, ㄴ, ㄹ   ③ ㄴ, ㄷ, ㄹ

④ ㄴ, ㄹ, ㅁ   ⑤ ㄷ, ㄹ, ㅁ

| 해설 | 완전경쟁시장의 개별 기업이 직면하는 수요 곡선이 균형가격에서 수평으로 나타난다. 시장수요 곡선은 우하향한다. 완전경쟁시장의 기업이 손실을 보고 있더라도 총수입이 가변비용보다 크면 단기적으로 생산을 하는 것이 유리하다. 단기에 지불하고 있는 고정비용을 어느 정도 충당할 수 있기 때문이다.

[정답] ②

우리는 합리적 소비를 할까?

경제학자들은 '대체로' 사람들이 합리적으로 행동한다고 가정합니다. 경제활동의 주요 주체인 가계는 한정된 소득 안에서 생활에 필요한 재화와 서비스를 소비합니다. 물론 경제 이론상으로 그렇습니다. 하지만 많은 사람이 합리적인 소비를 하는 것은 아닙니다. 우리가 알고 있는 노스페이스 열풍도 그렇습니다. 10대 학생들의 필수 아이템처럼 유행을 타기도 했죠. 이러한 네트워크 효과에 대해 이야기해 볼까 합니다.

네트워크 효과는 미국 경제학자 하비 라이벤스타인이 소개한 개념입니다. 네트워크 효과에는 밴드왜건 효과와 스놉 효과, 베블런 효과가 있습니다.

밴드왜건 효과를 한마디로 요약하면 '남이 사니까'라고 할 수 있습니다. 최근 비트코인 광풍, 주식 광풍 등도 하나의 밴드왜건 효과라고 할 수 있습니다. '다른 사람들이 사서 돈을 버니 나도 사서 돈을 벌어보자'라는 것이지요. 미국 서부 개척 시대에 금광이 발견되었다는 소리에 밴드왜건이 요란한 음악을 연주하며 사람들을 끌고 다니는 것에서 유래한 것입니다. 이 효과는 보통 홈쇼핑에서 많이 씁니다. '아직도 모르십니까?', '광풍', '곧 마감' 등의 문구를 쓰면 밴드왜건 효과를 노린 광고죠.

스놉 효과를 한마디로 요약하면 '나는 다르니까'입니다. 스놉(snob) 이란 소위 '속물'을 뜻합니다. 사회적 지위나 재산을 숭배하는 사람을 지칭하죠. 스놉 효과는 남들이 다 사면 나는 안 사는 그런 현상을 말합니다. 나만 가지고 있는 한정판을 선호하는 현상입니다. 길 가다가 나와 똑같은 옷을 입은 사람을 보면 바로 벗어버리고 싶은 그런 심리죠. 검은 까마귀 떼 속 우아한 백로처럼 남들과 다르게 보이려는 심리를 반영해 '백로효과'라고 불리기도 합니다. 만약 광고에 '특별한 당신', '프리미엄' 등이 붙어있으면 스놉 효과를 노린 대표적 사례라고 보면 됩니다.

베블런 효과는 한마디로 '과시하고 싶어서'입니다. 미국의 사회학자이자 사회평론가인 베블런이 1899년 출간한 저서 《유한계급론》에서 "상층계급의 두드러진 소비는 사회적 지위를 과시하기 위하여 자각 없이 행해진다"라고 말한 데서 유래하였습니다. 값비싼 귀금속류나 고가의 가전제품, 고급 자동차 등은 경제 상황이 나빠져도 수요가 줄어들지 않는 경향이 있는 것도 베블런 효과입니다. 보통 경제학에서 가격이 오르면 수요가 감소해야 하는데 베블런 효과에 따르면 가격이 오를수록 수요는 오히려 증가하는 것이죠. '명사만을 위한'이라는 표현이 보이면 베블런 효과를 노린 광고 문구라 생각하시면 됩니다.

【문제】 다음과 같은 소비 행태를 무엇이라고 하는가?

- 친구 따라 강남 간다.

- 남들이 구매하는 제품은 나도 구매해야 한다.

- 여론조작으로 대중이 특정 후보를 지지하게 한다.

① 스놉 효과
② 스톡홀름 증후군

③ 트리클 다운
④ 스필오버 효과

⑤ 밴드왜건 효과

| 해설 | 해당 소비 행태는 밴드왜건 효과라고 한다. 밴드왜건은 행렬을 선도하는 악대차(樂隊車)다. 악대차가 연주하면서 지나가면 사람들이 모여들기 시작하고, 몰려가는 사람을 바라본 많은 사람들이 무엇인가 있다고 생각하고 무작정 뒤따르면서 군중이 불어나는 현상을 비유한다. 특정 상품에 대한 어떤 사람의 수요가 다른 사람들의 수요에 의해 영향을 받는 현상으로 '편승효과'라고도 한다. 미국의 경제학자 하비 라이벤스타인이 1950년에 발표한 네트워크 효과의 일종이다. 스놉 효과는 특정 상품에 많은 사람이 몰리면 희소성이 떨어져 차별화를 위해 다른 상품을 구매하려는 현상을 말한다. 속물효과라고도 한다. 트리클 다운은 낙수효과라고 한다. 대기업의 성장을 촉진하면 중장기적으로 중소기업과 소비자에게도 혜택이 돌아가 총체적으로 경기가 활성화된다는 내용이다.

[정답] ⑤

【문제】 아래 신문 기사를 읽고, 괄호 안에 들어갈 단어로 알맞은 것은?

〈매일 쓰는 냉장고도 비싸야 잘 팔린다〉

LG전자가 지난해 말 선보인 초(超)프리미엄 가전 브랜드 '시그니처
(SIGNATURE)'는 (   )을/를 잘 활용한 사례로 업계에서 회자된다. 비쌀
수록 잘 팔릴 수 있다는 점이 사회 현상으로 나타나고 있기 때문이다. 들
고 다니거나 타고 다니면서 남들에게 보여줄 수 있는 명품이나 사치품에
서 주로 발생하는 (   )을/를 가전에도 적용해 성공한 사례를 LG전자가
만들어가고 있다.

---

① 속물효과   ② 선점효과   ③ 72의 법칙

④ 베블런 효과   ⑤ 파레토 최적

| 해설 | 베블런 효과란 가격이 오르는데도 수요가 줄어들지 않고, 오히려 증가하는 현상으로
상류층 소비자들의 소비 행태를 가리킨다. 미국의 경제학자이자 사회학자인 소스타인 베블런
이 자신의 저서《유한계급론》에서 "상류층 계급의 두드러진 소비는 사회적 지위를 과시하기 위
하여 자각 없이 행해진다"고 지적한 데서 생겨났다. 예를 들어 값비싼 귀금속류나 고급 자동차
등은 경제 상황이 악화돼도 수요가 줄어들지 않는 경향이 있다.

[정답] ④

도로는 공공재일까?

공공재에 대한 논란이 끊이지 않고 있습니다. 최근에 부동산 부문에서도 '공공(公共, public)'이라는 말을 써 부동산도 공공재 논란이 일어나고 있는데요. '공공성'을 가지면 '공공재'라는 주장이 일어나고 있습니다. 그런데 이렇게 많이 쓰는 공공재의 개념을 얼마나 정확히 알고 계신가요?

공공의 사전적 의미는 '국가나 사회의 구성원에게 두루 관계되는 것'입니다. 이런 공공이라는 단어의 의미 때문에 공공재가 정부나 공공 기관이 공급하는 재화 전부라 생각할 수 있습니다. 엄밀히 따지자면 맞는 것도 있고 틀린 것도 있습니다. 정확한 답을 내리려면 공공재의 정확한 성격을 알아야 합니다.

우선 재화는 두 가지의 기준으로 구분합니다.

배제성	사람들이 재화 소비를 막을 수 있음(예: 돈으로 접근을 막음)
경합성	한 사람이 재화를 소비하면 다른 사람이 소비에 제한을 받음

공공재는 비배제성과 비경합성이 있는 것이어야 합니다. 다시 말해

사람들이 그 재화를 소비하는 것을 막을 수도 없을뿐더러 본인이 소비한다고 해서 다른 사람의 소비를 방해하지도 않습니다. 이런 비배제성으로 인해 '무임승차 문제'가 발생하기도 합니다. 예를 들면 태풍 경보, 국방 같은 것입니다. 태풍 경보가 울리면 다른 사람이 듣지 못하도록 막을 수는 없습니다(비배제성). 본인이 듣는다고 다른 사람이 못 듣는 것은 아닙니다(비경합성).

새뮤얼슨이 주장한 '등대의 우화'도 그렇습니다. 등대를 통해 안전한 뱃길을 찾는데 다른 배들이 그것을 보지 못하게 막을 수는 없습니다(비배제성). 그리고 배가 등대의 불을 보고 움직인다고 다른 배가 등댓불을 못 보는 것도 아닙니다(비경합성).

도로를 한번 생각해봅시다. 도로는 공공재일까요? 답은 상황에 따라 다릅니다. 통행료가 무료인 안 막히는 도로는 공공재라 할 수 있습니다. 무료(비배제성)이고 내 통행이 다른 사람의 통행을 방해하지 않기 때문(비경합성)이죠. 만약 막히게 된다면? 비배제성은 있지만, 비경합성이 경합성으로 바뀌어 '공유자원'이 됩니다. 경합성을 줄이기 위해 만약 통행료를 부과한다면? 비경합성은 생기지만 비배제성은 배제성으로 바뀌어 '클럽재'가 됩니다. 현재로서는 도로가 공공재가 되기는 쉽지 않다는 의미죠(자동차가 많아요). 클럽재는 자연독점의 한 예이기도 합니다. 클럽재에 속하는 전기나 전화, 수도 등은 공기업에서 운영하지만, 공공재는 아니죠(클럽재와 공공재 사이에서 오해가 많습니다).

그렇다면 '의료는 공공재인가'에 대한 물음을 봅시다. 우선 비배제성인가요? 대가가 없는 것인가요? 치료든 치료제든 대가가 있습니다. 비경합성은 어떨까요? 한 환자가 의료 서비스를 소비하고 있을 때 다른 환자도 동시에 소비할 수는 없습니다. 그러니 의료는 공공재라고 하는 주장은 틀린 것이죠.

시장 실패의 사례로 공공재를 이야기하는 경우가 많습니다. 물론 시장에서 잘 작동하지 않는 것은 정부가 나서야 할 때도 있습니다. 하지만 무엇이든 공공재라는 딱지를 붙이는 것은 정치적 행동일 뿐인 것 같습니다.

• TESAT 문제로 알아보는 쏙쏙! 개념 잡기

【문제】A를 바르게 설명한 것을 〈보기〉에서 고르면?

경합성과 배제성의 유무에 따라 재화 유형을 구분할 수 있는데, 이 중 A 는 경합성과 배제성이 모두 없는 재화다.

ㄱ. 주로 정부에 의해 공급된다.

ㄴ. 무임승차의 문제가 발생한다.

ㄷ. 비용을 지급한 사람만 소비할 수 있다.

ㄹ. 사회적 최적 수준에 비해 과다 생산된다.

① ㄱ, ㄴ   ② ㄱ, ㄷ   ③ ㄴ, ㄷ

④ ㄴ, ㄹ   ⑤ ㄷ, ㄹ

| 해설 | A는 공공재다. 공공재는 모든 구성원이 공동으로 혜택을 누리는 재화·서비스다. 대표적인 예로 국방, 치안 등이 해당한다. 공공재는 배제성이 없으므로 대가를 지급하지 않은 사

람을 소비에서 배제시킬 수 없다. 이는 무임승차의 문제를 발생시킨다. 즉, 공공재는 어떤 사람이 재화와 서비스에 대가를 치르지 않은 경우에도 그 소비를 막을 수 없는 비배제성과 많은 사람이 동일한 재화와 서비스를 동시에 소비할 수 있고 한 개인의 소비가 다른 사람의 소비를 감소시키지 않는 비경합성이 동시에 충족되는 것이다. 이 같은 특성으로 공공재는 민간 부문에서 공급이 사회적 최적 수준에 비해 과소 생산되거나 생산되지 않아 주로 정부에 의해 공급된다.

[정답] ①

【문제】공공재의 성격에 관한 설명으로 옳은 것은?

① 어느 마을의 태풍 경보 사이렌은 공공재다.

② 공공 부문이 어떤 재화를 공급한다면 그것은 공공재가 되기 위한 충분조건이다.

③ 무임승차 문제는 소비의 경합성으로 인해 발생하며 정부가 그 재화를 공급해야 하는 이유가 된다.

④ 어떤 재화의 소비가 배제 불가능하더라도 비경합적이면 시장을 통해 그 재화를 공급할 수 있다.

⑤ 공공재 중 비순수공공재가 존재하는데 비경합성과 배제성을 가진 경우에만 해당한다.

| 해설 | 태풍 경보 사이렌은 마을 사람들이 모두 들을 수 있고, 배제할 수도 없기 때문에 공공재라고 할 수 있다. 공공재의 구분 기준은 비경합성과 비배제성의 유무다. 공공재는 무임승차 문제가 발생한다. 이는 공공재의 비배제성으로 인해 발생하는데, 개인이 공급된 공공재를 이용하되 가능하면 공공재의 생산비는 부담하지 않으려는 행동이다. 비순수공공재는 비경합성과 비배제성 중 어느 하나가 제대로 충족되지 않는 경우에 해당한다.

[정답] ①

정보의 비대칭과 역선택

여전히 주식시장과 코인 시장이 뜨겁습니다. 다들 정보를 얻기 위한 치열한 전쟁을 치르고 있습니다. 정보는 경제학에서 시장 실패를 이야기할 때 가장 많이 거론되는 것 중의 하나죠. 바로 정보의 비대칭성입니다. 정보의 비대칭성은 1970년에 발표한 조지 애컬로프 교수의 박사 논문 〈레몬 시장〉에서 출발했습니다. 정보의 비대칭성에는 두 가지의 속성이 있습니다.

우선 재화는 두 가지의 기준으로 구분합니다. 애컬로프 교수의 논문은 중고차 시장의 정보의 비대칭성에 대한 논문이었습니다. 그중에서도 역선택에 대한 것이었지요.

중고차 시장에 두 종류의 차가 있다고 가정해 봅시다. '레몬'이라는 중고차는 품질이 나쁘고, '복숭아'라는 중고차는 품질이 좋습니다. 구매자는 최소 1,500만 원에서 4,000만 원까지 지불용의가 있습니다. 판매자는 레몬 중고차를 2,000만 원에 복숭아 중고차는 5,000만 원에 팔려고 한다고 생각해 봅시다. 만약 시장에 나온 중고차 중에서 레몬과 복숭아가 반반씩이라면, 거래되는 중고차가 레몬인지 복숭아인지 모르는 상태라면 어떨까요? 보통 구매자는 본인이 생각하는 최고가와 최저가 사이의 평균가를 기준으로 잡을 것입니다(대략 2,500만 원에서 3,000만 원 사이). 만약 자신이 팔려는 차가 복숭아라는 것을 아는 판매자는 판매 가격이 5,000만 원이니 구매자의 평균가 가격에 거래할 의사가 없을 겁니다. 따라서 이 가격에는 복숭아 차량은 철수하고 당연히 레몬들만 실제 시장에 나오겠죠. 구매자들은 복숭아 중고차를 사기 위해 나오지만 실제로는 레몬 중고차를 선택하는 '역선택'이 생깁니다.

조지 애컬로프 교수는 해당 논문을 발표했지만, 관련 학술지들은 너무 사소하다는 이유로 게재하지 않았습니다. 한 편집자는 '당신의 주장이 사실이라면 경제학이 바뀌어야 할 것'이라고 핀잔을 주기도 했다고 합니다. 하지만 해당 논문이 발표되고 난 뒤에 정보 비대칭성, 정보경제학에 대한 논문이 많이 나왔습니다. 애컬로프 교수는 해당 논문으로 2001년 노벨 경제학상을 받았습니다. 그때 공동 수상자로 마이클 스펜스, 조지프 스티글리츠가 선정됐습니다. 스펜스와 스티글리츠는 정보의 불균형 해소 방안을 제시하는 논문으로 받은 것이죠. 2001년 노벨 경제학상 수상은 문제 제기와 해법이 동시에 수상한 셈입니다.

다른 사례로는 보험시장과 노동시장이 있습니다. 이 두 시장에서 중요한 것은 '자신의 상황은 본인이 가장 많은 정보를 가지고 있다'입니다.

보험시장도 중고차 시장과 마찬가지입니다. 본인의 건강은 본인이 가장 잘 압니다. 보험 가입으로 혜택을 기대하는 사람들은 많고(레몬)

보험사는 잠재 고객의 건강 상태를 알지 못하므로(정보의 비대칭) 보험료를 높게 책정하게 됩니다. 그렇게 되면 정작 보험사가 환영하는 건강한 신규 고객(보험금을 청구할 일이 없는 건강한 사람들, 즉 복숭아)들은 보험 가입을 피하게 되어 보험사로서는 비용이 올라가는 문제가 생기죠.

노동시장도 그렇습니다. 본인의 능력은 본인이 가장 잘 알죠. 본인의 능력보다 더 많은 연봉을 받기를 원합니다. 기업은 노동자들의 능력을 잘 모릅니다. 하지만 만약 임금을 낮게 책정하면 능력 있는 노동자들은 다른 기업으로 떠날 겁니다. 그래서 기업 입장에서는 유능한 노동자를 잡기 위해 시장의 평균 연봉보다 높은 연봉을 제시해야 합니다. 하지만 유능한 노동자를 잡을 수 있을까요? 이처럼 역선택 때문에 '보이지 않는 손'이 제 능력을 발휘하지 못하므로 정보의 비대칭성이 시장 실패의 사례로 거론되는 것입니다.

참고로 중고차 시장을 왜 레몬 시장이라 할까요? 일반적으로 레몬은 밝은색, 모양과는 달리 맛이 쓰다는 점에서 비롯되어, 미국인들이 중고차 시장을 '레몬 마켓'이라 하는 것에서 유래했다는 이야기가 있습니다. 반대의 의미로 맛있는 복숭아를 뜻하는 고품질의 시장은 '피치 마켓'이라고 하죠. 다른 이야기로는 풍뎅이 모양의 자동차인 폭스바겐의 비틀 차량 가운데 유독 1965년에 생산된 레몬 색깔 차량에서 잦은 고장이 발생해 중고차 시장으로 많이 유입되었는데, 이때부터 미국인들에게 레몬은 결함 있는 중고차를 지칭하는 은어로 사용되기 시작했다는 이야기도 있습니다.

【문제】 다음 사례에서 갑의 선택과 A국 중고차 시장 변화에 대한 추론이 옳은 것은? (단 제시된 상황 외의 조건은 일정하다.)

> A국에 거주하는 갑은 최근 중고차를 사려고 한다. A국의 중고차 시장에는 2,000만 원 가치의 좋은 차 100대와 1,000만 원 가치의 나쁜 차 100대가 있다. A국의 중고차 구매자는 어떤 차가 좋은 차인지 구별해 낼 수 없고, 좋은 차와 나쁜 차가 반반씩 있다는 것만 알고 있다.

① 갑은 1,500만 원 이상의 가격을 제시하지 않을 것이다.

② A국 중고차 시장과 같은 상황은 도덕적 해이의 경우다.

③ 중고차 판매자는 1,500만 원 이하에는 판매하려고 하지 않을 것이다.

④ 시간이 지나면 A국 구매자들은 좋은 차와 나쁜 차를 구별할 수 있을 것이다.

⑤ 시간이 지나면 A국 중고차 시장의 가격은 1,500만 원 수준으로 일정해질 것이다.

| 해설 | 제시문의 상황은 레몬 시장이다. 판매자는 중고차의 성능을 알고 있지만 구매자는 어떤 중고차가 좋은 차인지 구별해 낼 수 없는 역선택의 정보 비대칭적인 상황이다. 구매자의 예상 기대치는 (1/2×2,000만 원)+(1/2×1,000만 원)=1,500만 원이므로 구매자는 1,500만 원 이상의 가격을 제시하려 하지 않을 것이다. 그러면 판매자는 좋은 차를 팔지 않으므로 결국 시장에는 나쁜 차(레몬)만 존재하게 된다. 시간이 경과하면 사람들은 중고차 시장에는 나쁜 차만 나와 있다는 것을 알게 되고 중고차 시장의 자동차 가격은 1,000만 원 수준으로 내려가게 된다.

[정답] ①

자신의 건물에 일부러 불을 내는 사람이 있다?

얼마 전 LH 사태라고 하는 '도덕적 해이'에 대한 문제가 있었습니다. 정보를 이용해 투기를 한 것이 발단이었습니다.

1970년대 말 뉴욕을 비롯한 미국 대도시에서 고의적 방화로 보이는 수상한 화재가 연이어 발생했습니다. 이를 수사하던 경찰관들은 상당수의 화재에서 일정한 양식이 있는 것을 알게 되었습니다. 여러 건물을 소유한 특정 건물주에게 비정상적으로 많은 화재가 발생했다는 것이죠. 경찰은 화재가 빈번한 건물의 건물주들이 자신의 재산에 불을 붙이기 위해 직업 방화범을 고용하고 있다고 의심했습니다. 그렇다면 왜 방화를 했을까요?

화재를 낸 건물 대부분은 쇠퇴하는 지역에 있었습니다. 해당 지역은 범죄가 증가하고 가치가 하락하는 지역이었지요. 하지만 해당 건물들의 보험 계약서는 과거의 재산 가치를 보상하도록 작성되어 있었습니다. 따라서 해당 건물들은 화재 때문에 시장가격보다 높은 보상을 받을 수 있었던 것이었습니다.

1980년대에 들어서면서 방화는 줄게 됩니다. 이는 보험회사들이 피해 건물에 대해서 해주던 지나친 보상을 받기 어렵게 만들었기 때문입니다. 그리고 부동산 경기가 좋아져서 화재로 탄 건물보다 온전한 건물의 값이 더 나갔기 때문에 줄었던 것입니다. 사실 도덕적 해이는 미국에서 보험 가입자들의 부도덕한 행위를 가리키는 말로 사용되기 시작했습니다. 윤리적으로나 법적으로 자신이 해야 할 최선의 의무를 다하지 않은 행위를 나타내는데, 법 또는 제도적 허점을 이용하거나 자기 책임을 소홀히 하는 행동을 포괄하는 용어로 확대됐죠.

앞서 이야기한 것처럼 보험에서 도덕적 해이라는 개념이 시작됐습니다. 앞의 사례 외에도 다양하게 존재합니다. 예를 들면 어떤 사람이 스마트폰 파손보험에 가입한 상황을 생각해보세요. 스마트폰이 부서져도 완전히 보상받을 수 있다면 보험 가입자는 더는 스마트폰을 애지중지할 이유가 없어지죠. 결국, 스마트폰이 파손되는 빈도가 높아집니다. 보험사는 가입자가 스마트폰을 부주의하게 사용하는 것을 알지 못하고 있으며 파손될 때마다 보상금을 지급해줘야 하므로 손해를 입습니다. 감춰진 행동으로 가입자의 도덕적 해이가 발생한 것입니다.

자동차 운전 관련 보험도 마찬가지입니다. 운전자들은 사고가 날 때를 대비해 보험에 많이 듭니다. 보험에 들지 않았을 때 운전자들은 살얼음판을 걷듯이 조심조심 운전할 거예요. 운전을 잘못해 사람을 다치게 하면 많은 돈을 물어줘야 할 테니까요. 만약 보험에 들면 입장이 달라질 겁니다. 운전 잘못으로 다른 사람을 다치게 하더라도 보험회사에서 돈을 대신 물어주니 크게 신경 쓰지 않습니다.

기업에서는 '사용자(principal)-대리인(agent) 문제'가 있습니다. 대표적인 것이 전문 경영인 체제입니다. 주주에게 경영 권한을 위임받은 전문경영인이 자신의 이익을 우선하며 발생하는 문제죠. 2001년 미국 에너지 기업 '엔론의 파산'이 대표적인 예입니다. 한때 〈포춘〉지가 선정한 '일하기 좋은 100대 기업' 중 1위에 오르고, 6년 연속으로 '미국에서 가장 혁신적인 기업'으로 인정받았다는 위상은 모두 분식회계 비리로 쌓은 허상이었습니다. 국내에서는 2004년 대한전선의 경영진 문제와 2014년 대우조선해양 분식회계 문제가 있습니다.

● TESAT 문제로 알아보는 쏙쏙! 개념 잡기

【문제】다음 중 도덕적 해이를 설명하는 예로 옳지 <u>않은</u> 것은?

① 정해진 급여를 지급하는 경우 일부 직원들이 태만하게 근무한다.

② 화재보험에 가입한 보험 가입자는 가입 이전보다 화재 방지 노력을 게을리한다.

③ 에어백을 설치한 자동차의 운전자는 설치 이전보다 부주의하게 운전한다.

④ 보험시장에서 평균 보험료를 제시하면 사고를 낼 확률이 높은 사람이 가입한다.

⑤ 팀별 발표의 경우, 팀의 구성원 중 일부는 발표 준비를 게을리한다.

| 해설 | 도덕적 해이란 감추어진 행동의 상황에서 어떤 계약이나 거래가 이루어진 이후 정보를 가진 측이 바람직하지 못한 행동을 하는 현상을 뜻한다. 감추어진 행동이란 거래(계약) 이후

에 거래 당사자 중 한쪽의 행동을 상대방이 관찰할 수 없는 상황이다. 팀 구성원이 발표 준비를 게을리하는 것, 에어백 설치 이후 운전자의 운전 부주의가 증가하는 것, 화재보험 가입 후 보험 가입자가 화재 방지 노력을 게을리하는 것, 급여를 지급하였지만 직원들이 근무를 태만하게 하는 경우 모두 도덕적 해이의 예다.

[정답] ④

【문제】다음 지문에서 말하는 사용자-대리인 관계에 해당하지 <u>않는</u> 것은?

> 어떤 일을 사용자가 직접 수행하기에는 능력이나 시간이 없어 대리인을 고용해 그에게 일 처리를 맡기는 경우가 종종 있다. 이때 일을 맡기는 사람을 사용자, 그리고 일 처리를 부탁받은 사람을 대리인이라고 부르는데, 이 둘 사이에는 도덕적 해이 문제가 생기기 쉽다.

① 학생과 교사   ② 가수와 매니저

③ 국민과 국회의원   ④ 주주와 전문경영인

⑤ 소송 의뢰인과 변호사

| 해설 | 사용자-대리인 관계에서 도덕적 해이 문제는 정보의 비대칭 때문에 발생한다. 대리인과 사용자가 가진 정보에 차이가 있기 때문이다. 사용자가 대리인의 행동을 관찰할 수 없고 통제가 불가능하기 때문에 대리인이 사용자의 입장에서 보면 바람직하지 못한 행동을 하는 것이다. 대표적 예로는 주주와 경영자, 국민과 정치인, 사장과 종업원 등이다. 이 문제의 해결책으로는 대리인의 감시 · 감독 강화 및 인센티브(스톡옵션, 성과급) 지급이 자주 거론된다.

[정답] ①

정보의 비대칭성과 연애의 상관관계

사실 정보의 비대칭이라고 하면 먼 나라 이야기 같지만, 우리 삶의 많은 부분이기도 합니다. 제일 간단하게 이야기하자면 바로 연애입니다. 연애는 정보의 비대칭성을 가장 극명하게 보여줍니다.

남자와 여자, 서로의 정보는 많지 않습니다. 본인의 정보는 본인이 잘 알죠. 그래서 연애에서 서로 탐색하는 탐색전을 펼칩니다. 바로 정보의 비대칭성을 줄이기 위한 것이죠. 우선 상대방의 마음에 들기 위해 선물을 줍니다. 어떤 선물을 주는 것이 좋을까요? 여기서 선물이 하나의 신호가 됩니다. 돈이 많다는 것을 보여주기 위한 신호로 비싼 선물을 주기도 하죠. 심지어 돈이 많다는 것을 보여주기 위해 현찰을 주기도 합니다. 아니면 이성을 깊이 생각한다는 차원에서 오랫동안 관찰해서 필요한 것을 적절한 시기에 주기도 합니다. 나름 이성을 위해 노력했다는 표시를 위해 시간과 노력이 필요한 선물을 주기도 합니다. 바로 이것이 정보의 비대칭성을 해결하기 위한 방법의 하나인 '신호 보내기'입니다.

신호는 특정 시장에서 공급자가 수요자보다 많은 정보를 가지는 '비대칭적 정보' 구조에서 공급자가 수요자에게 상품 정보를 전달하고자 하는 노력을 말합니다. 신호 보내기는 마이클 스펜스 교수가 1973년에 쓴 박사 논문 〈구직 시장 신호(Job Market Signaling)〉에서 나 왔습니다. 그의 논문에서는 취업을 준비하는 많은 사람이 취업에 성 공하기 위해 학력을 취득함으로써 고용주에게 자신의 능력에 대한 신 호를 보낸다는 것입니다. 대학원 학위, 해외 유학 학위, 자격증 정보 등을 추가하려는 구직자들의 노력 또한 여기에 속합니다.

신호 보내기는 다양한 곳에서 쓰입니다. 예를 들자면 어느 골목의 원조 논쟁도 그렇습니다. 그 골목의 원조집이 가장 맛있는 집이라는 인식의 신호를 보내는 것입니다. 기업 광고도 마찬가지입니다. 여러 기업은 구체적인 상품 정보를 보여주지 않는 비싼 광고를 제작함으로 써 오히려 우월한 상품임을 과시하기도 하죠. 나이키의 '불가능은 없 다(Nothing is impossible)' 광고가 이런 유형에 해당합니다. 브랜드 자체 가 신호가 되기도 합니다. '어떤 브랜드는 서비스가 믿을 만하다'라는 인식을 하게 만드는 것이죠. 역선택의 하나였던 중고차 시장에서도 신호 보내기가 있습니다. 판매자들이 품질보증서를 제시하거나, 불량 시 환불을 보증한다는 신호를 보내는 방법이 있습니다.

보통 연애를 할 때 '나, 이 사람과 연애해도 괜찮을까?' 혹은 '이 사람 과 결혼해서 잘 살 수 있을 것인가?'에 대해 생각을 많이 합니다. 그래 서 상대방의 다양한 정보를 얻으려고 하죠. 예를 들자면 상대방의 단 점을 알기 위해 여러 가지 상황에 따른 대처 등을 지켜보기도 하죠. 상대방의 친구들이나 지인들에게 평판을 묻기도 합니다. 성격이 안 맞는지 확인하기 위해 다양한 관찰을 시도합니다. 결혼할 때 건강에 대한 정보를 요구하기도 합니다. 금전적으로 문제가 없는지 신용도를 확인하기도 하죠. 심지어 관상이나 사주가 동원되기도 합니다. 이것을 바로 '걸러내기', 즉 정보가 부족한 쪽이 상대방의 사적 정보를 얻어내기 위해 취하는 행동을 말합니다.

앞서 이야기한 신호 보내기는 자신의 정보를 상대방에게 알리기 위한 노력입니다. 다시 말하면 정보를 가진 쪽이 정보가 없는 쪽에게 어필하는 것이죠. 걸러내기는 정보가 없는 쪽이 상대방을 탐색하는 방법입니다. 걸러내기는 조지프 스티글리츠 교수가 발표한 것입니다. 예를 들면 보험회사의 경우 상대방의 건강 정보를 알 수 없어서 다양한 선택권을 줍니다. 그 선택권에 따라서 몸이 곧 아파질 것 같은 사람(본인의 몸에 대한 정보는 본인이 가장 잘 압니다)의 경우 혜택이 많으면서 비싼 보험을 선호합니다. 미국도 민영 의료보험 서비스를 제공하는 의료보험 회사들은 가입 의사를 가진 고객들에게 건강검진표를 먼저 제출하도록 합니다. 이를 통해 가입 허용 여부를 결정하고 보험료를 책정할 수 있는 옵션을 행사하기도 하죠. 금융회사에서도 마찬가지입니다. 대출이 필요한 사람이 과연 잘 갚을 수 있을지에 대한 정보가 없습니다. 그래서 대출 시에 신용 조회를 요구하죠. 취업 시장에서 입사 시험과 면접도 걸러내기입니다. 중고차 거래 시장에서 구매자가 먼저 판매자에게 차량의 보험 수리 이력 정보를 요청하거나, 품질보증을 요구하는 것도 걸러내기의 일종입니다.

2001년 노벨 경제학상에서는 앞서 이야기한 조지 애컬로프, 마이클 스펜스, 조지프 스티글리츠 세 사람이 공동 수상을 했습니다. 정보의 비대칭성과 그 해법을 제시한 공로였죠. 이를 계기로 세계 경제학계에는 '정보경제학'의 바람이 불었습니다. 정보의 비대칭성은 고전 경제학에서 왜 시장이 실패하는지 밝히는 중요한 지점입니다. 여기서 도 논쟁은 많습니다.

정보의 비대칭성을 해결하기 위해 정부가 개입을 해야 할 것인가 하는 문제도 생깁니다. 왜냐하면, 정부도 마찬가지로 시장에 대한 정 보가 없을 경우가 많거든요.

● TESAT 문제로 알아보는 쏙쏙! 개념 잡기

【문제】 다음 자료가 서술하고 있는 경제 상황에 대한 설명으로 옳지 <u>않은</u> 것은?

> 한약재 시장에 국산과 중국산일 확률이 각 50%이며, 국산 한약재의 가 치는 1,000만 원, 중국산 한약재의 가치는 200만 원이다. 한약재 구매자 는 국산과 중국산을 식별할 능력이 없다.

① 비대칭 정보로 인한 문제가 발생한다.

② 신호 보내기를 통해 문제를 완화할 수 있다.

③ 역선택 문제로 한약재 시장에서 시장 실패가 발생한다.

④ 구매자는 한약재에 200만 원 이상을 지불할 의향이 없다.

⑤ 장기적으로 한약재 시장에는 레몬 상품이 지배적으로 많을 것이다.

| 해설 | 자료는 한약재 시장에서의 역선택 상황을 서술하고 있다. 국산과 중국산의 구성 비율 이 각 50%이므로 한약재에 대한 기대 가치는 600만 원이다. 국산과 중국산을 식별할 수 없는 구매자는 한약재 구입에 이 가격 이상을 지불할 의향이 없다.

[정답] ④

【문제】다음 지문에서 밑줄 친 기관과 성격이 다른 기관을 고르면?

> S&P는 터키의 신용등급을 'BB-'에서 'B+'로 한 단계 내렸다고 발표했
> 다. 터키 국채는 이미 투기 등급(정크)이지만 한 단계 더 아래로 끌어내
> 린 것이다. S&P는 "리라화 가치 급락이 터키의 대외 부채를 확대하고 민
> 간기업에 대한 압력을 키워 경제 전반에 부정적인 영향을 미칠 것"이라
> 고 등급 강등 이유를 밝혔다.

① NICE   ② 피치   ③ 무디스

④ 골드만삭스   ⑤ 한국기업평가

| 해설 | S&P는 스탠더드앤드푸어스라 불리며 무디스, 피치 등과 함께 세계 3대 신용평가기관
으로 불리는 미국의 신용평가사다. 신용평가는 증권이나 채권을 발행하는 국가·기업·금융기
관 등의 재무 상황, 경제적 환경 등 정치·경제적 요소들을 고려해 발행 주체의 신인도를 등급
으로 나타내는 것을 말한다. 신용평가는 기본적으로 투자자와 금융상품 발행 주체 간의 정보 비
대칭성을 완화한다는 의의를 갖는다. 이때 신용평가를 수행하는 기관을 신용평가사라고 한다.
무디스, 피치, S&P, NICE, 한국기업평가는 신용평가사다.

[정답] ④

ESG와 외부효과

2021년 4월 22일 미국은 40개국 정상을 초청해 화상으로 기후정상 회의를 개최했습니다. 이날 회의에서는 탄소가격제 추진, 배출권거래제 확대 등의 정책도 제시했죠. 최근 ESG(기업의 환경·사회·지배구조 등 비재무적 활동을 뜻하는 말) 역시 화두입니다. 경제와 환경을 이야기할 때마다 등장하는 단어가 있습니다. 바로 '외부효과'입니다.

미시경제학에서는 보통 생산자와 소비자 또는 경제주체 간의 거래 등으로 한정되어 있습니다. 여기서 배제된 부분이 바로 거래에 참여하지 않는 제3자입니다. 생산에서 생기는 여러 가지 영향들이 제3자에게 영향을 미칠 때 이를 바로 외부효과라고 합니다. 이런 외부효과 때문에 발생하는 비용이나 편익이 가격 체계에 반영되지 않아 자원 배분의 비효율성을 초래합니다.

외부효과에는 두 가지가 있습니다. 어떤 경제주체의 행위가 제3자에게 편익을 제공할 때 이를 '긍정적 외부효과(외부경제)'라고 합니다. 이와 달리 제3자에게 손해를 끼칠 때 '부정적 외부효과(외부불경제)'라고 합니다. 물론 조건이 있습니다. '어떤 행위도 제3자에 대한 의도가 전혀 없어야 한다'는 것입니다.

긍정적 외부효과로는 과수원과 양봉업자의 관계가 있습니다. 사과를 재배하는 과수원 주인이 사과나무를 더 많이 심으면 사과꽃이 더 많이 피어 이웃에서 꿀벌을 치는 양봉업자의 꿀 수확이 늘어납니다. 그러나 양봉업자는 과수원 주인에게 이에 대한 금전적 보상을 제공하지 않습니다. 심지어 양봉업자는 과수원 주인이 과수원을 더 늘려주길 바랄 수 있습니다. 물론 양봉업자만 이익일까요? 양봉업자가 날린 벌은 과수원의 꽃들을 오가며 꿀을 따고 꽃가루를 날라 과일의 열매를 더 잘 맺게 할 수 있습니다. 과수원 주인도 이익인 셈이죠. 이는 1952년 제임스 미드가 소개한 긍정적 외부효과의 사례입니다.

이외에도 정원을 가꾸어 많은 사람에게 즐거움을 주는 것이나 신기술 개발 같은 것도 긍정적 외부효과 사례라고 볼 수 있습니다.

최근 코로나19로 인해 힘드시죠? 마스크를 쓰는 행위도 긍정적 외부효과로 볼 수 있습니다. 예방접종 역시 긍정적 외부효과의 사례입니다. 예방접종이 사회 전반의 전염병 전파 확률을 낮추는 것이기 때문이죠.

부정적 외부효과의 대표적 사례는 바로 앞서 이야기한 환경 문제입니다. 공장에서 발생하는 환경 오염은 공장뿐만 아니라 인근 주택에도 공해를 일으킵니다. 만약 공장이 환경정화장치를 설치한다면 그 자신뿐만 아니라 주택의 공해를 줄일 수 있습니다. 하지만 공장은 생산 외의 제3자의 편익이나 비용을 생각하지 않습니다. 그래서 환경 오염이라는 외부효과가 발생합니다.

우리 주변에도 부정적 외부효과가 많습니다. 흡연이나 층간 소음도 마찬가지입니다. 교통에서도 부정적 외부효과가 일어납니다. 자동차는 많은 사람에게 편의성을 제공합니다. 하지만 도로는 한정되어 있습니다. 이 때문에 교통체증이 유발됩니다. 매연도 발생하겠죠. 이 둘은 거래비용이 생기는 경제 영역 밖에서 일어나는 부정적 외부효과입니다. 미세먼지로 고생이시죠? 바로 이 미세먼지도 부정적 외부효과입니다.

보통 부정적 외부효과는 공유자원에서 많이 나타납니다. 공유자원은 배제성이 없으나 경합성이 있는 재화이기 때문이죠. 내가 얼른 소비하지 않으면 타인들이 먼저 소비해 버릴지 모르기 때문에 빨리 내가 먼저 소비해야 할 유인이 강합니다. 내가 소비하게 되면 다른 사람은 그만큼 소비하지 못하게 됩니다. 부정적 외부효과죠.

● TESAT 문제로 알아보는 쏙쏙! 개념 잡기

【문제】 외부효과가 발생한 결과로 옳지 **않은** 것은?

① 과수원 근처에 양봉업자가 이주해옴으로써 사과 수확량이 증가했다.

② 긍정적인 의미의 외부성이 존재한다는 것은 사회적 편익이 사적 편익보다 크다는 것을 의미한다.

③ 사회적비용이 사적비용보다 큰 경우 이 기업의 균형생산량은 최적생산량보다 많은 상태다.

④ 강 상류에서 돼지 사육으로 발생한 축산 폐수를 방류한 결과 하류의 어획량이 감소했다.

⑤ 기업이 생산과정에서 제3자에게 끼친 손해를 전액 보상하더라도 생

산 측면에서 외부효과는 여전히 존재한다.

| 해설 | 외부효과란 어떤 한 경제주체의 소비나 생산 혹은 분배 등의 경제활동으로 인해 시장의 테두리 밖에서 일어나는 즉, 시장 교환 과정에 참여하지 않은 제3자에게 의도하지 않게 끼치게 되는 유리한 혹은 불리한 효과를 말한다. 기업이 제3자에게 끼친 손해를 전액 보상했다고 하면 외부성을 내부화했다는 것을 의미하기 때문에 외부효과는 전부 해결됐다고 본다.

[정답] ⑤

【문제】 전염병에 걸린 사람은 주변 사람에게 병을 옮길 수 있는 부정적인 영향을 미치지만, 일반적으로 주변 사람들에게 그에 대한 대가를 지불하지는 않는다. 다음 중 이와 경제학적 의미가 가까운 현상은?

① 자동차의 배기가스가 대기를 오염시킨다.

② 스마트폰의 등장으로 관련 산업이 급성장하였다.

③ 한여름 해수욕장의 파라솔 가격은 평소보다 비싸다.

④ 민간기업이 탁 트인 공원에서 불꽃놀이를 개최한다.

⑤ 국제 유가가 하락해도 국내 휘발유 가격은 변함없다.

| 해설 | 외부효과란 한 사람의 행위가 제3자의 경제적 후생에 영향을 미치지만 그에 대한 보상은 이뤄지지 않는 현상을 뜻한다. 외부효과는 제3자의 경제적 후생을 낮추는 부정적 외부효과(외부불경제)와 제3자의 경제적 후생을 높이는 긍정적 외부효과(외부경제)가 있다. 환경을 오염시키는 행위는 부정적 외부효과, 신기술 개발은 긍정적 외부효과의 한 사례로 볼 수 있다. 문제에서 전염병에 걸린 사람이 주변 사람들에게 병을 옮기는 부정적인 영향을 미치는 사건은 제3자의 경제적 후생을 낮춘다. 이는 부정적 외부효과의 사례다. 자동차의 배기가스가 환경을 오염시키는 것 또한 부정적 외부효과다.

[정답] ①

외부효과와 코즈의 정리

어떤 경제적 행위가 다른 사람에게 긍정적 효과를 줄 수도 있지만, 부정적인 영향도 줄 수 있다는 것이 외부효과입니다. 환경 문제라던가 층간 소음 문제는 외부효과의 대표적 사례죠.

그렇다면 외부효과에 대한 해결책은 무엇이 있을까요?

어떤 문제가 생겼을 때 해결하는 방법은 두 가지가 있습니다. 공적 영역과 사적 영역입니다. 우선 공적 영역은 정부 정책이나 법의 테두리 안에서 해결하는 방법입니다. 사적 영역은 개인 간의 거래에서 해결할 수 있습니다.

금지를 통한 직접 규제

정부가 나서서 외부효과를 발생시키는 특정 행위를 의무화하거나 금지할 수 있습니다. 독성이 있는 화학물질을 상수원에서 버리는 것은 범죄로 규정되어 있는 것처럼 말이죠. 위험한 물질일 경우에는 쉽게 금지할 수 있지만, 대부분의 오염 문제는 간단하지 않습니다. 모든 오염물질을 다 금지할 수는 없죠.

층간 소음도 외부효과의 사례지.

피구세

피구세는 20세기 초 영국의 대표적인 경제학자인 아서 피구가 제안했습니다. 환경 오염에 대해 금지보다는 세금을 통해 대가를 치르자는 것이지요. 환경 오염을 유발하는 환경재에 인위적으로 적정한 가격을 설정하여 환경재의 남용을 막자는 의미입니다. 물론 적정한 가격을 책정하는 것에 어려움이 있습니다. 환경 오염 때문인 한계 편익과 한계 비용을 계산하기가 어렵기 때문이죠.

예를 들어 휘발유에 대한 세금을 생각해 봅시다. 우린 늘 주유소에만 가면 불만입니다. '유가는 떨어지는데 왜 기름값은 이렇게 높은 거야?' 하는 생각을 합니다. 휘발유에 붙는 세금은 부정적 외부효과에 붙는 세금으로 볼 수 있습니다. 어떤 부정적 외부효과요? 교통 혼잡, 교통사고, 환경 오염 등의 외부효과입니다. 그런데 이런 외부효과에 대한 편익과 비용을 계산할 수 있을까요?

배출권 거래제도

환경 오염이 외부효과라면 이를 오염물질 배출권이라는 희소자원으로 만들어 시장에서 거래하게 하는 것입니다. 이것을 외부효과의 내재화라고 합니다. 오염물질을 효과적으로 감축할 수 있는 기술이나 비용이 낮은 기업은 오염물질 배출권을 팔려고 합니다. 오염물질 감축 비용이 높은 기업은 오염물질 배출권을 사는 것이 더 경제적이라 생각할 겁니다. 따라서 시장에서 오염물질 배출권이 자유롭게 거래되기만 한다면 앞서 이야기한 피구세의 단점을 보완할 수 있습니다. 오염물질을 배출하는 행위의 기회비용이 오염물질 배출권 가격이기 때문입니다. 이런 거래를 통해 효율적인 자원 배분이 이루어질 겁니다.

코즈의 정리

"외부효과의 원인 제공자와 피해자가 소수이고 거래비용이 없다면
재산권을 누구에게 부여하든지 관계없이 당사자들의 협상에 의해
효율적인 자원 배분이 달성된다."

-로널드 코즈

'코즈의 정리'는 로널드 코즈가 만든 경제학 이론입니다. 우선 코즈는

외부효과의 상호성에 대해 말합니다. 외부효과가 서로에게 영향을 끼친다는 것이죠. 여기서 재산권이 부여된다면 서로 협의를 통해 해결할 수 있다는 것입니다.

예를 들면서 생각해 보겠습니다. 철수와 영희가 1층과 2층에 산다고 가정합니다. 영희는 피아노를 잘 칩니다. 다만 밤에 연주하는 것으로 인해 층간 소음이 발생합니다. 철수는 참다못해 위층 영희를 찾아가 조용히 지낼 수 있는 권리가 있다고 이야기합니다. 여기서 영희는 자신도 피아노를 칠 수 있는 권리가 있다고 반박합니다. 해결이 가능할까요? 코즈는 여기서 재산권을 부여합니다.

영희는 피아노를 치는 데 100만 원 정도의 즐거움을 가지고 철수는 조용히 지내는 데 200만 원 정도의 비용을 가집니다. 철수가 영희에게 150만 원을 주고 피아노 연주를 그만해 달라고 부탁하면 철수는 비용보다는 적게 돈을 지급하고 조용히 지낼 수 있는 권리를 찾을 수 있습니다. 영희는 피아노 칠 때 즐거움 100만 원보다 50만 원을 더 받아서 기분이 좋으니 둘 다 만족하여 협상이 완료되는 것입니다. 만약 영희의 즐거움이 300만 원이라면? 철수가 150만 원을 준다고 해도 중단할 이유가 없습니다. 철수가 가지는 비용보다 영희의 즐거움의 가치가 훨씬 크기 때문이죠.

과연 이런 협상이 현실적으로 가능할까요? 코즈의 정리에서 중요한 것이 있습니다. 바로 거래비용입니다. 코즈의 정리가 이루어지려면 거래비용이 없어야 한다고 정의를 내렸습니다. 철수와 영희 사이의 거래에서 과연 거래비용이 없을까요? 현실적으로 둘은 서로 돈을 더 받기 위해 법적 소송을 시작할 겁니다. 이 소송비용이 거래비용입니다. 문제를 해결하기 위해 만나서 해결을 위한 대화를 나누는 시간도 거래비용입니다. 길어지면 길어질수록 비용이 늘어납니다. 그리고 문제가 하나 더 있습니다. 누구의 재산권을 더 인정해 줄 것이냐는 문제입니다. 만약 정부나 법원에서 철수의 '조용히 지낼 수 있는 권리 또는 인권'을 재산권으로 보장할 것이냐, 영희의 '피아노를 칠 수 있는 권리'를 인정해 줄 것이냐에 따라 협상이 달라질 겁니다. 정부의 재산권 인정이 큰 힘을 발휘하는 것이죠.

외부효과를 해결하는 방법은 정부만 해결하는 것이 아닌 시장을 존중하면서 정부가 개입하는 방법이 효율적이라는 것이죠.

● **TESAT 문제로 알아보는 쏙쏙! 개념 잡기**

【문제】 경쟁시장에 있는 A기업은 철판을 생산하면서 부득이하게 환경을 오염시키고 있다. 이 회사의 환경 오염을 막으려면 정부는 어떻게 해야 할까?

① 한계 사적비용에 해당하는 만큼의 세금을 부과한다.

② 한계 사적비용에 해당하는 만큼의 보조금을 지급한다.

③ 시장의 자율기능에 맡기고 정부는 개입하지 않는다.

④ 한계 사회적비용과 사적비용의 차이에 해당하는 만큼의 보조금을 지급한다.

⑤ 한계 사회적비용과 사적비용의 차이에 해당하는 만큼의 세금을 부과한다.

| 해설 | 기업의 생산활동 중에 발생하는 공해는 대표적인 외부불경제로 꼽힌다. 외부불경제는 한 사람의 행동이 다른 사람에게 의도하지 않은 손해를 끼치는 것을 뜻한다. 각 기업은 이윤을 최대화할 수 있는 만큼의 제품을 생산하지만, 이 과정에서 발생하는 오염물질에 대해서는 따로 대가를 치르지 않는다. 오염물질로 인한 공해 피해는 사회 전체가 입는다. 이는 개인이나 기업이 인식하는 비용과 사회적 관점에서 보는 비용이 서로 상이하기 때문에 발생한다. A기업이 인식하는 생산활동의 한계 사적비용보다 사회 전체의 관점에서 본 한계 사회적비용이 크기 때문에 사회적으로 바람직한 수준보다 더 많은 오염물질이 생산되는 것이다. 경제학자 아서 피구는 이를 해결하기 위해 별도의 세금을 부과해 한계 사적비용을 한계 사회적비용과 같게 만드는 방법을 제안했다. 이는 정부가 오염물질 방출량 자체를 통제하는 것보다 경제적으로 효율적인 결과를 이끌어 낼 수 있어 상대적으로 사회적비용이 적게 든다는 장점이 있다.

[정답] ⑤

【문제】 생산과정에서 오염물질을 방출하는 기업에게 조세를 부과하려 한다. 이와 관련한 설명으로 옳지 않은 것은?

① 정부가 조세를 부과하여 비효율을 시정할 때, 해당 조세수입으로 반드시 오염물질의 방출로 인한 피해자에게 금전적 보상을 해야만 효율성이 증진된다.

② 조세부과를 통한 현재의 산출량을 감소시키는 것이 목적이며 생산량을 영(0)으로 만드는 정책은 효율적인 것은 아니다.

③ 조세부과 이후 재화의 가격이 사회적 한계비용과 일치하면 효율적 배분에 기여한다.

④ 오염 방출 기업이 오염 방출을 무료로 하고 있어 비효율적 자원의 배분이 이루어지고 있다.

⑤ 오염물질 배출권의 거래를 통해서도 조세부과와 동일한 효과를 얻을 수 있다.

| 해설 | 정부가 조세를 부과하는 경우에 조세의 실질적인 귀착이 문제이지, 형식적인 귀착은 문제가 되지 않는다.

[정답] ①

소득 불평등의 측정법

기본소득에 관한 논쟁이 많습니다. 기본소득을 논하자면 우리는 우선 소득의 불평등 수준에 관해 이야기해야 합니다.

우선 소득의 불평등 수준을 측정하는 방법에는 여러 가지가 있습니다. 그중에서 대표적인 것을 알아봅니다.

로렌츠 곡선

로렌츠 곡선은 1905년 미국의 통계학자인 로렌츠가 소득의 불평등 정도를 측정하기 위해 제안한 것입니다. 가로축에는 인구의 누적비율을, 세로축에는 소득의 누적점유율을 놓고 이들의 관계를 그림으로 표시한 곡선입니다. 만약 모든 사람의 소득이 일정하다면(평등하다면)

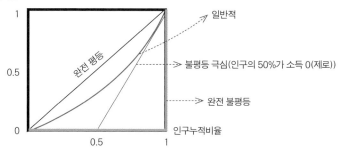

Y=X 그래프처럼 직선이 됩니다. 일반적인 로렌츠 '곡선'은 곡선이죠.

한 사람이 부를 다 가지고 있는 완전 불평등일 경우 그래프에서 완전 불평등으로 표시된 선처럼 됩니다. 전 국민의 50%가 소득이 없는 경우는 불평등 극심으로 표시된 선과 같은 로렌츠 곡선이 되죠. 이런 극단적인 경우는 현실에 없습니다. 그래프에서 '일반적'으로 표시된 곡선이 대다수입니다.

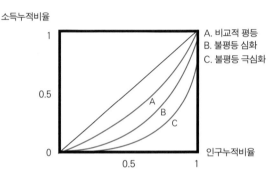

그림에서 보시면 로렌츠 곡선 A는 비교적 평등한 상태입니다. C로 갈수록 불평등이 커집니다. 로렌츠 곡선은 소득불평등 정도에 대해 직관적으로 볼 수 있지만, 정량적으로 표시할 수 없다는 단점이 있습니다.

지니계수

지니계수란 국민의 빈부격차를 측정할 수 있는 지표로 이탈리아의 통계학자인 코라도 지니가 1912년 만들어냈습니다. 정량적으로 표시할 수 없는 로렌츠 곡선의 단점을 보완한 것입니다. 로렌츠 곡선에서 면적으로 계산하는 것이지요.

로렌츠 곡선의 삼각형을 기준으로 불평등한 부분의 면적의 크기로 나눠서 비율을 구하는 것입니다(쉽게 말하자면 몸 전체에서 얼굴의 비율을 구하는 것이죠. 얼굴 크기 20cm, 키 180cm 면 0.1 정도).

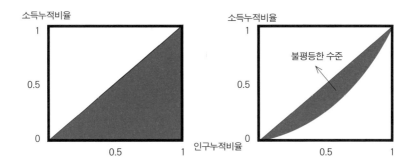

지니계수는 0에서 1까지 사이의 수를 씁니다. 평등할수록 0에 가깝고 완전 불평등은 1이 됩니다. 쉽게 이야기하자면 위의 그림에서 '불평등한 수준'이라고 하는 넓이의 크기가 커질수록 불평등이 커진다고 보면 됩니다. 한국은 2019년 OECD 데이터를 보시면 지니계수가 0.345입니다.

십분위분배율

한 나라의 모든 가구를 소득 크기에 따라 10등분 해 상위 20% 소득에 대한 하위 40% 계층의 소득비율을 나타낸 것입니다. 소득이 높은 9~10분위의 소득을 분모로, 소득이 낮은 1~4분위의 소득을 분자로 해 계산하는 것입니다. 따라서 소득이 완전히 평등한 나라라면 하위 40%가 받는 소득의 합은 전체 소득의 40%가 되고 상위 20% 계층이 받는 소득의 합은 전체 소득의 20%가 되므로 십분위분배율은 2가 됩니다. 극심한 불평등이라면 1~4분위 소득이 0이 된다고 가정했을 때 분자가 0이 되므로 십분위분배율이 0이 되겠죠. 이 십분위분배율의 단점은 중간 계층의 소득을 고려하지 않는다는 것입니다.

저는 가끔 스웨덴의 유명 뮤지션 아바의 노래를 즐겨 듣습니다. 아바는 1972년 데뷔해 10여 년간 활동하면서 무려 4억 장에 가까운 음반 판매량을 올린 전설적 혼성그룹입니다. 그들의 히트곡으로 영화와 뮤지컬 〈맘마미아〉를 만들기도 했죠. 맘마미아에서 메릴 스트리프가 바다가 보이는 곳을 뛰며 부르는 노래가 생각납니다. 바로 〈더 위너 테이크스 잇 올(The winner takes it all)〉입니다. 승자가 모든 걸 독식한다는 뜻이죠. 보통 불평등 사회를 극단적으로 말할 때 많이 쓰기도 합니다.

최근에는 코로나19로 인해 불평등이 커지고 있다는 소식을 자주 듣습니다. 하지만 소득불평등을 이야기하면서 불평등이 생기는 원인에 관해서 이야기하지 않고 승자 독식과 같은 것을 이야기하며 기본소득을 논의하는 것은 옳지 않습니다.

소득불평등. 소득은 어디서 오는 것일까요? 다른 사람에게서 얻는 것입니다. 물건을 팔거나 월급을 받거나 금융 소득을 얻는 등으로 말이죠. 네. 소득의 분배는 수요와 공급에 의해 결정됩니다. 이를 무시하고 소득을 분배한다는 것은 큰 문제를 일으킵니다.

【문제】소득분배에 대한 다음 설명 중 옳은 것은?

① 십분위분배율은 저소득층과 고소득층 간의 소득분배를 나타내는 지표이다.

② 소득분배가 평등할수록 로렌츠 곡선은 대각선에서 멀어진다.

③ 지니계수가 1이면 완전 평등하다.

④ 소득분배가 완전히 불평등하다면 지니계수는 0이 된다.

⑤ 십분위분배율과 지니계수 및 5분위분배율 모두 평등지표로서 값이 커질수록 평등하다.

| 해설 | 지니계수는 0과 1사이의 값을 가진다. 1에 가까울수록 불평등 정도가 높음을 의미한다. 이때 소득분배가 평등할수록 로렌츠 곡선은 대각선에 접근하게 된다. 십분위분배율은 한 나라의 모든 가구를 소득 크기에 따라 10등분 하여 최하위 40% 계층이 차지하는 소득점유율을 최상위 20% 계층이 차지하는 소득점유율로 나누어 계산한다. 십분위분배율은 0과 2 사이의 값을 가지며, 값이 클수록 소득분배가 평등하다는 것을 뜻한다. 이와 반대로 소득 5분위 배율이란 최상위 20%의 평균소득을 최하위 20%의 평균소득으로 나눈 값을 말한다. 소득분배가 완전 균등한 경우에는 소득 5분위 배율 값은 1이 되고, 소득 5분위 배율의 값이 클수록 소득분배의 불균등 정도는 커진다.

[정답] ①

【문제】다음은 소득분배를 측정하기 위해 사용되고 있는 방법들에 대한 설명이다. 옳은 것은?

① 앳킨슨지수의 값이 작을수록 소득분배는 불평등하다.

② 지니계수와 로렌츠 곡선은 별개의 개념이다.

③ 십분위분배율은 0에서 1 사이의 값을 갖는다.

④ 달튼의 평등지수는 어떤 사회후생함수를 가정하느냐에 따라 값이 달

라진다.

⑤ 십분위분배율의 값이 클수록 소득분배는 평등하다.

| 해설 | 십분위분배율이란 최하위 40%의 소득점유율을 최상위 20%의 소득점유율로 나눈 값이다. 이 값이 클수록 소득분배가 평등하고 낮을수록 소득분배가 불공평하다는 의미다. 소득분배가 완전히 균등하면 십분위분배율은 2, 완전히 불균등하면 십분위분배율은 0이 된다. 단점은 중간 계층의 소득이 어느 정도인지 알기 어렵다는 것이다. 지니계수는 로렌츠 곡선이 만드는 반달 모양의 면적을 대각선인 로렌츠 곡선 균등분포선 아래 삼각형 면적으로 나눈 값이다. 앳킨슨지수는 값이 작을수록 소득분배가 균등하다. 달튼의 평등지수는 공리주의적 후생함수를 가정한다.

[정답] ⑤

그럼 이제 게임을 시작하지

이제 위험에 대한 게임을 시작해 볼까요? 앞서 '현재 가치와 미래 가치'에서 시간에 따른 가치에 관해 이야기했습니다. 물론 아무 위험이 없다면 자산은 자연스럽게 두 배로 늘어납니다. 하지만 현실은 그렇지 않습니다. 많은 사람이 이야기하듯 인생은 도박으로 가득 차 있습니다. 위험을 감수하느냐, 위험을 회피하느냐 선택이 있습니다. 여러분은 어떤 선택을 하세요? 도박도 두뇌게임이라고 합니다. 오늘은 위험에 대해 조금 어려운 논리 게임을 해보도록 하겠습니다.

어떤 것을 선택할 때 우리는 그 기대에 대한 값을 이야기합니다. 기댓값은 각 사건이 벌어졌을 때의 이득과 그 사건이 벌어질 확률을 곱한 것을 전체 사건에 대해 합한 값입니다. 평균값이라고 하기도 하죠.

예를 들어 100만 원을 벌 가능성이 80%이고 10만 원을 벌 가능성이 20%라고 하면 기댓값은 100만×0.8+10만×0.2=82만, 즉 82만 원이 됩니다.

기댓값이 82만 원인 상황에서 만약 여러분이 80만 원을 내고 이 도박에 참여한다면 참여하시겠습니까? 들어가는 80만 원보다 기댓값이 2만 원 높으므로 참여한다고 할 수도 있습니다. 만약 참가비가 90만 원이라면 어떨까요? 기댓값 82만 원에 비해 참가비용이 높으므로 음 (-)의 기댓값을 갖습니다. 이 상황에서 100만 원을 벌 가능성 80%만 바라보고 도박을 한다는 사람은 위험선호형이라고 합니다.

다른 게임이 있습니다. 둘 중 하나를 선택하는 게임입니다. 하나는 확실히 200만 원을 받는다는 것이고 다른 하나는 200만 원을 받는 확률이 80%, 500만 원을 받는 확률이 10%, 아무것도 받지 못할 확률이 10%인 두 가지 선택지라면 어떤 선택을 하시겠습니까? 대부분은 확실히 200만 원을 받는 것을 선택합니다. 기댓값을 계산해보면 앞의 선택은 200만 원, 뒤의 선택은 210만 원입니다. 합리적 선택이라면 기댓값이 더 높은 것을 선택하는 게 맞습니다. 위험선호보다는 위험회피를 선택한다는 것이죠.

위험회피는 동일한 기댓값이라면 불확실한 상황(확률적인 상황)보다는 확실한 상황을 더 선호한다는 의미입니다. 예를 들어, 어떠한 내기가 있는데, 0.5의 확률로 1,000원을 얻을 수도 있고 0.5의 확률로 1,000원을 잃을 수도 있다고 가정합시다. 이 경우 기댓값은 0입니다. 기댓값이 0인 경우 이를 공정한 게임이라고 합니다. 기댓값이 0이라고 하지만 1,000원을 잃을 수 있는 불확실한 상황도 있습니다. 이 경우 위험회피적인 사람은 이 내기에 참여하지 않을 것을 선택합니다. 심지어 이 내기를 피하고자 일정 금액을 지불할 용의가 있기도 합니다. 이런 위험회피는 보험이나 분산투자를 통해 나타납니다.

1738년 네덜란드 출신 스위스 수학자 다니엘 베르누이는 '위험회피와 효용'이라는 이론을 만들었습니다. 베르누이는 사람들이 단순히 기댓값으로 판단하지 않는다는 것을 지적합니다. 베르누이는 대부분의 사람이 위험을 싫어하고, 도박에서 어떤 선택권을 주면 보다 확실한 것을 선택한다는 것을 알았습니다. 여기에 더해 사람들이 돈의 가치가 아니라 결과의 심리적 가치, 즉 효용성에 따라 선택을 한다는 것입니다. 이를 기대효용이라고 했습니다.

단순한 위험의 기댓값에 효용이라는 가치를 넣은 것이죠. 예를 들어 100만 원에서 200만 원으로 올라가는 효용이 30이라면 900만 원에서 1,000만 원으로 올라가는 것의 효용은 4 정도로 떨어진다는 것입니다. 효용이 30인 사람이 효용이 4인 사람보다 행복하다는 것이죠.

위의 이야기라면 대다수의 사람은 위험회피적 성향을 가지지 않을까요? 그렇지는 않습니다. 여러분도 그렇지 않습니까? 본인은 항상 위험회피적인 사람이라고 생각했는데 어느 순간 위험선호적인 것을 선택하고 있지 않나요? 많은 사람이 위험회피적 성향을 가지고 있다면 주식시장이나 코인 시장에서의 비이성적 과열 현상을 설명하기가 힘들어집니다. 이를 지적한 것이 행동경제학입니다.

● TESAT 문제로 알아보는 쏙쏙! 개념 잡기

【문제】 찬호는 당첨 상품이 {자동차, 유럽 여행, 백화점 상품권, 꽝} 중의 하나인 경품 행사에 참가하려고 한다. 각각의 결과에 대한 나리의 기대효용은 U(자동차)=100, U(유럽 여행)=80, U(백화점 상품권)=30, U(꽝)=0이다. 이때 A안은 각각 당첨 상품이 나올 확률이 {1/2, 0, 0, 1/2}이고 B안은 {1/4, 1/4,

1/4, 1/4}이다. 찬호는 어느 안을 선호하겠는가? 또한 A안과 B안의 기대효용은 얼마인가?

① 선호안-A, A 기대효용-50, B 기대효용-47

② 선호안-B, A 기대효용-50, B 기대효용-52.5

③ 선호안-A, A 기대효용-52.5, B 기대효용-50

④ 선호안-B, A 기대효용-51, B 기대효용-55

⑤ 선호안-같다, A 기대효용-50, B 기대효용－50

| 해설 | 복권이나 경품 행사 당첨과 같이 소비행동의 결과가 불확실한 경우가 있다. 이때 불확실한 결과 간의 선호를 효용으로 나타낸 효용의 기댓값을 기대효용 또는 폰 노이만 · 모르겐슈테른 효용 지표라 한다. 지문의 경품 상품이 나올 확률과 각각 경품 상품에 대한 효용값을 곱한 후 모두 더하면 A안과 B안의 기대효용을 구할 수 있다. A 기대효용은 100×1/2=50, B 기대효용은 (100+80+30)×1/4=52.5다.

따라서 B안의 기대효용값이 더 크므로 나리는 B안을 선호한다.

[정답] ②

행동경제학과 호모 사피엔스

효율적 시장 가설이 성립하려면 모두가 합리적으로 행동하여 효율적인 시장을 구성해야 합니다. 그런데 갑자기 의문이 생깁니다. 인간은 과연 합리적일까요?

사실 경제학을 공부하다 보면 모든 전제가 합리적 인간입니다. 호모 에코노미쿠스라고 불리는 경제적인 인간이죠. 이 경제적인 인간은 기업가일 때는 항상 이윤을 극대화합니다. 소비자일 때는 비용과 편익을 아주 합리적으로 비교하여 최선의 선택을 합니다. 이를 '효용을 극대화한다'고 하죠. 그런데 현실은 어떤가요? 다들 비용과 편익을 계산하여 물건을 사고 투자를 하시나요?

최근 주식시장이나 코인시장을 보면 사람들이 비합리적 선택을 할 수 있다는 생각이 들곤 합니다. 폭락장에서 돈을 잃고 있는 상황에서도 '저점 매수'라는 말로 더 사들이게 되는 선택을 합니다. 저점 매수 선택이 합리적인 선택일까요?

행동경제학은 인간이 제한적으로 합리적이며 때론 감정적으로 선택하는 경향이 있다고 말합니다. 기존 경제학의 호모 에코노미쿠스보다 호모 사피엔스로서 더욱 현실성 있는 인간을 가정합니다. 호모 사피엔스는 건망증도 있고 충동적이며, 헷갈리기도 하고 감정적이며. 근시안적이라고 합니다. 다시 말해 행동경제학은 인간이 엄청난 계산 능력을 갖추고 있고, 구조적인 실수도 하지 않는다는 기존 경제학에 인간적인 요소를 넣은 것이라고 할 수 있죠. 물론 행동경제학은 인간이 비합리적이라고 가정하는 것이 아니라 "반드시 합리적이지는 않다"라고 가정한다는 뜻입니다.

세 가지 사례를 이야기해 보겠습니다.

사람들은 자신을 과신한다

예를 들어 테샛 시험을 친다고 생각해 봅시다. 한번 봤었던 문제는 대다수 맞힐 것으로 생각합니다(하지만 결과적으로 많이 틀렸습니다). 기억이 정확하게 나지 않지만 한 번이라도 경험했던 부분에 대해서는 많은 사람이 자신의 능력을 지나치게 신뢰하는 경향이 있습니다.

사람들은 소수의 직접 경험에 많은 비중을 둔다

어떤 자동차에 관한 설문조사를 1,000명에게 했습니다. 본인은 그것을 읽었지만, 막상 와 닿지 않습니다. 하지만 주변 친구의 말은 1,000명의 설문보다 더 신뢰합니다.

사람들은 자신의 믿음을 바꾸지 않는다

늘 가던 맛집이 있습니다. 그 옆에 새로 생긴 음식점이 있어도 늘 가던 그 집을 고집합니다. 특정 브랜드를 사용하는 심리도 마찬가지입니다. 게다가 정치적 신념이나 여러 사회 현상에 대해 자기 생각을 잘 바꾸려고 하지 않습니다.

여러분 중에 이 세 가지 사례가 내 이야기다 싶은 분은 행동경제학을 한번 공부해 보는 것도 도움이 됩니다. 그럼 오늘부터 행동경제학에 대해 같이 공부해 보실까요?

행동경제학으로 처음 노벨경제학상을 받은 학자들은 대부분 심리학 분야를 전공한 사람입니다. 허버트 사이먼이나 대니얼 카너먼이 그렇습니다. 행동경제학은 심리학, 그중에서도 진화심리학을 기반으로 합니다. 행동경제학이라는 학문이 생기면서 심리학이 경제학의 영역으로 들어오기 시작했죠. 그런데 과연 심리학과 경제학은 별개의 영역일까요?

경제학의 아버지라 불리는 애덤 스미스는《국부론》의 발간 이전인 1759년에《도덕감정론》을 통해 경제활동에 영향을 주는 심리에 대해 거론한 적이 있습니다. 그는 이 저서에서 "인간의 경제적 행동은 다양한 심리적 감정들에 의해 영향을 받는데, 이러한 심리적 감정들은 이성적인 마음가짐으로 진정이 가능하다"고 썼습니다. 게다가 사람들이 자신의 이익만을 추구하지 않으며 동정심이나 이타심, 호의 등이 존재한다고 보았습니다(경제학적 사고방식인 '인간은 이기적이다'라는 생각과는 다르죠?). 이런 심리적 요인을 경제 이론 모형에 접목하기 시작한 것이 행동경제학의 시작이었습니다. 인간의 비합리적 의사결정에 대한 연구로 1978년 최초로 노벨경제학상을 수상했던 허버트 사이먼이었죠.

심리학과 인지과학을 전공한 그는 그런 학문적 기반으로 주류 경제학이 간과하고 있던 인간의 비합리적인 심리 특성에 주목할 수 있었습니다.

● **TESAT 문제로 알아보는 쏙쏙! 개념 잡기**

【문제】다음 지문에서 괄호 A, B, C에 들어갈 용어를 순서대로 옳게 나열한 것을 고르면?

> (A)은 인간의 심리적 특성을 경제학 이론에 적용시키는 학문으로, 인간의 합리성을 전제로 하는 주류경제학과 달리 인간이 완전히 합리적일 수 없다는 관점에서 경제주체의 의사결정을 분석한다.
>
> (A)과 관련된 용어로는 경제적 이익과 손실의 절대적 크기가 동일하다고 할지라도 손실에서 오는 비효용이 이득으로 인한 효용보다 큰 현상을 가리키는 (B)가/이 있는데, 이 현상은 특정 대상이 자신의 소유가 되고 나면 객관적인 가치보다 더 높은 가치를 매기거나 좀처럼 팔지 않으려는 현상인 (C)를/을 설명해주는 근거가 될 수 있다.

① 행동경제학 – 손실 회피성 – 보유 효과

② 행동경제학 – 보유 효과 – 손실 회피성

③ 행동경제학 – 자기과신 – 손실 회피성

④ 신고전파 경제학 – 행동재무학 – 보유 효과

⑤ 신고전파 경제학 – 손실 회피성 – 행동재무학

| 해설 | 행동경제학은 인간의 심리적 특성을 경제학 이론에 적용하는 학문으로 정의할 수 있다. 인간을 항상 합리적이라고 가정하는 주류경제학과 달리 행동경제학은 '인간이 완전히 합리적이지 않다'는 제한적 합리성이라는 인간의 특성에 초점을 맞춰 이런 특성이 경제주체의 의사결정에 어떻게 영향을 미치는지 규명했다. 손실 회피성은 경제적 이익과 손실이 동일한 크기임에도 불구하고, 얻은 것의 가치보다 잃어버린 것의 가치를 크게 평가하는 것을 말한다. 이는 경제주체의 이익과 손실에 대한 효용 함수가 각각 다름을 의미한다. 손실 회피적인 경제주체의 이익에 대한 효용 함수의 기울기는 완만하지만, 손실에 대한 효용 함수는 기울기가 가파르다. 행동경제학에서 보유 효과는 단순히 물건을 소유했다는 이유로 그 물건의 가치를 더 높게 평가하는 것을 말한다.

[정답] ①

휴리스틱이 뭐지?

더운 여름이 되면 시원한 음료수나 아이스크림이 생각납니다. 만약 여러분이 다양한 음료가 든 자판기 앞에 서 있다고 생각해 보세요. 어떤 음료를 선택하고 경제학적 인간이라면 분명 비용과 편익을 생각해서 선택할 것입니다. 효용을 극대화하기 위해 모든 정보를 동원할 것입니다. 사실 자판기에서 그런 계산을 하다 보면 뒤에서 기다리고 있던 다음 사람들의 불만에 직면할 것이므로 빠른 선택을 해야 합니다. 이런 선택에 작동하는 것을 '휴리스틱'이라고 합니다.

한국의 인구수는 몇 명일까요? 갑작스러운 질문에 우리는 대충 알고 있는 답을 내놓습니다. 한국인의 숫자는 5천만 명 정도 될 것입니다. 물론 한국인의 인구수는 5,182만 1,669명(2021년 추계)입니다. 이렇게 어림짐작으로 내놓는 답이 휴리스틱입니다. 다시 말해 휴리스틱이란 시간이나 정보가 불충분하여 합리적인 판단을 할 수 없거나, 굳이 체계적이고 합리적인 판단을 할 필요가 없는 상황에서 신속하게 사용하는 어림짐작의 기술입니다.

우리의 뇌는 어떤 상황에 대해 판단을 합니다. 이성적이고 합리적인 판단을 위해 많은 힘을 쏟습니다. 모든 상황 판단에 힘을 쏟으면?

지치겠죠. 그래서 어떤 상황(굳이 우리나라 인구가 정확히 몇 명인지는 신경 쓸 필요가 없겠죠?)에서는 시간이 없거나 정보가 부족해도 혹은 굳이 합리적인 결정이 필요 없다고 생각되면 대충 유리하다고 판단되는 쪽으로 계산해서 알려주는 것입니다. 이런 휴리스틱을 통한 판단에는 오류가 발생합니다. 이를 인지 편향이라고 합니다. 2002년 노벨경제학상을 받은 심리학자 대니얼 카너먼과 그의 동료 아모스 트버스키의 논문 〈불확실한 상황에서의 판단: 휴리스틱과 편향〉에서는 이를 지적했습니다.

'당신은 얼마나 행복한가?'라는 질문을 받았을 때 어떤 생각이 드시나요? 그냥 지금 이 순간의 감정으로 판단할 것입니다. 만약 행복에 대해 질문하기 전에 '지난달 데이트 횟수는 얼마나 되는가?'라는 물음을 던졌다고 생각해 봅시다. 대다수 다음 행복에 대한 답이 '지난달 데이트 횟수'의 영향을 받을 것입니다. 과거에 대한 기억 때문에 감정 편향이 생긴 것이죠. 이를 휴리스틱과 인지적 편향이라고 합니다. 이는 다양한 곳에 적용되지만, 소비자 선택 이론에도 연결성이 있습니다.

대니얼 카너먼과 아모스 트버스키는 1979년 논문 〈전망이론: 위험한 상황 속에서 내리는 결정 분석〉에서 위험회피가 인간의 결정에 어떤 편향을 일으키는지 분석했습니다. 우선 다음의 그래프를 한번 보시죠.

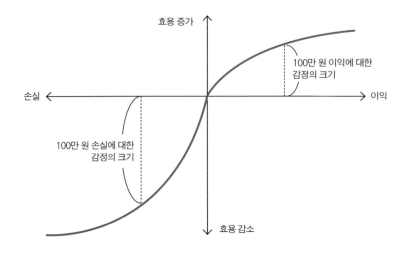

효용 증가

100만 원 이익에 대한
감정의 크기

손실 ← → 이익

100만 원 손실에 대한
감정의 크기

효용 감소

이 그래프의 의미를 쉽게 이야기하면 '사람들은 이익을 좋아하지만, 손실은 더(2배 이상의 감정으로) 싫어한다'입니다. 100만 원에서 200만 원으로 이익을 얻는 것보다 100만 원에서 200만 원으로 손실이 늘어나는 것을 더 싫어한다는 뜻입니다. 그리고 100만 원 손실과 200만 원 손실의 차이는 1,100만 원 손실과 1,200만 원 손실의 차이보다 더 크다는 이야기도 있습니다.

이를 주식에 투자하는 사람들의 심리에 대입해 보겠습니다. 주식투자에서 가격이 오른 주식은 바로 팔아서 이익을 확보합니다. 만약 가격이 내려가면? 당장 팔면 손해 확정이기 때문에 '나중에 오르겠지'라는 생각으로 계속 보유합니다. 손실이 난 것을 인정할 수 없는 인지적 편향 때문입니다.

특히나 투자한 돈이 적으면 손절매하기가 어렵습니다. 200만 원 투자해서 100만 원 손실일 경우 손절매가 어렵지만, 1,000만 원 투자해서 900만 원(같은 100만 원 손실)이 되었을 때의 손절매는 쉬워집니다(저도 같은 경험을 했고 소소하게 투자하시는 분들도 같을 것 같습니다). 그래서 계속 가지고 있다가 큰 손실에 직면하게 됩니다. 이런 이유로 폭락장의 상황에서 손절매도 못하고 저가 매수 기회라는 말에 현혹되기도 합니다.

사실 위에 두 이론은 경제학이라기보다 심리학에 가깝습니다. 이런 심리학을 경제학에 접목한 것은 베스트셀러《넛지》의 저자이자 2017년 노벨경제학상 수상자 리처드 세일러였습니다.

● **TESAT 문제로 알아보는 쏙쏙! 개념 잡기**

【문제】 다음 글은 행동경제학(행태경제학)에 대한 설명이다. 행동경제학의 이론 또는 가설에 해당하지 <u>않는</u> 것은?

> 주류경제학에서는 합리적 인간을 전제로 경제 현상을 분석하여 이론을 정립해왔다. 이에 비해 행동경제학(행태금융론)은 심리학과 경제학을 접목해 '제한된 합리성'을 전제로 하고 있다. 이미 카너먼을 비롯한 수명의 학자들이 노벨경제학상을 받은 바 있다.

① 자기과신   ② 휴리스틱

③ 프레이밍 효과   ④ 랜덤워크 가설

⑤ 비대칭적 행동

| 해설 | 랜덤워크 가설은 합리적 기대에 근거하는 효율적 금융시장 이론에서 새로운 뉴스나 정보를 미리 알 수 없으므로 주가 등이 불규칙하게 움직이며, 따라서 그 움직임을 예측하는 것도 불가능하다고 보는 가설이다.

[정답] ④

공리주의와 효용

우리는 살면서 한 번쯤 '최대 다수의 최대 행복'이라는 벤담과 밀의 공리주의를 들은 적이 있을 것입니다. 공리주의는 어떤 행위의 옳고 그름이 그 행위가 인간의 이익과 행복을 늘리는 데 얼마나 기여하는가하는 유용성과 결과에 따라 결정된다고 하는 것입니다. 공리주의를 주장한 벤담은 행복을 측정 가능하다고 생각했습니다. 말하자면 숫자로 쾌락이나 행복을 표현할 수 있다고 하는 양적 공리주의죠. 자기 공리의 최대를 구할 때 그 총계로서 사회 전체의 공리도 최대가 된다고 생각한 것입니다. 이런 공리주의의 개념이 우리가 늘 지나가듯이 이야기하는 단어와 연결되어 있습니다. 뭐냐고요? 바로 '효용'입니다.

효용이란 우리가 재화나 용역 같은 상품을 소비함으로써 얻게 되는 만족을 측정하는 단위입니다. 맛있는 음식을 먹었을 때 얻을 수 있는 만족을 숫자로 표현하는 것이죠. 예를 들면 사과를 한 개 먹었을 때 만족감을 '4만큼의 효용을 얻었다'고 표현하는 것입니다. 물론 효용의 측정은 정확하지 않습니다. 주관적 만족이기 때문에 사과 한 개를 먹었을 때 효용을 4라고 할 수도 있고 40이라고 할 수도 있습니다. 이런 문제를 해결하기 위해 경제학자들은 다양한 방법을 고안하기도 했습니다. 예를 들자면 어떤 물건에 대한 지불 의사에 담긴 선호도를 측정하는 것이죠. 쉽게 말해 '얼마를 낼 생각이세요?'에 대한 답을 모아서 효용을 측정하는 것입니다.

효용이 성립하려면 우선 합리적 인간을 전제로 합니다. 합리적 인간은 선호가 확실합니다. 다시 말하면 A와 B 중에 어느 쪽을 좋아하는지 비교하여 확실히 선택하는 것이죠. 이를 완비성이라고 합니다.

두 번째로 이행성이 충족되어야 합니다. 이행성은 다음과 같습니다. A, B, C라는 음식이 있다고 가정합시다. A와 B 중에 A를, B와 C 중에 B를 선호한다고 하면 A와 C 중에서는 A를 선호하는 것입니다.

여기서 합리적 인간의 선택은 효용을 극대화하는 선택을 합니다. 효용은 무한하지 않습니다. 처음 1단위를 소비했을 때의 만족감은 아주 높습니다(첫사랑이 가장 기억에 남는 이유기도 하죠). 그다음 1단위를 소비하면 추가로 효용이 생깁니다. 이를 한계효용이라고 합니다. 한계효용은 다른 상품의 소비량은 일정하다는 전제하에 어떤 상품을 한 단위 더 소비함으로써 얻는 추가적인 만족도입니다. 물론 다음 1단위의 효용은 처음 먹었던 1단위보다 효용이 떨어집니다. 이를 한계효용 체감이라고 합니다.

경제학(특히 미시경제학)을 공부하다 보면 효용이라는 단어를 많이 듣습니다. 그런데 우리가 과연 합리적인 선택만 할 수 있는가에 대한 의문이 듭니다. 물론 그렇지 않습니다. 효용의 성립 조건인 완비성과 이행성을 완벽하게 만족하지 않습니다. 개인들의 선택에서 완비성과 같은 확실한 선택은 잘 없습니다. 게다가 이행성은 더 어렵습니다. 예를 들어 짜장면과 짬뽕 중에 짜장면을 더 선호한다고 생각해 봅시다. 짬뽕과 군만두 중에 짬뽕을 선택한다면, 과연 짜장면과 군만두 중에 짜장면을 선택할까요? 이런 문제를 정리한 것이 케네스 애로의 '불가능성의 정리'입니다. 케네스 애로는 이 정리로 1972년에 노벨 경제학상을 받았습니다.

경제학은 합리적 인간을 전제로 한다고 했습니다. 그런 전제에 반기를 든 것이 행동경제학이고요. 비합리적 인간에 관해 이야기하다가 갑자기 합리적 인간의 정점인 효용을 이야기하는 것은 소비자 선택에 관해 이야기하고자 했던 것입니다.

● TESAT 문제로 알아보는 쏙쏙! 개념 잡기

【문제】 아래 지문에서 (A)~(D)에 들어갈 단어를 순서대로 바르게 나열한 것은?

> 에릭이 배가 고파서 햄버거와 콜라를 주문해 먹고 있다. 에릭은 마지막으로 먹는 햄버거에서 200만큼의 효용을, 마지막으로 마시는 콜라에서 50만큼의 효용을 얻고 있다. 햄버거와 콜라는 완전경쟁시장에서 거래되며 햄버거의 가격이 5,000원, 콜라의 가격이 1,500원이라면 햄버거와 콜라에 대한 에릭의 현재 소비는 에릭의 효용을 (A). 에릭이 현재와 같은 지출액을 유지한 채 햄버거의 소비를 (B) 콜라의 소비를 (C)다면, 에릭의 효용은 (D) 것이다.

① 극대화한다 – 줄이고 – 늘린 – 감소할

② 극대화한다 – 줄이고 – 늘린 – 변하지 않을

③ 극대화하지 않는다 – 줄이고 – 늘린 – 증가할

④ 극대화하지 않는다 – 늘리고 – 줄인 – 증가할

⑤ 극대화하지 않는다 – 늘리고 – 줄인 – 감소할

| 해설 | 효용을 극대화하려면 각 재화의 원당 한계효용이 동일하도록 소득이 각 재화에 배분돼야 한다. 햄버거의 원당 한계효용은 1/25(=200/5,000)이고 콜라의 원당 한계효용은 1/30(=50/1,500)이다. 에릭은 현재와 같은 지출액을 유지한 채 햄버거의 소비를 늘리고 콜라의 소비를 줄여 효용을 증가시킬 수 있다.

[정답] ④

【문제】 지윤이의 효용은 오렌지주스, 아메리카노, 초콜릿에서 얻는 효용의 합으로 결정된다. 오렌지주스의 가격은 25원, 아메리카노의 가격은 10원, 초콜릿의 가격은 5원이다. 지윤이가 현재 효용을 극대화하고 있고 추가적인 소비로 얻을 수 있는 한계효용은 아래와 같다. 만일 소득이 5원 증가하고 이 셋 중 한 가지만을 살 수 있다면 무엇을, 몇 단위 사야 하는가?

> 오렌지주스 – 한계효용 45
>
> 아메리카노 – 한계효용 30
>
> 초콜릿 – 한계효용 10

① 과자 1단위

② 아무거나 사도 좋다

③ 오렌지주스 1/5단위

④ 아메리카노 1/2단위

⑤ 아무것도 소비하지 말아야 한다

| 해설 | 소득이 5원 증가했을 때, 추가적으로 소비할 수 있는 재화의 양은 순서대로 각각 (1/5, 1/2, 1)단위이며, 이에 따른 효용의 증가분은 (9, 15, 10)이다. 따라서 소득이 5원 증가했을 때, 아메리카노 1/2단위를 더 소비하는 것이 효용을 극대화시킬 수 있으므로, 아메리카노 1/2단위를 사야 한다.

[정답] ④

짜장면, 짬뽕과 무차별 곡선

짜장면을 좋아하세요? 짬뽕을 좋아하세요? 아니면 볶음밥? 개개인의 선호는 다릅니다. 물론 저는 비 올 때는 짬뽕, 이사한 뒤에는 짜장면을 선호합니다.

이처럼 개인의 선호가 주어졌을 때 선택한 소비재 묶음이 있습니다. 예를 들자면 짜장면 1그릇에 탕수육 10조각 같은 것이죠. 같은 효용을 가진다면 탕수육을 더 먹고 짜장면을 적게 먹는 선택을 할 수 있습니다. 만약 짜장면을 안 먹는다면 탕수육을 한 그릇 다 먹어야 할 수도 있고요. 모두 주어진 상황에서 본인의 총효용에 맞게 선택을 합니다. 짜장면을 많이 먹고 탕수육을 적게 먹거나 탕수육을 많이 먹고 짜장면을 적게 먹는다든가 하는 것이죠. 이런 선호를 연결한 곡선이 바로 무차별 곡선입니다. 무차별 곡선이라는 것은 각 소비재를 차별하지 않고 선호한다는 뜻입니다. 탕수육을 적게 먹는다고 탕수육을 차별하는 것은 아닌 것처럼 말이죠.

소비자 선택에서 무차별 곡선은 중요한 정보를 줍니다. 우선 무차별 곡선의 기울기를 보면 그 사람이 어느 시점에서 무엇을 선호하는지 보입니다. 기울기가 가파르다는 것은 어느 특정 물건을 바꾸기가

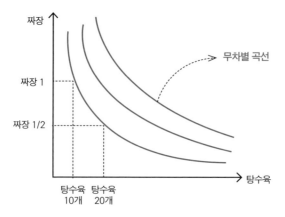

쉽지 않다는 뜻입니다. 예를 들자면 탕수육을 먹기 시작할 때 탕수육이 맛있는 데다가 이제 먹기 시작해서 효용이 높기에 그런 효용을 대체하기가 쉽지 않다는 뜻입니다. 이런 것을 경제학적 용어로 한계대체율(MRS)이라고 합니다. 한계대체율이 높을수록 기울기 변화가 크고 바꾸기가 쉽지 않다는 뜻입니다.

두 번째로는 가격이나 소득의 변화가 소비자의 선호를 어떻게 바꾸는지 보여줍니다. 돈을 많이 벌면 아무래도 선호하는 물건이나 수량도 늘어날 것입니다. 무차별 곡선도 하나의 선만 존재하는 것이 아니라 총효용에 따라 다양한 곡선이 존재합니다. 예를 들어 짜장면 1그릇과 탕수육 10조각을 총효용 1이라고 가정합시다. 짜장면 2그릇 탕수육 10조각은 총효용 2가 되는 것입니다. 만약 합리적 소비자라면, 어떤 한계도 없으면 당연히 총효용 2를 선택할 것입니다. 많은 무차별 곡선 중의 하나를 선택하는 이유는 바로 소득이나 가격이 영향을 미칩니다. 바로 이것을 예산제약선이라고 합니다.

위의 두 가지 정보를 통해 무차별 곡선의 속성을 이야기할 수 있습니다.

① 높은 무차별 곡선이 낮은 무차별 곡선보다 선호된다

총효용이 높은 무차별 곡선이 선호되는 것이죠. 다시 말해 더 큰 만족을 주는 무차별 곡선을 선호하는 것입니다.

② 무차별 곡선은 우하향한다

서로 다른 재화를 교환하기 때문에 그렇습니다. 만약 우상향한다고 가정하면 10개를 10개로 고스란히 바꿀 수 있다가도 20개를 20개로 또 바꿀 수는 없습니다.

③ 무차별 곡선은 교차하지 않는다

이것은 그래프를 참고해보겠습니다. 만약 무차별 곡선이 교차한다고 생각해보겠습니다.

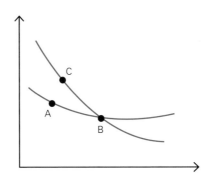

그래프에 점 A와 B는 같은 곡선에 있으므로 만족 수준이 같습니다. 점 B와 C도 같은 선에 있으므로 만족 수준이 같습니다. 그렇다면 점 A와 C는 만족 수준이 같아야 합니다. 이것이 모순되기 때문에 무차별 곡선은 교차하지 않는 것입니다.

④ 무차별 곡선은 원점에 대해 볼록하다

이는 한계대체율과 관계있습니다. 쉽게 이야기하자면 자신에게 많은 재화는 더 내놓으려 하고 적은 재화는 덜 내놓으려는 경향이 있기 때문에 그렇습니다.

무차별 곡선은 총효용의 크기에 따라 다양한 선으로 구성되어 있다고 했습니다. 그렇다면 소비자가 생각하는 최적의 선택은 무엇일까요? 바로 예산제약선과 맞닿는 무차별 곡선이 최적의 선택입니다. 예산제약선은 주어진 예산과 재화의 가격에서 소비자가 살 수 있는 재화 묶음을 보여주는 선이죠.

● TESAT 문제로 알아보는 쏙쏙! 개념 잡기

【문제】무차별 곡선이 원점에 대해 볼록한 것과 가장 관련이 깊은 것은?

① 재화 및 서비스는 양이 많을수록 선호한다.

② 재화 및 서비스의 선호는 갑자기 변할 수 없다.

③ 재화 및 서비스가 골고루 섞여 있는 소비 묶음을 선호한다.

④ 모든 재화 및 서비스의 소비 묶음은 선호를 비교할 수 있다.

⑤ 소비 묶음 A보다 B를 선호하고 B보다 C를 선호하면 A보다 C를 선호한다.

| 해설 | 소비자에게 동일한 만족을 주는 재화 묶음들을 연결한 곡선을 가리켜 무차별 곡선이라고 한다. 표준적인 무차별 곡선은 네 가지 특성을 갖는다. 먼저 고려 대상이 되는 소비 묶음의 모든 점은 그것을 지나는 하나의 무차별 곡선을 가지고 곡선의 형태는 우하향하며 원점에서 멀어질수록 더 높은 효용 수준을 나타낸다. 또 무차별 곡선은 서로 교차하지 않는다. 소비자는 극단적인 소비 묶음보다 여러 상품이 고루 섞여 있는 소비 묶음을 선호하기 때문에 원점에 대해 볼록한 모양을 갖는다.

[정답] ③

【문제】두 재화 X, Y에 대해 한계대체율이 체감하는 무차별 곡선에 대한 설명으로 옳은 것을 〈보기〉에서 모두 고르면?

〈보기〉

가. 원점에 대해 볼록한 형태를 띤다.

나. X와 Y의 합이 일정할 때, 극단적인 상품 조합보다 X와 Y가 골고루 들어간 상품 조합을 더 선호한다.

다. 동일 무차별 곡선상에서 한 재화가 적어질수록 다른 재화로 나타낸 그 재화의 주관적 가치가 커진다.

라. 동일 무차별 곡선상에서 두 재화의 한계효용이 항상 같다.

① 가, 나   ② 가, 다   ③ 가, 나, 다

④ 가, 다, 라   ⑤ 가, 나, 다, 라

| 해설 | 한계효용이 항상 같은 무차별 곡선은 한계대체율이 1로 일정하다(완전 대체제).

[정답] ③

쉽게 번 돈은 쉽게 나갈까?

우리는 가끔 쉽게 들어온 돈은 쉽게 나간다는 이야기를 듣습니다. 복권 당첨이나 우연히 번 돈이 그렇습니다. 주식이나 코인으로 번 돈도 마찬가지일 겁니다. 왜 이런 현상이 나타날까요? 행동경제학에서는 심리계좌 때문이라고 했습니다.

심리계좌는 2017년 노벨 경제학상 수상자인 리처드 세일러 교수가 만든 개념입니다. 심리계좌는 같은 돈이라도 심리적으로 다른 이름을 붙여서 관리한다는 뜻입니다. 기업에서 한 해의 예산을 짜고 돈을 관리할 때 남는 돈은 다른 예산으로 잘 쓰지 못하는 것과 같은 원리입니다.

예를 들자면 콘서트 티켓을 사려고 현금 5만 원을 마련했습니다. 만약 이 5만 원을 잃어버린다면 여러분은 5만 원을 더 마련해서 콘서트 티켓을 사겠습니까? 아니면 그냥 포기하겠습니까?

2002년 노벨 경제학상 수상자인 대니얼 카너먼이 연구한 이 실험에서 의외의 결과를 낳았습니다. 그냥 포기하리라 생각했던 결과와는 달리 꽤 많은 사람이 새로운 돈 5만 원을 마련해서 티켓을 산다고 대답했습니다. 다시 말해 현금을 잃어버린 것은 심리계좌에 등록된 '콘서트를 즐기는 문화비'와는 다른 계좌로 인식하여 심리계좌를 충족시키기 위해 다시 사는 것이지요.

경제학자 저스틴 헤이스팅스와 제시 셔피로는 휘발유 가격이 변동될 때 일반 휘발유와 고급 휘발유의 선택에 따른 심리적 예산 편성의 영향력에 대해 연구했습니다. 일반 휘발유 가격이 4달러인 경우 일주일에 80달러를 주유비로 쓰는 가구가 있다고 가정해 봅시다. 만약 일반 휘발유 가격이 6개월 뒤에 2달러로 낮아졌다고 하면 휘발유 관련 지출은 40달러로 낮아집니다.

만약 합리적 소비자라면 나머지 40달러는 다른 재화를 소비하거나 여행을 하는 등의 선택을 할 것입니다. 하지만 대다수의 사람은 남은 40달러에 해당하는 고급 휘발유를 선택했습니다. 심리계좌에 휘발유 계좌를 다른 계좌로 옮기기가 쉽지 않기 때문이라는 거죠.

리처드 세일러 교수는 포커 게임 관찰을 통해 심리계좌를 확인했습니다. 게임에서 돈을 따고 있는 경우 딴 돈은 실제 돈이라고 생각하지 않는다는 것입니다. 본전과 딴 돈을 분리하여 심리계좌에 넣어두는 것이죠. 딴 돈은 본인의 돈이라기보다 '하우스 머니'로 인식해 본인의 돈보다 쉽게 베팅을 하는 것입니다. 딴 돈이 있을 경우에는 심리계좌의 작용에 의해 위험선호적 성향을 가지고 본인의 돈을 잃었을 경우에는 위험회피적 성향을 가진다는 것입니다.

주식이나 코인으로 돈을 번 상황도 마찬가지입니다. 기존에 투자한 돈과 투자로 인해 번 돈의 심리계좌는 다른 것이지요. 그래서 위험선호적인 '번 돈 심리계좌'에 의해 번 돈을 쉽게 잃기도 합니다. 그래서

쉽게 번 돈은
쉽게 나가는 법!

'쉽게 번 돈은 쉽게 나간다'는 말이 있는 것입니다.

경마장에서도 마찬가지입니다. 처음에 딴 돈은 공짜 심리계좌에 저축
됩니다. 그래서 쉽게 나갑니다. 이제 본전에서 돈을 잃기 시작합니다.
10만 원의 본전은 2만 원이 되었습니다. 사실 10만 원의 본전은 초반
부터 경마에 걸기 위한 돈의 심리계좌에 등록되어 있었습니다. 이런
심리계좌는 다른 심리계좌로 옮기기가 힘듭니다. 합리적 소비자라면
본전이 2만 원이 남게 되면 그 2만 원으로 효용이 높은 것(맛있는 것을
사 먹거나 물건을 사거나……)을 선택하겠지요. 하지만 현실은 '경마장에서

쓸 돈'으로 등록된 심리계좌로 인해 2만 원 역시 경마장에서 쓰게 됩니다. 심지어 2만 원으로 10만 원의 본전을 만회하기 위해 승률이 낮지만, 배당이 높은 말에 배팅합니다.

이런 심리계좌는 주식투자자에게서 나타납니다. 주식으로 번 돈이 '하우스 머니 효과'로 금융시장의 거품을 초래하기도 합니다. 이런 거품이 꺼지더라도 새로 얻은 이익만 잃을 것이니 괜찮다고 생각하죠. 그렇게 시간이 흘러 본전마저 잃어버리는 시기가 되면 위험한 도박을 감행합니다. 정상적인 위험회피 성향을 가진 사람도 큰 손실로 압박에 시달릴 때, 만회할 기회가 있다면 극단적 위험을 감수할 수도 있다는 것입니다.

심리계좌는 단순히 도박에서만 적용되는 것은 아닙니다. 소비자 선택에서도 적용됩니다. 예를 들어 헬스장 연간 회원권이나 코스트코 연간 회원, '대박 세일' 같은 현상들에서 나타납니다.

● **TESAT 문제로 알아보는 쏙쏙! 개념 잡기**

【문제】 행동경제학에 대한 설명 중 옳은 것을 〈보기〉에서 모두 고르면?

〈보기〉

가. 인간은 합리적 존재라는 고전경제학과 달리 인간은 감정적으로 선택
할 수도 있다고 본다.

나. 실험심리학의 발달과 관련이 깊으며, 심리학자이자 경제학자인 대니
얼 카너먼은 행동경제학으로 노벨 경제학상을 받았다.

다. 대표적 이론의 하나로 프레이밍 효과가 있는데, 이는 정보를 제시하
는 틀에 따라 사람의 행동이나 선택이 달라질 수 있다는 것이다.

① 가   ② 나   ③ 가, 나
④ 나, 다   ⑤ 가, 나, 다

[정답] ⑤

헬스클럽과 매몰비용

마트에 갔다가 아무 필요 없는 물건을 세일한다고 구매한 적은 없으신가요? 지금은 필요가 없지만 다음에 도움이 될 것이니 미리 사두자는 심정, 저도 자주 겪습니다. 그렇게 구매하고는 시간이 지나고 버려지는 경우가 많습니다. 경제학에서는 이럴 때 쓰는 용어로 매몰비용이 있습니다.

여러분은 매년 초에 건강을 생각해서 다이어트한다는 결심을 가진 적은 없으신가요? 매번 년 초에 연회비를 할인해 준다는 광고를 보고 헬스클럽 등록을 하곤 합니다. 그리고는 한 달이 지나면 바쁘다는 핑계로 잊어버리고 1년이 지나갑니다. 이것도 매몰비용입니다. 또 다른 매몰비용이 있습니다. 연회비를 내고 다니는 할인매장이나 월 회비를 내는 프리미엄 서비스 같은 것들도 매몰비용입니다. 아까운 비용이지만 인식하지 못하는 경우가 많습니다. 왜 이런 일들이 벌어질까요? 행동경제학에서 하는 이야기들을 한번 들어봅시다.

충동구매의 마력에 빠진 사람이라면 행동경제학에서 말하는 거래효용에 대해 알아야 합니다. 거래효용은 특정 제품을 사기 위해 실제로 지불해야 하는 가격과 구매자가 지불하고자 하는 기준 가격(준거 가격)의 차이를 의미합니다.

야구장에서 치킨을 사서 먹는다고 생각해 봅시다. 야구장에서 구매하는 치킨 가격도 평상시 먹는 가격을 기준으로 가격을 정합니다. 하지만 야구장의 치킨 가격은 본인의 기준 가격보다 높거나 양이 적은 경우가 생깁니다. 이런 부분이 부정적 거래효용, 즉 '바가지'에 해당합니다. 이와 달리 마트를 갔더니 본인이 생각한 기준 가격보다 싸게 팔 때, 긍정적인 거래효용인 '할인'이 됩니다.

대다수 자주 사지 않는 물건이나 정보가 없는 물건은 기준 가격이 없습니다. 그래서 마트나 할인 매장에 갔을 때 '희망 소비자 가격'을 보고 기준 가격을 정합니다. 정작 마트나 할인 매장에서의 희망 소비자 가격은 보여주기식 가격일 뿐이고 대박 세일, 기간 한정 세일 등과 같이 할인 판매를 하는 경우가 많습니다. 세일 중이기 때문에 거래효용이 높다는 것을 보여주어 구매를 유도하는 것이지요. 꼭 필요한 물건이 아니면 두고서 언젠가 쓰리라 생각하겠지만, 대부분 매몰비용이 되기도 합니다.

또 다른 매몰비용에 대해 이야기해 보겠습니다. 매년 초에 다이어트를 결심하고 결제하는 헬스클럽 연회비입니다. 대다수 결제하고 난 뒤에는 열심히 다닙니다. 그리고는 귀찮다는 핑계로 잊어버립니다. 매몰비용이지만 매몰비용이라고 인식되지는 않습니다. 왜 그럴까요?

이런 현상을 존 거빌과 딜립 소면은 지불비용 감소라고 했습니다. 지불한 금액이 매몰비용이 될까 봐 처음에는 아까워 열심히 다니지만, 시간이 지날수록 매몰비용의 효과가 서서히 옅어진다는 것이죠.

코스트코의 연회비나 쿠팡의 와우 멤버십, 아마존의 프라임 회원 멤버십 비용도 매몰비용입니다. 물론 연회비를 뽑으려고 열심히 결제를 하겠지만, 한 해 동안 그들이 하는 모든 구매에 걸쳐 그 비용을 할당하려고 하지는 않습니다. 매몰비용이지만 아까워하지 않는 이유는 바로 심리계좌에 '투자'라고 등록되어 있기 때문입니다. 이런 멤버십 비용이 초기에 넣는 돈은 투자이며, 이로 인해 다른 사람들보다 혜택을 받는다고 생각하기 때문입니다. 물론 혜택보다는 더 많은 소비를 하겠지만요……. 아 참, 헬스클럽 연회비도 자기 몸에 대한 '투자'라고 인식할 수 있습니다.

• TESAT 문제로 알아보는 쏙쏙! 개념 잡기

【문제】 수요와 공급의 법칙이 성립하는 시장에서의 균형에 대한 설명으로 옳지 않은 것은?

① 시장에서 균형이 달성되면 자원 배분의 효율성이 충족된다.

② 수요와 공급이 증가하면 균형거래량은 반드시 증가한다.

③ 시장이 균형 상태에 도달하면 수요량과 공급량이 언제나 일치한다.

④ 초과공급이 존재하면 가격이 상승하면서 시장은 균형 상태로 수렴한다.

⑤ 다른 조건이 일정할 때 수요가 증가하면 균형가격과 균형거래량이 모두 증가한다.

| 해설 | 수요·공급 곡선이 교차하는 균형점에서 시장거래량과 시장가격이 정해진다. 시장에서 수요와 공급이 균형을 이룰 때 자원 배분의 효율성이 충족된다. 수요와 공급이 증가해 두 곡선 모두 오른쪽으로 이동하면 균형거래량은 증가하고, 균형가격은 수요·공급 곡선의 상대적 이동거리에 따라 달라진다. 초과공급이 존재하면 공급이 수요보다 많은 상태로 균형가격은 하락한다.

[정답] ④

아이폰과 비교우위

여러분은 어떤 스마트폰을 쓰고 계시는가요? 여러분이 쓰는 핸드폰은 어디서 생산한 것일까요? 아이폰의 경우 본사가 미국에 있으니 미국이라고 할 수도 있죠. 아니면 아이폰 최종 생산은 폭스콘 중국 공장에서 생산되니 중국에서 생산된다고 할 수도 있습니다. 하지만 "부품은?"이라는 질문에는 다양한 답을 줄 수 있습니다. 아이폰을 생산하는 애플의 '2021년 애플 공급사 리스트'에는 중국이 156곳, 일본 42곳, 미국 30곳, 대만 28곳, 한국 23곳, 베트남 21곳, 싱가포르 14곳 등이었습니다.

최근 일본 〈닛케이〉 신문의 보도에 의하면 아이패드 프로에 들어가는 주요 부품의 비중이 한국이 28.6%로 가장 높았다고 합니다. 그리고 대만 18.6%, 미국 16.8%, 중국 7.5%, 일본 2.8% 등이었다고 합니다.

아이폰뿐만 아닙니다. 우리가 사용하는 자동차나 의복, 식품까지 대부분이 전 세계에서 생산됩니다. 어떻게 전 세계에서 다양하게 생산하고 교역할 수 있을까요? 가장 잘하는 한 나라가 수출을 독점하는 것은 안 될까요?

한 경제주체가 어떤 활동을 다른 경제주체에 비해 적은 비용으로 할 수 있을 때 '절대우위에 있다'고 합니다. 애덤 스미스는 생산비가 타국보다 절대적으로 적은 상품의 생산에 각각 특화하여 교역하면 양국 모두에게 이익이 발생한다고 절대우위론을 주장했죠. 절대우위는 그 나라에서 생산하는 것이 다른 나라에 비해 싸게 생산할 수 있을 때 가능합니다. 예를 들어 미국에서 밀을 생산하는 것이 한국에서 생산하는 것보다 투입하는 생산요소가 적기 때문에 '밀 생산에서 미국이 한국보다 절대우위에 있다'고 할 수 있습니다. 물론 어떤 국가는 모든 분야에서 절대우위를 차지할 수 있습니다. 미국이 IT에서나 농업에서나 뭐 여러 분야에서 우위를 차지하고 있죠. 그래도 미국만 수출하고 있는 것은 아니죠? 이처럼 무역이 생기는 이유는 바로 비교우위 때문입니다.

비교우위를 이해하려면 우선 기회비용을 이해해야 합니다. 비교우위는 한 나라가 두 상품 모두 절대우위에 있고 상대국은 두 상품 모두 절대열위에 있더라도 생산비가 상대적으로 더 적게 드는(기회비용이 더 적은) 상품에 특화하여 교역하면 상호 이익을 얻을 수 있다는 것입니다. 비교우위는 리카도가 1817년에 그의 저서 《정치·경제와 조세의 원리》에서 주장한 이론입니다. 앞서 애플의 아이폰 생산에 대해 생각해 봅시다. 전자제품의 생산성은 중국보다 미국이 높습니다. 미국에서 생산하는 것이 더 이득일 수 있습니다. 미국이 절대우위에 있는 것이죠. 하지만 전자제품을 생산하려면 더 많은(이익이 높은) 재화를 포기해야 합니다. 단순노동보다 소프트웨어와 같은 이익이 높은 재화를 생산하는 것이 훨씬 이득이죠. 그래서 전자제품을 기회비용이 낮은 중국이 생산하는 것입니다(사실 이젠 중국보다 임금이 낮은 인도나 다른 곳으로 생산이 이동하고 있습니다). 마찬가지로 다양한 상품에서 비교우위가 생깁니다. 왜냐하면 한 나라에서 생산할 수 있는 재화나 서비스가 다양하기 때문이죠. 이 때문에 무역을 하면 서로에게 이득이 됩니다.

이런 원리는 개인에게도 적용이 됩니다. 예를 들면 셜록 홈스의 친구이자 비서인 왓슨의 관계도 있습니다. 셜록 홈스는 범죄에 대해 탐정하는 것이 비교우위죠. 물론 왓슨보다 의학에도 상당한 수준의 실력을 갖추고 있습니다. 하지만 의학 부분은 왓슨이 맡고 홈스는 탐정 관련 일을 하는 것이 더 이득이 됩니다. 홈스에게 탐정은 비교우위요, 왓슨은 홈스에 비해 의사에서 비교우위인 셈이죠. 여러분도 비교우위의 원리를 잘 이해해서 여러 일에 접목해보는 것은 어떨까요?

● **TESAT 문제로 알아보는 쏙쏙! 개념 잡기**

【문제】 무역을 허용하지 않았던 국가가 외국과의 무역을 개방함으로써 예상되는 결과가 <u>아닌</u> 것은?

① 비교열위에 있는 상품을 덜 생산하는 대신 비교우위에 있는 상품을 더 생산해 수출함으로써 자원이 보다 효율적으로 사용된다.

② 경쟁력을 갖추지 못한 기업이나 산업은 해당 시장에서 퇴출당할 수 있다.

③ 무역을 통해 얻는 이익은 모든 경제주체에 돌아간다.

④ 국가 간 생산성이 크게 차이 나더라도 무역이 이뤄질 수 있다.

⑤ 국내 독과점 기업이 지니는 문제를 자유무역으로 해결할 수 있다.

| 해설 | 한 국가의 상품·서비스가 무역 상대국보다 절대우위에서 밀리더라도 생산의 기회비용 관점에서는 비교우위를 가질 수 있다. 각 국가는 비교우위를 지닌 상품·서비스에 특화·생산하는 과정에서 무역 이전보다 생산의 효율성이 높아지게 된다. 따라서 국제무역에서 경쟁력을 갖추지 못한 기업이나 산업은 외국과의 경쟁에서 생존을 위협받을 수도 있으며 해당 시장으로부터 퇴출될 가능성이 항상 존재한다. 하지만 그 과정에서 무역은 국가 간 비교우위를 지니는 상품·서비스를 생산·교환하면서 사회후생을 개선시킨다. 그러나 모든 경제주체에 무역의 이익이 돌아가는 것은 아니다. 어떤 경제주체는 무역을 통한 이익을 향유할 수 있지만, 또 다른 경제주체는 그렇지 않을 수 있다.

[정답] ③

【문제】 갑국과 을국이 비교우위에 따라 무역을 할 때, 이후 해당 국가에 미칠 영향을 〈보기〉에서 옳은 것을 모두 고르면?

〈보기〉

ㄱ. 다양한 상품을 저렴한 가격에 구매할 수 있다.

ㄴ. 국내 독점 산업의 진입장벽이 제거되면서 국내 소비자잉여가 증가한다.

ㄷ. 외국 상품이 국내 시장을 왜곡한다.

ㄹ. 모든 산업의 근로자는 고용, 실업에서 영향을 받지 않는다.

① ㄱ, ㄴ   ② ㄱ, ㄷ   ③ ㄴ, ㄷ

④ ㄴ, ㄹ   ⑤ ㄷ, ㄹ

| 해설 | 비교우위란 한 생산자가 다른 생산자보다 낮은 기회비용으로 어떤 재화를 생산할 수 있을 때 그 재화 생산에 비교우위가 있다고 말한다. 비교우위에 따라 자유무역을 할 경우 교역국의 지식재산권 등 기술과 아이디어를 습득할 수 있다. 국내에서 비싸게 팔리는 물건이 있다고 가정할 때 비교우위에 의해 해외의 저렴하고 품질 좋은 물건이 들어오면 소비자 이익이 증가한다. 독점인 산업 분야의 진입장벽이 제거되면서 국내 소비자잉여도 증가한다. 하지만 교역 과정에서 비교열위에 있는 국내 산업의 근로자들은 실업이 늘어나는 과정을 겪기도 하면서 일부 산업과 근로자들이 영향을 받는다.

[정답] ①

지불용의와 소비자잉여

다들 부동산에 관심이 많으실 것 같습니다. 마음에 드는 집이 생기면 여러분은 얼마를 낼 수 있나요? 최근에 부동산 경매시장이 뜨고 있습니다. 시세보다 싸게 살 수 있다는 장점이 있지만 그만큼 경매의 단점도 있습니다.

경매는 경제학에서 말하는 지불용의를 잘 이용한 것입니다. 지불용의는 구입 희망자가 지불하고자 하는 최고 금액이죠. 지불용의는 구매 희망자가 사고자 하는 물건에 얼마나 가치를 부여하는지를 나타냅니다. 구매 희망자는 자신의 지불용의보다 낮은 가격에 사고 싶어 하겠지만 지불용의를 넘는 가격을 내고 사고 싶지는 않을 것이죠. 이런 지불용의 가격은 개별 소비자마다 다를 것입니다. 그런 차이를 이용한 것이 경매인 것이죠.

어떤 중고 시장에서 물건을 100원에 판다고 가정합시다. A, B, C라는 세 사람은 이 물건을 사기 위해 120원, 130원, 150원을 낼 용의가 있습니다. 이들은 자신들의 지불용의보다 낮은 금액에 물건을 살 수 있으므로 당장 살 것입니다. 이들은 지불용의 금액보다 싼 금액으로 샀기 때문에 이득이 생겼습니다.

A는 120원을 지불할 용의가 있었으므로 20원의 순이익을, B는 30원, C는 50원의 순이익을 얻은 것이죠. 이것이 바로 소비자잉여입니다. 소비자잉여란 소비자의 지불용의 금액에서 실제 지불한 가격을 뺀 나머지 금액으로 재화를 사면서 얻는 순이익입니다. 일반적으로 개별소비자잉여 그래프는 계단형이고, 많은 사람이 모인 총소비자잉여는 매끄러운 수요 곡선의 형태입니다.

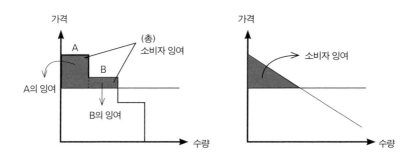

　다시 경매로 돌아와 봅시다. 매각 물건의 시작가가 10원이라고 가정합니다. 이 경매에는 A, B, C 세 사람이 참여했습니다. A의 지불용의 금액은 50원, B는 70원, C는 100원이라고 합시다. 경매가 시작되면 금액이 올라갈 것입니다. 경매가 60원에서는 A는 포기할 것입니다. 80원에서 B가 포기하면서 C가 낙찰받습니다. 이 경우 C는 지불용의 100원보다 20원의 이익을 보았기 때문에 C의 소비자잉여는 20원이 됩니다. A와 B는 지불용의보다 초과한 금액이므로 소비자잉여는 0이죠. 이런 소비자잉여는 시장의 성과를 평가하는 데 중요한 역할을 합니다. 가격이 하락하면 소비자잉여는 증가하고 소비자에게 이익이 증가하는 것이죠. 가격이 상승하면 소비자잉여는 줄어듭니다. 다음에 말할 가격 규제가 소비자잉여를 줄이는 역할을 하는 것입니다. 소비자잉여가 줄어든다는 것은? 여러분에게 돌아갈 이익이 줄어든다는 것이죠.

소비자잉여와 마찬가지로 생산자의 이익, 즉 생산자잉여가 있습니다. 소비자는 '지불'하지만 생산자는 '판매'하죠. 그래서 생산자잉여란 어떤 물건을 판매할 때 받으려고 하는 금액에서 비용을 뺀 금액입니다. 생산자가 재화를 판매하면서 얻는 순이익입니다. 앞서 가격이 상승하면 소비자잉여는 줄어든다고 했습니다. 그렇다면 생산자잉여는 어떨까요? 소비자잉여와는 반대로 생산자잉여는 증가합니다.

이처럼 가격의 이동은 누군가에게 이득을, 누군가에게 손해를 끼칩니다. 그래서 가격을 규제하면 누군가의 잉여는 다른 누군가에게로 이전이 되고 잉여가 줄어든 사람들이 계속 손해를 보면서 시장이 왜곡됩니다.

● TESAT 문제로 알아보는 쏙쏙! 개념 잡기

【문제】 소비자잉여에 대한 설명 중 옳지 <u>않은</u> 것은?

① 소비자잉여를 극대화하는 자원 배분을 효율적이라고 한다.

② 소비자잉여는 소비자가 시장에 참여하여 얻는 이득을 나타낸다.

③ 수요와 공급의 균형 상태에서 소비자잉여와 생산자잉여의 합이 극대화된다.

④ 소비자잉여는 수요 곡선의 아래, 가격 수준 윗부분의 면적으로 계산

할 수 있다.

⑤ 소비자잉여란 구입자의 지불용의에서 구입자가 실제로 지불한 금액을 뺀 나머지 금액을 말한다.

| 해설 | 소비자잉여란 소비자가 어떤 재화를 구입하기 위해 지불할 용의가 있는 최대 가격에서 실제 지불한 가격을 뺀 금액이다. 이는 소비자가 시장에서 상품을 구입함으로써 얻는 이익의 크기를 나타낸다. 소비자가 수요 곡선상에 지불할 용의가 있는 최대 가격은 지불용의 가격, 실제로 소비자가 시장가격에 구입한 가격을 실제 지불 가격이라 한다. 시장수요와 공급의 균형으로 정해진 가격을 통한 거래에서 소비자잉여와 생산자잉여의 합이 가장 커지고 자원 배분이 가장 효율적이라 할 수 있다.

[정답] ①

【문제】 어떤 이가 맥주를 소비하려 한다. 이 사람의 첫 번째 잔에 대한 지불용의는 1만 원, 두 번째 잔에 대한 지불용의는 7,000원, 세 번째 잔에 대한 지불용의는 4,000원, 네 번째 잔에 대한 지불용의는 2,000원이다. 맥주 한 잔의 가격이 3,000원이라고 할 때, 이 사람의 총소비자잉여는 얼마인가?

① 1만 2,000원   ② 1만 3,000원   ③ 1만 8,000원

④ 2만 1,000원   ⑤ 2만 4,000원

| 해설 | 소비자는 지불용의가 가격보다 높은 한 구매를 원하므로 위의 소비자는 세 번째 잔까지 맥주를 구매한다. 소비자잉여는 소비자의 지불용의와 실제 지불 가격 간의 차이의 총합으로 계산되므로 위의 예에서는 (1만 원-3,000원)+(7,000원-3,000원)+(4,000원-3,000원)=1만 2,000원이다.

[정답] ①

총잉여와 시장균형

에어비앤비를 이용해본 적 있으신가요? 최근 코로나19로 인해 여행을 가지 못하여 상당한 타격을 입었지만, 에어비앤비는 여행객들에게 싸고 가성비 좋은 숙소를 제공했습니다. 창업 10년 만에 기업가치 300억 달러(약 36조 원)를 돌파할 정도로 인기가 있었죠. 이런 에어비앤비의 창업은 쉬운 일이 아니었습니다. 에어비앤비 창업자 브라이언 체스키와 조 게비아는 로드 아일랜드 디자인스쿨(RISD) 출신이었습니다. 체스키는 학교를 졸업한 후 로스앤젤레스에서 직장을 구했고, 게비아는 RISD의 자매 학교인 브라운대학에서 비즈니스 관련 공부를 계속했습니다. 그러다 게비아는 샌프란시스코에 자리를 잡고 자신의 친구인 체스키에게 샌프란시스코에서 창업하자고 권유했습니다. 체스키는 기꺼이 수용하고 샌프란시스코로 오게 됩니다. 둘은 호기롭게 시작했지만, 시작은 쉽지 않았습니다. 심지어 월세까지 오르고 같이 살던 룸메이트마저 나가는 바람에 월세를 감당할 수가 없었습니다. 이런 고민을 하던 2007년 10월, 마침 미국에서는 '미국 산업 디자인 학회 연례 콘퍼런스'가 열렸습니다. 사람이 너무 몰려서 숙소가 동이 난 상황이었죠. 체스키와 게비아는 이 상황을 보고 아이디어를 냅니다. 자신들의 아파트 일부를 쉐어(공유)하고 아침을 제공하면서 돈을 받으면 어떨까 하고 말입니다. 이런 둘의 아이디어로 1주일 만에 1,000달러의 돈을 벌게 됩니다. 이것이 시가 총액 100조 원의 에어비앤비 시작이었습니다. 이런 에어비앤비 같은 공유 경제가 사용하지 않던 물건이나 재화를 이용하여 생산자잉여를 늘렸고, 소비자잉여를 늘렸습니다.

소비자잉여와 생산자잉여를 합쳐서 '총잉여'라고 합니다. 총잉여에서 소비자잉여가 늘어나면 생산자잉여는 줄어듭니다. 반면 생산자잉여가 증가하면 소비자잉여는 감소하죠. 그래서 시장의 효율성이 최대가 되는 것(총잉여가 최대)은 '시장균형 상태'인 공급 곡선과 수요 곡선이 만나는 균형점에서라고 합니다. 다음과 같은 이유에서요.

① 재화의 가치를 높게 평가하여 가장 높은 가격을 지불하려고 하는 잠재적 구매자가 재화를 소비하도록 한다.
② 재화를 꼭 팔고 싶어 가장 낮은 가격에 판매하려고 하는 잠재적 판매자가 재화를 판매하도록 한다.
③ 재화를 사고자 하는 모든 소비자는 재화를 판매하고자 하는 모든 판매자보다 높은 가치를 상품에 부여(지불용의 가격보다 낮음)하고 있기 때문에 모든 거래는 상호 이익이다.
④ 재화를 사지 않은 모든 잠재적 구매자는 재화를 판매하지 않은 모든 잠재적 판매자보다 상품에 더 낮은 가치를 부여하고 있기 때문에 거래하지 않는 것이며, 상호 이익을 가져다주는 거래 중에서는 거래가 꼭 일어난다.

이런 시장의 효율성이 달성된 균형점에서 우리는 이런 생각을 가집니다. '못 가진 사람의 박탈감은?' 그래서 시장의 효율성보다는 공평성(형평성)을 주장하곤 하죠.

물론 효율성도 중요하지만, 공평성도 중요합니다. 하지만 둘은 상충 관계에 있죠. 그래서 정부의 정책 결정이 쉽지 않습니다. 공평성을 고려한 정책은 효율성을 저해하는 비용을 초래하죠. 효율성을 고려한 정책은 공평성을 해칩니다.

이런 상황에 우리가 알아야 할 것은 시장의 효율이 최대가 되었다는 순간에도 에어비앤비 같은 혁신이 나온다는 것이죠. 그래서 시장의 효율성이 최대가 아니게 됩니다. 시장균형이 달성되어서 공평성을 따지는 순간에도 시장균형은 다시 변합니다. 게다가 효율성이라는 것에 대한 정의도 알아야 합니다. 효율성은 목표가 아닙니다. 어떤 목표를 달성하기 위한 최적의 방법이죠. 공평성은 목표이기도 하죠. 다만 공평성의 정의에서 얼마나 공평해질 것인가에 대한 부분에서는 명확하게 정의하기는 어렵습니다. 그래서 경제정책이 어려운 것입니다.

● TESAT 문제로 알아보는 쏙쏙! 개념 잡기

【문제】 수요와 공급의 법칙이 성립하는 시장에서의 균형에 대한 설명으로 옳지 <u>않은</u> 것은?

① 시장균형에서 초과수요는 언제나 없다.

② 수요와 공급이 증가하게 되면 균형거래량은 반드시 증가한다.

③ 시장이 균형상태에 도달하면 수요량과 공급량이 언제나 일치한다.

④ 초과공급이 존재하면 가격이 상승하면서 시장은 균형상태로 수렴하게 된다.

⑤ 다른 조건이 일정할 때 수요가 증가하면 균형가격과 균형거래량이 모두 증가한다.

| 해설 | 초과공급이 존재한다는 것은 시장에서 거래되고 있지 않은 상품이 있다는 것이므로 이러한 상황에서는 가격이 하락하면서 시장은 다시 균형상태로 수렴하게 된다.

[정답] ④

부동산 가격상한제를 실시하면

아파트 가격은 폭등하는데, 아파트는 구할 수가 없습니다. 왜 이런 일들이 일어날까요? 바로 부동산 규제 때문입니다.

부동산 가격이 급등하면 가격이 더 이상 오르지 못하도록 인위적으로 막는 것이 부동산 규제의 핵심입니다. 그러면 결과적으로 총잉여가 감소하게 됩니다. 이러한 가격상한제는 경제에 어떤 영향을 미칠까요?

시장에서 수요와 공급은 아주 중요합니다. 수요와 공급의 이동으로 균형점이 생기고 이 점에서 소비자와 공급자의 잉여, 총잉여가 최대가 됩니다. 수요가 변하거나 공급이 변할 때 어떤 일이 일어날지에 대한 예상은 이런 수요와 공급의 법칙에 기반을 두죠. 물론 많은 사람이 이런 이상적인 시장은 완전경쟁시장에서나 일어난다고 하기도 합니다. 그래서 가격이 갑자기 폭등한다던가 폭락하는 순간에 정부가 개입하라고 요구합니다.

소비자는 항상 더 적게 지불하려고 하고, 공급자는 더 높은 가격을 받으려고 합니다. 이를 달성하기 위해 정치적 압력을 씁니다. 정부는 이들의 요구에 종종 시장에 개입하라는 강력한 도덕적, 정치적 요구를 받고 시행합니다. 특히 부동산에서는 '집 없이 사는 서민'을 위한 정책이라는 이유로 더 많은 개입이 일어나고 있습니다. 바로 가격상한제입니다.

가격상한제를 실시하면 공급이 부족해집니다. 원하는 가격을 못 받은 집주인들이 나중에 올려 받기 위해 시장에 물건을 내놓지 않게 되는 것이죠.

수요는 넘치는데 공급이 부족하면 우선 총잉여에서 손실이 생깁니다. 이를 자중손실(deadweight loss)이라고 합니다. 자중손실이 생기면 총잉여는 줄어듭니다. 가격상한제로 소비자의 이득이 늘어나리라 생각할 수도 있습니다. 하지만 이것마저도 자중손실로 많이 줄어들어 큰 차이가 없게 됩니다. 생산자는? 이득이 크게 줄어들어 집을 판매하거나 전세를 내놓을 유인이 없어집니다. 이는 둘 다 손해가 가는 비효율을 초래하는 것이죠.

가격상한제로 총잉여가 감소하면 어떤 일이 일어날까요? 우선은 공급이 부족해지면서 아파트를 찾을 수 없게 된 소비자들은 대개 운이나 개인적 연고를 통해 아파트를 구하게 됩니다. 이는 다시 불법적 암시장이 생기는 것이죠. 그리고 불법적 거래는 불필요한 비용을 만들어 줍니다.

시장의 기능은 꼭 필요한 소비자에게 균형가격으로 물건을 제공하는 것인데, 정부의 개입으로 가격이 왜곡되면 꼭 필요한 소비자에게 필요한 물건이 공급되지 않게 됩니다. 꼭 필요하지 않은 소비자에게 운 또는 인맥으로 제공되어 비효율적인 자원 배분이 일어나는 것이죠. 어쨌든 최근에 전세를 거둬들인다는 집주인 기사를 보시면 이해가 갈 겁니다.

두 번째로는 도시를 파괴하게 만듭니다. 어느 경제학자는 도시를 파괴하는 방법을 두 가지로 제시했습니다. 가장 빨리 파괴하는 방법은 하늘에서 비행기로 폭격하는 방법이죠. 이와 달리 천천히 파괴하는 방법도 있다고 합니다. 임대료를 올리지 못하게 하면 된다는 것입니다.

여러분이 집주인이라고 생각해 봅시다. 여러분이 집을 깨끗하게 하고 새로운 시설을 들이는 이유는 무엇인가요? 새로운 집 또는 리모델링한 집은 임대료를 높게 받을 수 있기 때문입니다. 만약 집주인들이 임대료도 못 올리는데 집을 깨끗하게 관리할 요인이 생길까요? 그렇게 깨끗한 집이 사라지면서 도시는 슬럼화가 되는 것입니다.

● **TESAT 문제로 알아보는 쏙쏙! 개념 잡기**

【문제】가격상한제에 대한 설명으로 알맞은 것을 〈보기〉에서 모두 고르면?

〈보기〉

ㄱ. 자중손실이 발생한다.

ㄴ. 초과공급을 일으킨다.

ㄷ. 암시장이 생길 가능성을 높인다.

ㄹ. 균형가격보다 높게 설정되어야 효과를 나타낸다.

① ㄱ, ㄴ   ② ㄱ, ㄷ   ③ ㄴ, ㄷ

④ ㄴ, ㄹ   ⑤ ㄷ, ㄹ

| 해설 | 가격상한제란 정부가 특정 목적을 위해 시장균형 가격보다 낮은 수준에서 가격 상한선을 정하고 규제된 가격으로 거래하도록 하는 제도다. 최고가격제라고도 한다. 아파트 분양가 상한제, 대출 최고 이자율 제한 등이 가격상한제의 대표적인 사례에 해당한다. 가격상한제는 균형가격보다 낮게 설정해야 효과가 나타나고, 높게 설정하면 시장의 균형가격이 그대로 지켜져서 효과가 없다. 낮게 설정된 가격으로 시장거래량은 줄어들고 초과수요를 일으킨다. 줄어든 공급량을 얻기 위해 경제주체들 사이에 해당 시장에 대한 암시장이 발생할 가능성이 높아진다. 따라서 가격상한제의 결과로 사회적 후생손실(자중손실)이 발생한다.

[정답] ②

최저임금이 상승하면 좋을까?

고용노동부가 2022년 최저임금 시간급을 9,160원으로 고시했습니다. 월급으로 환산하면 주 40시간 근무 기준 191만 4,449원이라고 합니다. 많은 사람이 '최저임금으로 햄버거 세트를 사 먹을 수 있는 권리'라고 하며 최저임금 1만 원 이상 인상을 요구하기도 했습니다. 최저임금은 2018년 7,530원에서 2022년 9,160원까지 빠르게 상승하고 있습니다. 이런 상황이라면 최저임금 1만 원은 곧 도달할 것 같습니다. 최저임금의 가파른 인상이 좋은 것만은 아닙니다. 최저임금을 줄 수 없는 자영업자가 늘어나서 범법자로 내몰린다는 기사도 나오고 있습니다. 왜 이런 문제가 나오는 것일까요?

가격하한제는 재화와 서비스의 가격을 일정 수준 이하로 내리지 못하도록 통제하는 제도로 균형가격보다 높이 책정해 시장의 공급자들에게 이득을 주려고 하는 구조입니다. 가격하한제에 해당하는 공급자는 보통 사회적 약자로 구분되는 사람들이 많습니다. 예를 들어 농어민, 근로자 등이죠. 쌀 가격도 마찬가지입니다. 쌀 가격이 떨어지면 한 해 동안 농사지은 농민들에게 타격이 갑니다. 그래서 쌀 가격이 내려가지 않게 가격을 규제하거나 쌀을 매입하여 가격이 내려가지 않게 하기도 하죠.

가격상한제는 가격 상한을 두어 가격을 내리게 만드는 것이 목표입니다. 가격하한제는 가격 하한을 두어 가격을 올라가게 만드는 것이죠. 얼핏 보면 둘은 반대의 관계 같습니다. 하지만 똑같습니다. 특히 거래량에서는 둘 다 시장을 얼어붙게 만듭니다. 가격상한제가 거래량을 줄인다면 가격하한제는 거래량을 늘려야 하지만 실제로는 둘 다 거래량을 줄여버립니다. 가격하한제로 공급량은 늘어나지만, 시장에서 가격이 올랐으니 수요가 줄어듭니다. 수요가 줄어들면 공급을 하던 공급자도 망하면서 같이 줄어든 것이죠.

최저임금도 그렇습니다. 최저임금의 상승으로 편의점 아르바이트생들이 돈을 더 많이 받을 것이라는 생각을 합니다. 하지만 구매자라고 하는 편의점 사장님들이 아르바이트생을 쓰기보다 본인과 가족을 동원하기 시작하는 것이죠. 그래서 편의점 아르바이트 자리가 줄어드는 현상이 벌어지는 것입니다. 위에서 이야기한 쌀도 마찬가지입니다. 가격하한제로 쌀 가격이 내려가지 않으면 수요는 쌀 대신 다른 곡물이나 라면 등으로 바뀌게 됩니다. 이렇게 쌀 수요가 줄어들면서 정부가 수급해야 하는 상황이 벌어지기도 합니다. 과거 유럽 집행위원회에서 실시한 버터 가격하한제로 버터를 사들이게 되었는데, 오스트리아 전체 인구의 체중을 합한 것과 같은 무게의 버터로 만든 산이 생겼다는 이야기도 있습니다.

가격하한제의 비효율에 대해 정리해 보겠습니다.

① 자중손실이 발생하여 총잉여가 줄어듭니다.

② 판매자 간에 비효율적 자원 배분이 일어납니다.

만약, 기술이 약간 떨어지는 판매자가 있다고 가정해 봅시다. 그는 품질로 인해 낮은 가격을 받고자 하지만 가격하한제로 가격이 규정되어 물건 가격을 낮추지 못합니다. 구매자는 그런 품질의 물건을 제 가격을 주고 사지 않습니다. 그래서 판매자는 물건을 판매하지 못해 소득이 줄어듭니다.

③ 자원이 낭비됩니다.

위에서 이야기한 쌀이나 버터와 같이 수요가 줄게 되어 버려지는 자원이 생기게 됩니다. 정부가 세금으로 이를 다 수급하지만, 이 역시 세금 낭비가 되는 것이죠.

④ 가격하한제를 하면 소비자의 선택권이 사라집니다.

낮은 품질의 상품이나 서비스를 원하는 소비자의 선택권을 박탈하는 것이죠.

⑤ 불법 거래가 일어납니다.

아르바이트 자리가 사라지면서 좋은 일자리는 인맥을 통하거나 프리미엄을 얹어주어야 얻을 수 있는 사태가 벌어지기도 합니다.

앞에서 '가격상한제로 가격이 내려갈 것이다'와 '가격하한제로 가격이 올라갈 것이다'라고 했습니다. 과연 그럴까요? 아닙니다. 가격상한제를 실시하면 품질이 낮은 물건조차 가격상한제 최고가격이 붙어버립니다. 허름한 집조차 가격이 높아지는 현상이죠. 가격하한제를 실시하면 가격이 올라갈까요? 물론 가격이 내려가지는 않고 올라가긴 하겠지만 더 싼 가격에 물건을 사고자 하는 소비자들은 소외당하죠. 특히 저소득층 같은 소외 계층이 먼저 타격을 받게 됩니다.

미시경제학과 거시경제학

우리는 이 책을 통해 경제를 공부하고 있습니다. 그런데 말이죠. 저는 가끔 그 본질에 대해 의문이 들곤 합니다. '경제학'은 뭐지? 경제학 중에서도 '미시경제학'과 '거시경제학'으로 나누는데 그 기준은 무엇이지? 미시경제학의 질문과 거시경제학의 질문은 어떻게 다른 거지? 이런 질문을 하곤 합니다. 물론 쉬운 답일 수 있습니다. 미시는 개인이고 거시는 국가와 사회라는 식으로 구분한다는 것도 답이겠죠. 가볍게 그런 쉬운 답을 한번 생각해 볼까 합니다.

경제학은 사전적 정의로는 '인간의 경제활동에 기초를 두고 사회적 질서를 대상으로 연구하는 사회과학'이라고 합니다. 경제 문제를 다루는 학문이며, 쉽게 말하면 먹고사는 문제를 연구한다는 것이죠. 먹고사는 문제라고 하면 단순할 수 있지만, 미래의 먹거리를 위해 지금 축적하는 행위는 어찌 보면 개인의 이익을 추구하는 것이라 볼 수 있습니다.

개인이 이익을 추구하는 행위에 대해 애덤 스미스는 《국부론》에서 "개인이 각자의 이익을 추구할 때 사회 전체의 이익이 증가한다"라고 했습니다. 또 "개인이 오직 자신의 이윤 추구를 의도하였더라도, 보이지 않는 손에 의해서 그가 의도하지 않았던 결과(사회적 이익)를 촉진한다"라고 하였습니다. 먹고사는 문제가 개인의 이익으로, 사회적 이익으로 연결된다는 것이죠. 여기서 '보이지 않는 손'은 애덤 스미스 이후 경제학자들 사이에서 개인의 이익 추구와 사회의 이익을 연결하는 방식의 대표적인 말이 되었습니다.

애덤 스미스가 개인의 거래(수요와 공급)를 통해 가격이 결정된다고 한 것을 앨프리드 마셜(1842~1924)이 《경제학원리》에서 미시경제학으로 재탄생시킵니다. 다시 말해 미시경제학은 '개인이 어떤 방식으로 의사결정을 하고 이러한 결정이 어떻게 상호작용하는가를 연구하는 학문인 것'이죠. 물론 개인이라고 하지만 기업도 법인격으로 보기 때문에 개별 기업의 의사결정도 미시경제학으로 포함됩니다. 다시 말하면 개별 '경제주체'들의 의사결정이죠.

그래도 미시경제학이 구체적으로 '뭐 하는 학문인가?'라는 생각이 든다면 〈미시경제학적 질문〉을 한번 보면 됩니다.

〈미시경제학적 질문〉

- 대학원에 진학할까 아니면 지금 당장 취직을 할까?
- A은행이 MBA를 졸업한 학생에게 지급하는 연봉은 어떻게 결정할까?
- 대학에서 새 강좌를 개설하는 데 드는 비용을 결정하는 요인은 무엇일까?
- 저소득층 학생이 대학에 진학할 수 있도록 하려면 정부가 어떤 정책을 채택해야 할까?

- A기업이 해외에 사무소나 공장을 만들지를 결정하는 요인은 무엇일까?

1930년 미국에서는 대공황이 일어났습니다. 이런 대공황이 일어난 이유에 대해 미시경제학으로는 설명하기가 어려웠습니다. 애덤 스미스의 고전학파나 미시경제학의 이론이라면 국민 경제 전체는 개별시장의 합과 같아야 했습니다. 쉽게 이야기하자면, 농부 한 사람이 쌀을 많이 생산하여 판매하면 부유해지고, 전체도 부유해져야 했습니다. 하지만 실제로는 모든 농민이 쌀을 더 많이 생산하면 생산할수록 오히려 쌀값이 떨어져 농민이 가난해졌습니다. 이런 상황을 잘 설명하고 해법을 제시한 것은 영국의 경제학자 케인스였습니다. 케인스는《고용·이자 및 화폐에 관한 일반 이론》에서 '유효수요 이론'을 통해 개별 경제주체의 이기심만으로 경제 문제를 해결할 수 없으므로 경제 전체를 거시적으로 관장할 수 있는 주체, 즉 정부의 역할을 강조했습니다. 다시 말해 정부도 하나의 경제주체로서 적극적으로 시장에 진입하고 수요를 창출하여 공황을 극복해야 한다고 했습니다. 정부가 개입하는 방식으로 '통화정책'과 '재정정책'을 제시했습니다. 이는 거시경제학의 이론적 토대가 되었죠.

거시경제학이란 각 개인과 기업의 행동이 서로 작용하여 경제 전체에 있어서 어떤 수준의 성과를 가져오는지를 분석하는 학문입니다. 앞서 미시경제학처럼 〈거시경제학적 질문〉을 보면 좀 더 이해될 것 같습니다.

〈거시경제학적 질문〉

- 올해 경제 전체의 취업자 수는 얼마나 될까?
- 한 해 동안 경제 전체의 근로자들에게 지급되는 총급여액을 결정하는 요인은 무엇일까?
- 경제 전체의 물가수준을 결정하는 요인은 무엇일까?
- 경제 전체의 고용과 성장을 촉진하기 위해 정부가 채택해야 하는 정책은 무엇일까?
- 여러 국가 사이의 재화, 서비스, 금융자산 등의 교역을 결정하는 요인은 무엇일까?

 ● **TESAT 문제로 알아보는 쏙쏙! 개념 잡기**

【문제】 경제학이란 사회가 희소자원을 어떻게 관리하는지 연구하는 학문이다. 다음 중 경제학의 기본원리라고 할 수 없는 것은?

① 자유 거래는 모든 사람을 이롭게 한다.

② 합리적 판단은 한계적으로 이뤄진다.

③ 정부가 시장 성과를 개선할 수 있는 경우도 있다.

④ 모든 선택에는 대가가 있으며 선택의 대가는 그것을 위해 포기한 그 무엇이다.

⑤ 단기적으로는 인플레이션과 실업 사이에 정(正)의 상관관계가 존재한다.

| 해설 | 경제학자들은 경제학의 주요 이슈를 둘러싸고 종종 견해 차이를 나타내기도 한다. 가령 정부의 시장 개입이 과연 바람직한지 같은 주제가 그것이다. 하지만 자유 거래는 모든 사람을 이롭게 한다는 '거래의 이득'이라든지, 합리적 판단은 한계적으로 이뤄진다는 사실 등엔 모두가 동의하고 있다. 모든 선택에는 대가가 있고, 선택의 대가는 그것을 얻기 위해 포기한 무엇(기회비용)이라는 데도 의견이 일치한다. 일반적으로 시장이 경제활동을 조직하는 좋은 수단이며 경우에 따라 정부가 시장 성과를 개선할 수도 있다. 한 나라의 생활 수준은 그 나라의 생산 능력에 달려 있고, 통화량이 지나치게 증가하면 물가는 상승한다는 것도 통설이다.

하지만 단기적으로 인플레이션과 실업 사이에는 물가가 오르면 실업자는 늘어나는 정의 상관관계가 아니라 물가가 오르면 실업은 줄어드는 상충관계가 있다는 데 동의한다.

[정답] ⑤

【문제】미시경제학과 거시경제학에 대한 설명으로 적합하지 <u>않은</u> 것은?

① 미시경제학은 개별 경제주체에 초점을 맞춘다.

② 미시경제학의 관심사는 총고용량, 물가수준이다.

③ 거시경제학은 경제 전반의 움직임에 관심을 갖는다.

④ 미시이론과 거시이론의 통합이 논의되기도 한다.

⑤ 미시경제학과 거시경제학의 구분에 대한 논의는 구성의 오류와 관련이 있다.

| 해설 | 경제학은 크게 미시경제학과 거시경제학으로 나뉜다. 미시경제학은 경제 내 개별 요소, 즉 개별 상품의 가격 결정이나 개별 소비자 또는 기업의 행동을 분석한다. 어떻게 하면 소비자나 생산자가 적은 비용으로 최대의 성과(만족 또는 수익)를 낼 수 있는지가 분석 대상이다. 반면 거시경제학은 경제 전체가 어떻게 작동하느냐 하는 문제를 다룬다. 경제 전체의 산출량(국민소득), 물가수준, 일자리(고용), 이자율, 환율, 국제수지 등이 어떤 원리로 결정되고 서로 어떤 관련이 있는지 연구한다. 주의할 점은 개별 경제주체들의 행동에 대한 추론을 경제 전체의 추론으로 확대할 경우 오류가 발생할 수 있다는 것이다. 경제학에서 전체는 그 부분(개별 경제주체)의 합과 다르다는 사실을 발견할 때가 많은데 이를 구성의 오류라고 한다.

[정답] ②

가위바위보와 게임이론

우리는 인생에서 항상 경쟁과 마주칩니다. 경쟁을 피하고 싶다고 피할 수는 없죠. 경쟁에서 의사결정은 아주 중요합니다. 의사결정에 따라 많은 것이 변하니까요. 이런 의사결정에 관해 어떤 전략을 펼칠 것인가? 여러분은 어떠세요? 전략을 고민해 본 적 있으신가요? 경제학의 게임이론이 이런 전략을 잘 설명하고 있습니다.

게임이론은 깊이 들어가면 정말 머리를 많이 써서 전략을 짜야 해서 어려울 수 있습니다. 하지만 간단한 기초 전략 정도를 공부해 두는 것은 도움이 됩니다.

죄수 100명이 탄 배와 일반 시민 100명이 탄 배가 있습니다. 이 두 배에는 상대방 배를 폭파할 수 있는 스위치가 있습니다. 상대방 배를 폭파하면 살아날 수 있는 상황이 펼쳐졌을 때 여러분은 어떤 선택을 하시겠습니까?

아마 이 장면은 여러분이 많이 본 영화 중의 한 장면일 겁니다(〈배트맨 다크나이트〉입니다). 이런 극단적 사례가 아니어도 우리는 일상생활에서 게임이론을 접하고 있습니다. 바로 '가위바위보'입니다. 어떤 물건을 쟁취하거나 청소 순번을 정할 때마다 가장 쉬운 가위바위보 게임을 통해 정합니다. 여러분은 가위바위보를 할 때 어떤 전략을 가지고 진행하나요? 물론 아무 생각 없이 내기도 합니다만 꼭 가져야 할 물건이라면? 아마 상대방이 가장 많이 내는 경우의 수를 고민할 것입니다. '쟤는 주먹을 꼭 쥐고 사니까 주먹을 낼 거야', '쟤는 늘 편한 걸 좋아하니 손에 힘주는 것을 싫어할 거야. 그래서 보자기를 낼 듯……' 등을 고민합니다.

물론 가위바위보 게임 외에도 운전할 때나 가격을 흥정할 때, 임금을 협상할 때 등 많은 부분에서 게임이론이 진행되고 있습니다. 이런 상황을 잘 이해하려면 우선 게임이론의 세 가지 요소를 먼저 알아야 합니다.

모든 게임은 세 가지 기본 요소를 가지고 있습니다.

① 경기자
② 전략(경기자들이 선택할 수 있는 행동의 집합)
③ 보수

이 세 가지 요소는 게임이론의 중요한 요소입니다. 앞서 가위바위보 게임으로 살펴보면 나와 상대방이 경기자입니다. 전략은 상대방의 행위에 대한 내가 해야 할 행동입니다. 상대방이 가위를 내면 나는 주먹을 내거나 가위를 내는 것이죠. 보수는 가위바위보 게임을 통해 얻게될 무엇입니다.

게임이 시작되면 보통 경기자나 보수는 정해져 있습니다. 그래서 게임 도중에 상황에 따라 변하는 것은 전략입니다. 상대방과의 게임에서 어떤 전략을 펼칠 것인가? 두 가지 전략이 있습니다. 바로 우월 전략과 열등 전략입니다. 우월 전략은 다른 경기자들이 어떤 전략을 선택하든지 상관없이 자신의 다른 전략 중에서 항상 더 높은 보수를 주는 전략입니다. 이런 전략을 가지고 있는 경우 해당 경기자는 우월 전략을 가진다고 말합니다. 물론 모든 게임에서 우월 전략을 가질 수는 없습니다. 그래서 우월 전략 외의 전략은 열등 전략입니다.

죄수의 딜레마 게임에서 죄수가 선택할 두 가지 전략은 자백과 묵비권이죠. 죄를 자백하면 상대방이 어떤 것을 택하든 혜택을 받습니다. 이것이 바로 우월 전략입니다. 앞서 극단적 사례로 들은 상대방 배를 폭파하는 스위치를 누르느냐 마느냐 하는 문제도 내가 살아야하는 것이 혜택이므로 '버튼을 누른다'가 우월 전략입니다.

각 경기자의 전략이 다른 경기자들이 선택한 전략들에 대해서 자신이 선택할 수 있는 전략 가운데 최선일 경우, 게임이 균형 상태에 있다고 합니다. 이런 균형 상태를 '내시균형'이라고 합니다. 경기자들이 모두 우월 전략을 가지고 있고, 다들 우월 전략을 선택하는 것이 내시균형입니다. 물론 우월 전략을 실행하지 않고 열등 전략으로 균형을 이뤘을 때도 내시균형을 이룰 수 있습니다. 또 게임에서 다양한 내시균형이 존재할 수도 있습니다.

최근 많은 IT 부분에서 게임이론이 쓰이고 있습니다. 예를 들자면 암호화폐나 인공지능에서 쓰입니다. 비트코인에서 쓰이는 '비잔티움 장애 허용'이라는 것도 일종의 게임이론입니다. 비잔티움 장군들이 '배신'을 할 것인가를 선택에 관한 내용으로 부정직한 공격으로부터 비트코인 노드를 지켜내는 방법이 비잔티움 장애 허용이죠.

인공지능에서는 딥러닝에 쓰이는 '생성적 대립 신경망'에서 나옵니다. 게임이론 중 제로섬 게임을 이용한 것입니다. 이외에도 자율주행차에서도 많이 쓰이죠. 우리 사회가 발전할수록 게임이론은 계속 쓰입니다. 그래서 4차 산업, 신기술에 관심이 많다면 게임이론을 꼭 공부하는 것이 좋을 것 같습니다.

● **TESAT 문제로 알아보는 쏙쏙! 개념 잡기**

【문제】한 산업이 두 기업 A와 B로 구성돼 있는데, 두 기업은 광고비 집행에 각각 두 가지 전략 기회를 가지고 있다. 기업 A, B 모두 취할 수 있는 전략은 적은 금액의 광고비를 쓰는 전략과 많은 금액의 광고비를 쓰는 전략이다. 만약 일단 두 기업 모두 많은 금액의 광고비를 쓰는 전략을 선택하면 광고 전쟁이 발생해 두 기업 모두 파산이 예상된다. 한 기업은 많은 광고비를 쓰고 다른 기업은 적은 광고비를 집행한다면 많은 광고비를 쓴 기업은 시장점유율 확대로 이득을 보게 되고 적은 광고비를 택한 기업은 시장점유율 축소로 손해를 보게 된다. 두 기업 모두 적은 광고비를 택하면 현상 유지를 하게 돼 두 기업 모두 손실이나 이득을 보지 않는다. 이러한 상황에서 내시균형을 모은 것으로 옳은 것은?

가. A : 많은 광고비, B : 많은 광고비

나. A : 많은 광고비, B : 적은 광고비

다. A : 적은 광고비, B : 많은 광고비

라. A : 적은 광고비, B : 적은 광고비

① 가, 다   ② 가, 라   ③ 나, 다

④ 나, 라   ⑤ 다, 라

| 해설 | 내시균형은 상대방의 전략이 주어졌을 때 택할 수 있는 최적의 전략이다. A기업 입장에서 B기업이 많은 광고비를 쓴다면 적은 광고비를 쓰는 게 보수가 높은 전략이다. 상대가 적은 광고비를 쓰면 많은 광고비를 쓰는 게 낫다. 이는 B기업 입장에서도 마찬가지다. 따라서 내시균형은 나와 다가 된다. 따라서 두 기업은 서로 유리한 내시균형을 차지하기 위해 많은 광고비를 지출할 것처럼 보여야 한다.

[정답] ③

【문제】 전략적 상황에서 우월 전략을 갖게 되는 경우에 대한 설명으로 옳은 것은?

① 소득이 많은 사람이 우월 전략을 갖게 된다.

② 자신의 강점만을 강조하는 전략이 우월 전략이다.

③ 다른 사람의 약점을 찾으려는 전략이 우월 전략이다.

④ 미래 상황에 대한 예측력이 뛰어난 사람이 우월 전략을 갖게 된다.

⑤ 상대방의 행동과 무관하게 항상 자신에게 유리한 상황이 있는 경우 우월 전략을 갖게 된다.

| 해설 | 게임의 참가자에게 상대방의 행동과 무관하게 항상 자신에게 유리한 상황이 있게 되는 경우 우월 전략을 갖게 되는 것이다.

[정답] ⑤

애덤 스미스는 틀렸어

여러분은 좁은 공간에서 사람들이 모이게 되면 주위의 소음 수준이 급격히 증가하는 것을 느낀 적 있으신가요? 좁은 공간에서 큰소리로 대화를 하고 나면 목이 아프고 목소리가 쉰 경험이 있을 것 같습니다. 물론 좁은 공간이라 먼지가 많아서 그렇다고 생각하는 때도 있겠지만 대다수는 큰 소리로 이야기해서 그럴 것 같습니다.

저는 또 다른 의문도 있습니다. 그것은 지인들과 술을 마실 때 목소리가 커지는 이유입니다. 술을 마시면 말하는 사람이 귀가 안 들려서 목소리가 커지는 것인지, 아니면 술을 마셔서 그냥 목소리가 커지는 것인가에 대해서 말이죠. 여기에는 게임이론의 '내시균형'이 있다는 것을 아시나요?

좁은 공간에서 대화할 때 모든 사람이 소리를 높이지 않고 말을 했다면, 목도 안 아프고 잘 들렸을 겁니다. 하지만 개인과 집단의 이익은 다릅니다. 모든 사람이 평소의 목소리로 말한다고 가정해 봅시다. 아무도 소리치지 않는다고 하더라도 좁은 공간에 사람이 많으므로 대화 상대방은 다른 사람의 말을 알아듣기 힘들 겁니다. 개인의 관점에서는 자연스럽게 목소리를 높이는 것이 해법이죠. 하지만 한 명이 목소리를 높이면 자연스럽게 다른 사람도 안 들려서 같이 목소리를 높입니다. 다시 말해 다른 사람이 무엇을 하든 간에 상관없이 각 개인은 목소리를 높이는 것이 유리합니다. 바로 우월 전략이죠. 목소리를 높이는 것은 낭비지만 개인으로서는 최선의 전략입니다. 이처럼 '목소리를 크게 한다'가 바로 내시균형입니다. 각 경기자의 전략이 다른 경기자들이 선택한 전략들에 대해서 자신이 선택할 수 있는 전략 가운데 최선일 때 게임이 내시균형 상태에 있다고 합니다.

내시균형은 미국 수학자 존 내시가 비협력 게임(경기자 간 교섭이 불가능한 게임)에서도 경기자 사이의 균형이 존재한다는 사실을 발견한 데서 비롯됐습니다. 사실 존 내시하면 영화로 유명한 인물이죠. 바로 2001년 개봉한 영화 〈뷰티풀 마인드〉입니다.

뷰티풀 마인드 내용 중에는 존 내시가 대화 도중에 내시균형을 발견하는 장면이 나옵니다. 내시(러셀 크로)와 친구들 넷이 바에 앉아 있는데 금발 미녀가 4명의 여자 친구와 함께 들어옵니다. 남녀 숫자가 5대 5임에도, 친구들은 금발의 미녀에게만 관심이 있습니다. 이때 한 친구가 말합니다.

"애덤 스미스가 말했지. 경쟁에서 개인의 야망은 집단의 이익에 이바지한다."

이 말은 앞서 설명한 '미시경제학과 거시경제학' 내용 중 한 부분이기도 하죠. 애덤 스미스가 《국부론》에서 "개인이 각자의 이익을 추구할 때 사회 전체의 이익이 증가한다"라고 말한 부분 말입니다. 다른 친구들은 이 내용에 동의했지만 내시는 동의하지 않습니다. 내시는 나직이 말합니다.

"애덤 스미스가 틀렸어."

그리곤 내시는 왜 그런지 설명하죠.

"우리가 모두 금발을 잡으려고 쟁탈전을 벌이면 아무도 그녀를 얻지 못해. 꿩 대신 닭이라고 그녀 친구들에게 다가가면 그녀들은 우리를 매몰차게 무시할 거야. 대타 기분 알잖아. 아무도 여자를 탐내지 않으면? 쟁탈전도 없고 그녀 친구들의 기분도 안 상해. 그게 다 같이 이기는 길이야."

금발의 여자에 대해 친구들이 서로 경쟁하지 않고 각자 자신의 조건에 맞는 상대를 찾는다면 대부분 친구가 짝을 이뤄 더 큰 효용을 얻을 수 있다는 것이죠. 바로 이것이 내시균형 상태입니다. 모두가 선택할 수 있는 전략 가운데 최선의 전략인 셈입니다. 내시는 덧붙여 설명합니다.

"애덤 스미스는 최고의 이익은 개개인이 집단 안에서 자신의 이익을 위해서 최선을 다하는 것이라고 했지. 그것은 불완전해. 최선의 결과는 자신의 이익은 물론 소속된 집단을 위해서라도 최선을 다해야 실현되는 거야. 애덤 스미스는 틀렸어!"

죄수의 딜레마에도 내시균형이 등장합니다. 내시균형은 이런 과점시장의 균형을 설명하는 데 유용합니다. 물론 내시균형도 한계는 있습니다. 내시균형에 도달하면 전략을 바꿀 필요가 없다는 점은 잘 설명해주지만 그런 내시균형에 도달했는지는 잘 모른다는 것이죠.

【문제】죄수의 딜레마 모형에 대한 설명으로 옳지 <u>않은</u> 것은?

① 우월 전략이 존재한다.

② 완전경쟁시장에서 기업 간 관계를 잘 설명할 수 있다.

③ 게임 참가자들 간의 자유로운 의사소통이 불가능함을 전제로 한다.

④ 죄수의 딜레마 상황이 무한 반복되는 경우 참가자들 간 협조가 쉬워
   진다.

⑤ 자신의 이익을 추구하면 게임에 참가한 주체들의 전체적인 이익은
   극대화되지 않을 수 있다.

| 해설 | 죄수의 딜레마는 완전경쟁시장보다 과점시장에서 기업 간 관계를 잘 설명할 수 있다.
과점의 기업 역시 담합을 해도 독점적 이윤 유지가 어렵다는 것이다. 죄수의 딜레마는 자신의
이익을 위한 선택이 균형이 된다. 담합을 통해 독점적 이윤을 노리려고 해도 약속을 위반할 수
밖에 없는 유인이 있으므로 담합은 깨지고 경쟁 상태는 지속이 된다.

[정답] ②

기득권과 지대추구

'지대추구'라는 말을 들어본 적 있으신가요? 기득권에 관해 이야기를 하면서 보통 쓰는 말입니다. 그런데 지대(地代)라는 말은 사전적 의미로 '토지의 사용에 대하여 지급된 임대료'라는 뜻입니다. 그런 지대가 왜 갑자기 기득권의 이익과 연결된 것일까요?

지대라는 말은 사전적 의미에서 '토지 임대료'이긴 하지만 경제학에서는 '정상가격을 훨씬 초과해 남기는 이익'이라는 뜻이 있습니다. 이 이야기를 하려면 과거로 돌아가 봐야 할 것 같습니다.

산업혁명이 한참이던 1800년 영국 의회는 토지를 소유한 지주계급이 장악한 상태였습니다. 산업혁명으로 인해 새롭게 부를 축적한 신흥 자본가 계급은 아직 정치적으로 영향을 얻지 못한 상황이었죠. 1812년 나폴레옹의 대륙봉쇄령으로 밀 가격은 급등합니다. 1쿼터(8부셸)에 118실링까지 폭등을 하죠. 밀 1부셸(약 28kg)을 사는 데 노동자 보름치 봉급이 들 정도였습니다. 이 시기에는 지주계급이 돈을 더 많이 벌었죠. 밀의 가격이 높아지자 노동자들은 그때까지 받던 임금으로는 밀을 조금밖에 살 수가 없게 됩니다. 그래서 임금 인상을 요구하죠. 산업혁명의 영향으로 돈을 벌던 신흥 자본가 계급은 임금 인상으로 인해 타격을 받습니다. 하지만 1813년 대풍년과 1814년 대륙봉쇄령 해제로 저렴한 밀이 수입되면서 밀 가격은 1쿼터에 67실링까지 급락하게 됩니다. 대륙봉쇄령 기간 중 고수익을 올리던 지주계급은 자신들의 이익을 놓칠 수가 없었습니다. 의회를 장악한 지주계급은 곡물조례를 개정하여 밀 가격이 80실링을 넘어야 수입을 할 수 있도록 합니다. 어떻게든 밀 가격을 낮춰 임금을 낮춰야 했던 신흥 자본가 계급은 의회에서 아무 힘이 없었기 때문에 이러지도 저러지도 못하죠.

이때 곡물조례를 신랄하게 비판하던 사람이 있습니다. 바로 데이비드 리카도입니다. 리카도는 곡물 가격이 높으면 농업으로 이익을 보려는 사람이 늘어나 지대가 높아지게 되어 곡물 가격이 더 올라갈 것이라고 주장합니다. 다시 말해 토지의 지대가 높아질수록 지주계급이 토지의 모든 이윤을 독차지해 산업자본이 형성될 수 없고 경제발전과 분배도 어렵다는 것입니다. 여기서 지대추구의 '지대'가 '토지 임대료'와 '정상가격을 훨씬 초과해 남기는 이익'으로 연결된 것입니다.

'지대추구 행위'라는 것도 지주계급이 의회의 권력을 이용해 자신의 이익을 추구하는 행위라는 것입니다. 다시 정리하자면 '자신의 이익을 위해 로비 등의 비생산적인 활동에 경쟁적으로 자원을 소비하는 일체의 활동'이 지대추구 행위라는 것이죠. 이를 다른 말로는 정경유착, 정치적 이권 추구 등의 개념과도 가깝죠.

곡물조례 이후의 대표적 사례로는 적기조례가 있습니다. 산업혁명의 나라 영국은 자동차산업에서도 선구자였습니다. 1826년 증기자동차 실용화에 가장 먼저 성공했죠. 그런데 앞서 곡물조례에서 지주가 있었다면 이번에는 마차업자 단체가 문제였습니다. 편리한 자동차 보급이 늘자 마차업자들이 마차조합을 만들어 자동차를 견제하기 시작했습니다. 말과는 달리 사람을 치어 죽이고 매연이 심해 도시를 오염시킨다며 자동차 운행 제한을 주장한 것이죠. 이런 단체의 지대추구 행위에 영국의 빅토리아 여왕은 1861년 '자동차 조례'를 선포했습니다. 이것이 1865년 개정돼 '붉은 깃발 규제', 즉 적기조례(붉은 깃발법)란 이름을 갖게 됐습니다.

적기조례에 따르면 교외에서는 시속 4마일(약 6.4km) 시내에서는 2마일(약 3.2km) 이하로 속도가 제한됐습니다. 말보다 늦게 달려야 했던 것이죠. 심지어 이를 위해 기수가 자동차 앞을 달리며 낮에는 붉은 깃발로, 밤에는 붉은 등으로 속도를 조절했습니다. 기존 운송 수단인 마차를 보호하는 이 규제는 결국 새로운 운송 수단인 자동차산업의 몰락을 불러왔습니다. 적기조례는 1896년에 가서야 폐지됐고 그 사이 자동차산업의 주도권은 인근 유럽국인 프랑스와 독일, 그리고 멀리 미국으로 넘어갔습니다. 영국은 자동차산업의 선구자였지만 지금은 현대자동차 같은 회사조차 없다는 것이 현실입니다.

지대추구 행위는 우리 사회에도 많습니다. 이는 규제라는 단어로도 불리고 있죠. 자격증이나 면허, 협회를 비롯한 여러 이익단체가 각자의 이익을 위해 하는 활동들이 다 지대추구 행위입니다.

【문제】 다음 지문이 설명하는 개념은 무엇인가?

> 경제주체들이 자신의 이익을 위해 비생산적인 활동에 경쟁적으로 자원을 낭비하는 현상, 즉 로비·약탈·방어 등 경제력 낭비 현상을 지칭하는 말이다. 예를 들어 특정 경제주체가 면허 취득(개인택시 기사, 의사 및 변호사) 등을 통해 독과점적 지위를 얻으면 별다른 노력 없이 초과 소득을 얻을 수 있다.

① 리니언시   ② 지대추구 행위   ③ 약탈적 행위

④ 포획 행위   ⑤ 불공정 행위

| 해설 | 지문에서 설명하는 내용은 지대추구 행위다. 지대추구란 기득권의 울타리 안에서 자기 이익을 위해 비생산적 활동(로비, 면허권 부여, 독점권 부여 등)을 경쟁적으로 하는 현상을 뜻한다. 이는 사회 전체적인 관점에서 비효율적 자원 배분이 나타난다. 리니언시란 공정거래위원회가 담합을 자진신고한 기업에 과징금을 감면해주고 검찰 고발을 면제해주는 제도다. 자진신고 감면 제도라고 한다. 처음 신고한 업체에는 과징금 100%, 2순위 신고 기업엔 50%를 감면해준다.

[정답] ②

【문제】 다음 글에서 말하는 지대추구 행위에 관한 설명 중 옳지 <u>않은</u> 것은?

> 산업혁명이 한창이던 19세기 영국에서 증기자동차가 나왔다. 영국 의회
> 는 1865년 적기조례법이라는 법을 제정하였다. 자동차가 마차보다 느리
> 게 다니도록 한 규제 법률이었다. 마차 사업자의 이익을 보호한다는 착
> 한(?) 명분이 작용했다. 요즘 자동차에 비해 성능이 형편없지만, 당시만
> 해도 증기자동차는 '꿈의 속도'로 달릴 수 있었다. 시속 30마일, 즉 시속
> 48km였다. 이런 적기조례법에 대해 제임스 뷰캐넌은 개인뿐만 아니라
> 집단도 자신들의 이익을 추구한다고 했다. 이를 '지대추구'라고 한다.

① 지대는 기회비용을 초과해 얻는 부분이다.

② 지대추구 행위는 정부 실패의 요인은 아니다.

③ 지대추구 행위는 항상 사회적 후생손실을 발생시킨다.

④ 한강이 보이는 아파트의 값이 비싼 이유는 지대 때문이다.

⑤ 이익집단들이 정책 결정에 영향력을 행사하려는 것도 지대추구 행
위다.

| 해설 | 지대추구 행위란 고정된 생산요소에서 발생하는 경제적 지대를 얻거나 지키려고 하는
것이다. 여기서 경제적 지대란 생산요소가 얻는 소득 중에서 기회비용을 초과한 부분이다. 이익
집단들이 정부의 각종 인허가권을 얻기 위해 로비로 정책 결정에 영향력을 행사하는 것도 지대
추구 행위다. 기득권의 울타리 안에서 자기 이익을 지키면서 희소한 자원이 비생산적 활동에 사
용되면 후생손실이 초래된다. 이는 자원 배분에 왜곡을 가져온다. 따라서 지대추구 행위는 정부
실패의 한 요인이다.

[정답] ②

신빙성 있는 위협

'배수의 진'이라는 이야기 많이 들어보셨죠? 배수의 진은 중국 한(漢)나라의 한신이 강을 등지고 진을 쳐서 병사들이 물러서지 못하고 힘을 다하여 싸우도록 하여 조(趙)나라의 군사를 물리쳤다는 데서 유래한 말입니다. 다른 말로 '벼랑 끝 전술'이라고 하기도 합니다. 이 배수의 진도 게임이론의 하나입니다. 바로 전략적 행위 중의 하나인 '신빙성 있는 위협'이죠.

게임이론에는 여러 가지가 있지만, 우선 '전략적 행위와 신빙성 있는 위협·약속'에 대해 알아보겠습니다.

전략적 행위란 주어진 게임 상황을 자신에게 유리하도록 변화시키기 위해 사용되는 전술을 말합니다. 앞서 전쟁이나 여러 경쟁에서 쓰는 수법이죠. 전략이 성공하기 위해서는 해당 전략을 상대방이 믿도록 해야 합니다. 아무리 펼치는 전략이 좋아도 상대방이 그 전략을 거짓이라고 생각한다면 전혀 전략이 먹히지 않습니다. 그래서 전략을 '신빙성' 있도록 펼쳐야 합니다. 이런 신빙성이 있는 전략적 행위를 '공약'이라고 합니다.

신빙성 있는 위협이란, 실행 시점이 다가왔을 때 실제로 실행에 옮기는 것이 위협을 한 사람의 이익에 부합한다는 것입니다. 다시 말하면 나는 무조건 실행을 하겠다는 것을 보여준다는 것이죠. 예를 들어 제임스 딘이 주연한 영화 〈이유 없는 반항〉에서 벌어진 치킨 게임(겁쟁이 게임)과 같은 것입니다. 치킨 게임은 2대의 자동차가 낭떠러지를 향해 질주하다 먼저 핸들을 꺾는 쪽이 지는 것이죠. 이 경우 미리 상대방에게 신빙성 있는 위협을 통해 유리한 결과를 얻는 방법이 있습니다. 차가 출발하기 전에 자신의 두 손을 핸들에 쇠사슬로 꽁꽁 묶어 결코 핸들을 꺾지 않겠다는 모습을 슬쩍 보여주는 것입니다. 그 모습을 본 상대방은 고민에 빠질 것입니다. 오직 '돌진' 밖에 없으니 상대방은 '회피' 외에는 다른 선택이 없게 만드는 것이죠.

또 싸울 때 웃옷부터 벗어 던지는 사람들도 이와 비슷한 위협입니다. 물론 위협에는 신빙성이 있어야 합니다. 신빙성이 없으면 상대방은 위협이 거짓이라고 알고 있으므로 위협이 먹히지 않을 것입니다(보잘것없는 몸을 가지고 있다면……). 그러면 위협을 한 당사자도 이익을 얻을 수 없을 것입니다.

이와 함께 '신빙성 있는 약속'이라는 것도 있습니다. 위협과 같이 실제로 시행에 옮기는 것이 약속을 한 사람의 이익에 부합하는 것입니다. 신빙성 있는 약속의 예로는 보통 기업들의 담합 게임을 들 수 있습니다. A와 B라는 기업이 있다고 생각해 봅시다. 두 기업이 소비자에게 물건을 많이 파는 방법은 당연히 낮은 가격이죠. 바로 그것이 우월 전략입니다. 그런데 계속 낮은 가격으로 전략을 펼치면 이익이 없어 둘 다 망합니다. 이 경우 서로 합의를 통해 높은 가격을 받겠다고 약속합니다. 그런데 이 약속이 효력을 발생하려면 위협의 경우와 마찬가지로 경기 상대방이 이 약속을 액면 그대로 받아들여야 합니다. 즉 약속에 신빙성이 있어야 한다는 것이죠.

앞서 이야기했듯 위협이든 약속이든 신빙성을 얻어야 이익을 얻을 수 있다고 했습니다. 그렇다면 신빙성을 얻으려면 어떻게 하는 것이 좋을까요?

위협이나 약속에 신빙성을 부여하는 방법은 크게 게임의 규칙을 변경하는 방법, 게임 참여자를 변경하는 방법, 그리고 게임의 보수 체계를 변화시키는 방법의 세 유형으로 나누어 볼 수 있습니다.

게임의 규칙을 변경하는 방법 중의 대표적인 것으로 퇴로 차단이 있습니다. 앞서 이야기한 배수의 진입니다. A 진영과 B 진영이 싸우면 일반적으로 B 진영이 진다고 생각해 봅시다. B 진영은 어차피 지는 거 물러설 곳을 없애고(게임의 규칙 변경) 죽기 살기로 싸우기를 각오합니다. A 진영은 승리할 것이라는 확신이 있었지만, 배수의 진을 친 B 진영을 상대로는 확실한 승리가 어렵게 됩니다. 이 경우 A 진영은 B 진영과 싸움을 회피할 가능성이 커지는 것이죠. B 진영은 이를 통해 이익을 얻는 것입니다.

다음으로 게임의 참여자를 변경시킴으로써 신빙성을 획득하는 대표적인 방법은 다른 사람이나 기관에 일정한 권한과 의무를 부여하여 위임하는 것입니다. 예를 들어 노동조합이 그런 것이죠. 노동자를 대신해 노동조합이 참여함으로써 개인으로 할 수 없는 협상을 쉽게 진행할 수 있도록 하는 것입니다.

또 다른 예로는 중앙은행 설립이나 금본위제가 있습니다. 두 방법은 화폐의 신뢰(신빙성)를 획득하는 방법입니다. 과거 화폐를 발행했던 군주들은 화폐를 마음대로 발행해 화폐 가치가 하락했습니다(보통 전쟁에 비용을 조달하려는 방법이었죠). 이 때문에 초인플레이션이 발생해 백성들은 힘들어졌죠. 백성들은 이를 막겠다는 군주의 약속이 믿기 어려웠습니다. 군주의 약속에 신빙성을 부여하려면 어떻게 해야 할까요? 18세기 초 영국에서는 철학자 존 로크가 법으로 화폐의 가치를 고정할 것을 주장하였습니다. 그 결과 파운드화의 가치는 금은괴의 정해진 양으로 고정되었습니다. 그리고 저명한 물리학자인 아이작 뉴턴에 의해 1717년 파운드화의 금 가치가 결정되었죠. 바로 이것이 금본위제도의 초석입니다. '약속의 신빙성'이 법률에 따라 확보된 좋은 예인 것이죠.

중앙은행제도도 마찬가지입니다. 국가는 재정지출 확대를 위해 마음대로 화폐를 찍어낼 수 있습니다. 그러면 화폐에 대한 불신이 생기겠죠. 정부의 화폐 정책에 대한 불신 문제를 해결하기 위해 주요 선진국에서는 중앙은행에 독립성을 부여하고 있습니다. 중앙은행이 자율적으로 화폐 정책을 결정하도록 한 것은 새로운 기관에 책임을 위임함으로써 화폐 가치의 안정성 유지에 대한 신빙성을 확보하는 것이라고 할 수 있죠.

마지막으로 게임의 보수 체계를 변경해 신빙성을 획득하는 방법이 있습니다. 이는 위협이나 약속을 이행하지 않으면 처벌을 받는다는 계약을 체결하는 것입니다. 예를 들어 두 사람이 다이어트를 한다고 합시다. 그냥 다이어트를 한다고 약속만 하면 안 해도 상관없으므로 다이어트를 할 요인이 없습니다. 만약 10kg을 감량하지 않을 시 벌금

100만 원을 내겠다고 약속하면 어떨까요? 100만 원이 아까워서라도 다이어트에 몰입할 것입니다. 즉, 100만 원의 벌금 때문에 다이어트 수행의 신빙성을 높이는 것이죠.

● TESAT 문제로 알아보는 쏙쏙! 개념 잡기

【문제】다음에서 설명하는 '이것'은 무엇인가?

> 한때, 삼성이 메모리 반도체인 D램 시장에서 경쟁업체들과 '이것'을 통해 시장점유율을 증가시켰다. '이것'은 게임이론에서도 사용되는 용어로, 어느 한쪽이 무너질 때까지 출혈 경쟁을 하는 것이다.

① 콜드 게임   ② 윈윈 게임   ③ 치킨 게임
④ 스윙 전략   ⑤ 집중화 전략

| 해설 | 치킨 게임은 두 명의 경기자들 중 어느 한쪽이 포기하면 다른 쪽이 이득을 보게 되며, 각자의 최적 선택이 다른 쪽 경기자의 행위에 의존하는 게임을 말한다. 여기서 의존적이라 함은 한쪽이 포기하면 다른 쪽이 포기하지 않으려 하고, 한쪽이 포기하지 않으면 다른 쪽이 포기하려 한다는 사실을 의미한다. '매와 비둘기 게임'이라고도 하며 '겁쟁이 게임'으로도 쓴다.

[정답] ③

세금은 얼마가 적정할까?

세금은 얼마가 적당하다고 생각하세요? 고대에서부터 현재까지 증세 논란은 끝이 없습니다. 역사 속의 여러 국가가 증세 때문에 몰락을 겪었습니다. '팍스 로마나'를 외쳤던 로마제국도 그랬습니다. 로마 역시 대제국의 필수 조건인 '공평하고 적정한 과세'를 부과했습니다. 로마는 정복한 나라에 대해 소득의 10%를 세금으로 부여했습니다. 안전 보장의 대가였죠. 대신, 군대에 들어가면 이를 면제해줬습니다. 이런 로마가 무너진 것은 212년 카라칼라 황제 때부터였습니다. 그는 안토니누스 칙령으로 모든 속주민에게 로마 시민권을 부여했습니다. 물론 좋은 일이었죠. 하지만 속주민으로부터 받던 속주세를 걷지 못하게 되자 로마의 재정 문제는 심각해졌습니다. 이를 막기 위해 특별세가 남발되면서 로마는 몰락의 길을 걷기 시작했습니다(물론 로마의 몰락은 세금 때문만은 아니지만요).

얼마가 적정한 세금이냐는 문제는 여전히 논란입니다. 그런 논란에 대한 한 가지 해법이 바로 아서 래퍼 전 시카고대학 교수의 '래퍼 곡선'입니다.

1974년 어느 오후 워싱턴의 한 레스토랑. 아서 래퍼 교수는 정치인

몇 사람과 식사를 하고 있었습니다. 그 자리에서 '세금은 얼마나 적정한가'에 대한 논쟁이 오고 갔습니다. 래퍼 교수는 너무 답답한 나머지 냅킨에 그림을 그리기 시작했습니다.

"우선 세율이 0%가 되면 세수입은 0이 됩니다. 어떤 세금도 걷지 않기 때문이죠. 세율이 100%가 되면 역시 세수입은 0이 됩니다. 수입의 모든 것을 거둬가 버리는데 누가 일을 하겠습니까? 당연히 일하지 않으니 세금도 안 걷히겠죠. 그 사이의 세율과 세수 간의 관계는 어떻겠습니까?"

래퍼 교수는 U자형을 엎어놓은 곡선을 그렸습니다.

"세율을 높이면 세수입은 늘어날 것입니다. 하지만 무한정으로 늘어나지는 않죠. 일정 수준을 넘으면 오히려 세금이 줄어들 것입니다. 게다가 근로 의욕도 줄어들 겁니다. 많은 사람이 탈세하기 위해 노력할 것이기 때문이죠."

그렇게 래퍼 곡선은 탄생했습니다. 래퍼 곡선은 세수입과 세율 사이의 역설적 관계를 그림으로 나타낸 곡선입니다. 보통은 세율이 높아질수록 세수가 늘어나는데, 세율이 일정 수준을 넘으면 반대로 세수가 줄어드는 모습을 나타낸 것이죠. 이런 래퍼 곡선을 적용한 것은 레이건 정부였습니다. 레이거노믹스의 성과를 견인한 요인 중 하나가 바로 세금 감면이었습니다. 레이건 정부는 래퍼 곡선을 통해 세금 감면에 따른 유인 효과로 경제가 회복될 수 있도록 유도한 것이죠. 물론 래퍼 곡선은 논란이 많습니다. 무엇보다 세수입이 '최고점'인 세율은 얼마인가 하는 것이죠. 만약 현재 세율이 그 수준을 넘지 않았다면 세수입 증대를 위해 증세를 해야 합니다. 반대로 그 수준을 넘은 것이라면 감세가 필요하죠. 그 최고점을 기준으로 감세할지 증세할지를 조절해야 하는데 그 최고점은 나라마다 다르다는 것입니다.

래퍼 교수는 래퍼 곡선을 설명할 때 셔우드 숲을 지나가는 여행자와 로빈 후드의 비유를 사용하였습니다. 이는 정부를 로빈 후드로 여행자를 국민으로 본 것이죠, 로빈 후드가 적정한 통행세를 요구하면 여행자는 우회해서 시간을 버리는 것보다 통행세를 내는 것이 더 효율적이기 때문에 통행세를 낼 수 있습니다. 과도한 통행세를 요구할 때 여행자는 로빈 후드에게 통행세를 내지 않고 숲을 우회한다는 설명이죠.

멘슈어 올슨 교수도 《지배권력과 경제번영》에서 정부를 '정주형 도적'에 비유했습니다. 정주형 도적은 주민에게 계속 자릿세를 받아야 생계가 유지됩니다. 정부 역시 마찬가지죠. 국민으로부터 적당한 수준에서 생계를 유지할 수 있을 만큼 세금을 받아야 유지될 수 있다는 것입니다.

우리나라에는 '계영배(戒盈杯)'라는 술잔이 있었습니다. '가득 채움을 경계하는 잔'이라는 이름의 계영배는 조선 후기 실학자였던 하백원과 도공 우명옥에 의해 만들어졌습니다. 술을 가득 채우면 술이 사라지는 것이죠. 과한 욕심을 경계하는 것이었습니다. 계영배의 거꾸로 된 'U'자 관과 래퍼 곡선의 거꾸로 된 'U'자 곡선. 역시 과한 증세는 좋지 않다는 것을 보여주는 듯합니다.

【문제】 아랫글은 신문 칼럼 내용 중 일부다. 이 글의 핵심 내용을 가장 잘 표현한 그래프는 무엇인가?

> 정부가 부동산 관련 세율을 대폭 올렸다. 우리나라는 부동산뿐 아니라 법인세, 소득세 등도 다른 나라와 달리 계속 올리고 있다. 전문가들은 정부가 세율을 올린다고 세수가 늘어나는 것은 아니라고 지적한다. 세율이 적정 수준을 벗어나면 오히려 세수가 감소할 수 있다는 이야기다.

① 래퍼 곡선　　　　② IS-LM 곡선　　　　③ 무차별 곡선

④ 엥겔 곡선　　　　⑤ 총수요 곡선

| 해설 | 래퍼 곡선은 세율과 정부의 조세 수입 간 관계를 설명한 곡선이다. 미국의 경제학자 아서 래퍼가 주장했다. 래퍼는 한 나라의 세율이 적정 수준을 넘어 비표준 지대에 놓여 있을 때는 오히려 세율을 낮추는 것이 경제주체들에게 창의력과 경제 의욕을 고취해 경기와 세수를 동시에 회복할 수 있다고 주장했다. 래퍼는 일정 수준의 세율까지는 정부의 조세 수입이 증가하지만, 세율이 적정 수준(최적조세율)을 초과하면 경제주체들의 경제활동 의욕이 감소해 조세 수입도 감소한다고 했다. 그러므로 이때 세율을 낮춤으로써 세수를 증가시킬 수 있다는 것이다. 1980년대 미국 레이건 행정부의 세율 인하에 관한 이론적 근거가 되었다.

[정답] ①

죽음과 세금만큼 확실한 것은 없다

"이 세상에서 죽음과 세금만큼 확실한 것은 없다."

100달러 지폐에 그려진 인물 벤저민 프랭클린이 남긴 말입니다. 세상에서 피할 수 없는 것이 바로 죽음과 세금이라는 것이죠. 돈을 벌기 시작하면 무조건 세금과 함께해야 합니다. 이걸 왜 내는 것인지 불만을 나타내면서도 내지 않으면 안 되는 것입니다. 경제학에서 세금은 여러 가지 왜곡을 낳기도 해서 최소한의 세금을 부과하라고 하기도 합니다. 하지만 복지를 위해서는 세금이 꼭 필요하죠. 이런 세금은 인류 역사에서 가장 중요한 것이었습니다.

존 콜리어가 그린 〈레이디 고다이바〉 그림을 보면, 아름다운 여인이 나체로 말을 타고 길을 가고 있습니다. 이런 상황에도 주변에는 사람들이 없습니다. 어떻게 된 일일까요?

고다이바 부인은 11세기 영국 런던 근교의 코번트리 영주 레프릭 백작의 부인이었습니다. 그녀는 백성들이 어렵게 살아가는 이유가 그들에게 부과된 과중한 세금 때문이라는 것을 알게 되었습니다. 그래서 그녀는 남편인 레프릭 백작에게 백성들의 세금을 감면해 달라고 간청합니다. 레프릭 백작은 아내의 말을 거절하고 싶었지만, 단호하게 거절하기보다 감당하기 힘든 조건을 내세우며 세금 감면을 약속했습니다. 대낮에 알몸으로 말을 타고 거리를 한 바퀴 돌면 들어주겠다는 것이지요.

그녀는 감당하기 힘든 조건임에도 백성들을 위해 자신의 모욕쯤은 감내하기로 합니다. 그리고 다음 날 아침 고다이바는 알몸으로 말 위에 올라타 거리로 나섭니다. 이에 백성들은 자신들을 위해 희생하는 고다이바를 위해 모든 문과 창문을 걸어 잠그고 커튼을 친 다음 누구도 내다보지 않았습니다. 이에 감동한 레프릭 백작은 세금을 과감히 줄입니다.

마그나카르타(대헌장) 역시 많이 들어 보셨을 겁니다. 13세기 영국의 존 왕이 귀족들과의 싸움에서 져서 서명하게 된 일종의 각서입니다. 계속된 전쟁으로 인해 세금이 과도하게 부과되자 이에 반발한 영국의 귀족들이 존 왕과 사생결단으로 런던으로 쳐들어갔지만, 존 왕을 폐위하고 내세울 왕이 죽게 되면서 적당히 합의하는 차원에서 내세웠던 것이 마그나카르타였죠.

마그나카르타에는 국왕이 마음대로 과세할 수 없다고 제한하는 내용이 있습니다. 그리고 봉건적 권리와 사법 분야에서의 왕의 권위에 대해 문서를 통해 처음으로 제한을 가했다는 것도 있습니다. 이것은 본질적으로 왕은 법 위에 군림하는 것이 아니라 법 테두리 안에서 통치를 해야 한다는 원칙을 수립한 것이죠.

또한 미국 독립전쟁(1776)과 프랑스 혁명(1789)의 공통점은 과중한 세금과 조세저항입니다. 미국 독립전쟁은 영국이 1763년 제정한 설탕법과 1765년에 제정한 인지세법 때문에 일어납니다. 영국은 당시 7년 전쟁으로 재정적자가 심했습니다. 내부에서 세금을 거둘 수가 없어 여러 가지 세법을 신설해 식민지에 세금을 물린 것이죠. 설탕에 관세를 부과하고, 모든 공문서에 인지를 붙이게 인지세를 걷었습니다. 없던 세금이 늘어나자 식민지인들은 불만이 폭발했습니다. 이에 영국은 인지세법을 폐지하고 타운센드법을 제정해 식민지에서 수입하는 차, 유리, 종이, 납, 페인트 등 모든 품목에 관세를 부과합니다. 이에 미국에서는 인디언으로 분장한 식민지인이 보스턴에 입항한 영국의 차 운반선을 습격해 홍차 342상자를 바다에 던져버리죠. 이것이 미국 독립전쟁의 원인이 된 보스턴 차 사건입니다. 이를 계기로 미국 내 식민지 의회를 규합해 영국과 독립전쟁을 벌입니다. 앞의 '달러의 역사'에서도 이야기했듯, 이들의 구호는 마그나카르타에 명시된 "대표 없는 곳에 세금 없다"입니다.

프랑스 혁명도 시작은 세금이었습니다. 프랑스 혁명 이전의 체제는 세금 제도가 극도로 복잡했고, 부담도 시민이 져야 했습니다. 그중에서 '가벨'이라는 소금세는 악명이 높았죠. 서민에게 꼭 필요한 소금이었지만, 과도한 세금으로 서민은 소금을 쓸 엄두조차 나지 않았습니다. 심지어 소금 가격이 프랑스 혁명 직전에는 천정부지로 뛰어오릅니다. 이에 소금세에 항의하는 농민은 끊이지 않았습니다. 하지만 프랑스 정부는 봉기 주동자나 소금 밀수업자를 붙잡아 가혹하게 처벌하기만 했죠. 이와 달리 귀족과 성직자들은 다양한 면세 혜택으로 세금을 거의 내지 않았습니다. 이런 불만이 폭발해 1789년 바스티유 감옥을 습격하면서 프랑스 혁명이 시작되었습니다.

한편 미국은 독립전쟁 후 많은 부채를 안고 있었습니다. 그 당시 재무부 장관이었던 알렉산더 해밀턴은 위스키 제조업자들에게 세금을 부여할 것을 제안합니다. 위스키는 당시 인기가 좋은 주류였기 때문에 세금을 통해 많은 수입을 올릴 수 있었습니다. 게다가 과음을 줄일수 있어 많은 사람에게 좋으리라 생각했습니다.

하지만 많은 사람이 세금을 부과하는 방식이 불공정하다고 느꼈습니다. 대규모 주조업자들은 세금을 낼 수 있었지만, 소규모 업자들은 세금을 낼 수조차 없었죠. 위스키의 인기가 워낙 높다 보니 꽤 많은 농부가 부업으로 위스키를 만들고 있었죠. 이들은 위스키 제조업자들에게 부과되는 세금을 받아들일 수 없었습니다. 그뿐만 아니라 펜실베이니아 서부 지역에서는 현금을 구하기 어려워 위스키가 거래 수단으로 많이 사용되었지요. 위스키 제조에 부과되는 세금으로 인해 지역 거래 수단이었던 위스키마저 제한되는 상황이 되어버립니다. 이는 대대적인 폭동으로 이어지죠. 이런 위스키 반란은 토머스 제퍼슨의 공화당으로 정권이 교체되는 계기가 됩니다. 그리고 제퍼슨 취임 1년 뒤인 1802년 위스키 세금은 폐지됩니다.

비틀스 노래 중에는 〈택스맨(taxman)〉이라는 노래가 있습니다. 조지 해리슨이 작곡했습니다. 이 노래는 영국의 고세율 정책에 대해 노래한 것인데요. 이들처럼 일찌감치 해외로 도망치는 방법을 몰랐던 비틀스는 최고 90%에 달하는 소득세에 시달려야 했습니다. 택스맨 노래 가사 맨 처음 부분에 그 내용이 들어가 있죠.

"Let me tell you how it will be.

There's one for you, nineteen for me."

("너에게 어떻게 될 지 말해주지.

네 몫은 하나고, 내 몫은 열아홉이야.")

비틀스의 몫은 1/20, 19/20를 가져가는 사람이 택스맨으로 세금을 뜯어가는 징수원 즉, 국가를 이야기합니다. 무엇을 하든 세금을 걷는다고 노래합니다.

　이런 노래를 만든 비틀스는 절세를 위해 애플(스티브 잡스의 애플과는 다릅니다)이라는 회사를 만들었습니다. 음악으로 번 돈을 세금으로 쓰기보다 다양한 신사업에 투자하면서 세금을 감면 받으려고요. 하지만 비틀스는 망합니다. 비틀스의 돈을 노리고 달려든 인간들에게 이리저리 사기당했기 때문이죠. 신사업이라는 명목으로……. 결국 애플의 경영을 둘러싸고 폴 매카트니와 존 레넌 간에 갈등이 벌어졌고, 이는 비틀스 해체의 원인 중 하나가 되었습니다.

　이처럼 역사의 큰 변화에는 세금이 있었습니다.

조세의 전가와 귀착

여러분은 착하다고 생각하세요? 착한 사람이 많다면 세상이 좋아질까요? 저는 가끔 주변에 착한 사람이 저에게 무엇인가 해줄 때 부담을 느낍니다. 그 사람은 선의로 해주는 것인데 받는 처지에서는 안 좋을 수도 있습니다. 예를 들면 밥을 엄청 많이 먹었음에도 배고플 것으로 생각해서 많이 챙겨주는 것. 챙겨주는데 안 먹을 수도 없고요.

그렇습니다. 아무리 착한 의도라도 받아들이는 사람의 처지에서는 아닐 수도 있습니다. 이런 것이 세금에도 있습니다. 예를 들어 부동산에 대한 세금을 생각해 봅시다. 부동산 가격이 폭등하자 부동산 시장의 과열을 줄이기 위해 부동산 세금을 올렸다고 생각해 보세요. 과연 누가 이 세금에 영향을 받게 될까요? 여기에서 '조세의 전가'와 '조세의 귀착' 문제가 나옵니다.

조세의 전가는 세법상의 납세의무자로부터 다른 사람에게로 조세부담을 이전하는 것을 의미합니다. 그럼 세금은 누가 낼까요? 조세의 전가를 통해 조세의 실질적인 부담이 담세자에게 귀속되는 것이 조세의 귀착입니다. 예를 들어 휘발유를 생각해 봅시다. 국가는 휘발유 생산업자에게 유류세를 법적으로 부담시킵니다. 이를 '형식적 귀착' 또는 '법적 귀착'이라고 합니다. 휘발유 생산업자는 그 세금만큼 반영해 휘발유 가격을 올립니다. 그래서 소비자가 일부분 유류세를 부담하게 되는 것이죠. 이때 생산자와 소비자가 유류세를 같이 부담하게 되는데 이를 '실질적 귀착' 또는 '경제적 귀착'이라고 합니다.

이처럼 조세를 법적으로 부담하는 사람(생산자)으로부터 다른 사람(소비자)에게 떠넘기는 것을 조세의 전가라 하고, 그 결과 생산자뿐 아니라 소비자도 유류세를 부담하게 되는데 이를 조세의 귀착이라고 합니다.

부동산세에 대해서도 생각해 봅시다. 부동산세는 법적으로 보통 집주인에게 부과됩니다. 집주인은 그 세금을 내면 이익이 줄어들기 때문에 월세를 받더라도 세금을 포함해 받을 것입니다. 바로 세입자에게 조세가 전가되는 것이죠. 전기세나 수도세도 마찬가지입니다. 만약 전기세가 오르면 음식점을 하는 사장은 음식값을 올릴 것입니다. 그렇게 되면 바로 소비자는 값이 오른 식사를 하게 되는 것이죠.

또 다른 예를 한번 들어 보겠습니다. 《맨큐의 경제학》에는 '사치세'를 예로 듭니다. 1990년 미국 의회는 요트, 자가용 비행기, 모피, 보석, 고급 승용차에 대해 부과하는 사치세를 채택했습니다. 이 세금의 목적은 부담 능력이 가장 높은 사람들에게 세금을 징수하자는 것이었지요. 다시 말해 '부자 과세'였습니다. 과연 미국 의회가 의도한 대로 이루어졌을까요? 부자들은 사치세가 부과되자 요트를 사지 않게 되었고, 그 타격은 바로 요트 생산업에 종사하는 노동자에게 돌아갔습니다.

누구에게 실질적 귀착이 이루어지는지 예측할 수 있을까요? 네. 조세부담이 누구에게 되는지 알려면 우선 '탄력성'에 대해 잘 알아야 합니다.

탄력성은 '판매자와 구매자들이 시장 조건의 변화에 얼마나 민감하게 반응하는지 나타내는 척도'입니다. 가격을 올리거나 내렸을 때의 반응에 따라 판단하는 것입니다. 예를 들어 공급이 탄력적이라는 것은 가격이 오르면 빠르게 생산량을 늘려 더 많은 물건을 시장에 내놓을 수 있다는 것입니다. 수요가 탄력적이면 가격이 올랐을 때 수요가 빠르게 줄어들겠죠. 수요의 가격탄력성은 가격의 변화에 대한 수요량의 변화의 민감도를 나타낸 것입니다. 수요가 비탄력적이라면 기울기가 매우 큽니다. 이 경우 소비자에게 상당 부분 전가됩니다.

다시 풀어 보겠습니다. 수요가 비탄력적이라는 것은 대체로 필수품인 경우가 많습니다. 가격이 올라도 어쩔 수 없이 사야 하는 경우죠. 예를 들어 대체재가 없는 휘발유가 그렇습니다. 다시 말해 가격을 올려도 소비자가 울며 겨자 먹기로 사야 할 때 조세의 귀착은 소비자가 상당 부분 진다는 것입니다. 좀 더 경제학적으로 이야기하자면 '수요의 가격탄력성이 비탄력적이라면 조세 귀착의 대부분은 소비자'가 되는 것입니다. '탄력성'이라는 말을 가져오니 막 어렵죠?

좀 더 쉽게 이야기해드릴게요. 소비자들이 가격에 민감하면 가격을 올릴 수 없으므로, 판매자가 조세를 부담합니다(수요의 가격탄력성이 탄력적). 필수재처럼 소비자들이 가격을 올려도 어쩔 수 없이 사야 한다면, 판매자는 조세를 전가합니다(수요의 가격탄력성이 비탄력적).

이것도 어렵다면 또 다른 의미로 탄력성을 이야기해 볼게요. 탄력성은 시장 여건이 불리해졌을 때 시장을 떠나려는 의지이기도 합니다. 다시 말해 '탄력성이 낮다(비탄력적)'라는 뜻은 대체할 재화가 없다는 것이죠.

● TESAT 문제로 알아보는 쏙쏙! 개념 잡기

【문제】 재화 X의 공급 곡선이 완전히 탄력적이고 수요 곡선은 비탄력적이라고 가정하자. 정부가 종량세 100원을 부과했을 때 조세 귀착은?

① 생산자가 100원을 부담한다.

② 소비자가 100원을 부담한다.

③ 생산자와 소비자 모두가 부담한다.

④ 생산자와 소비자 아무도 부담하지 않는다.

⑤ 알 수 없다.

| 해설 | 현실에서 조세 의무는 법적으로 정해진 부담자와 실질적인 부담자가 다른 경우가 많다. 즉, 세금 부과로 인해 높아진 가격 때문에 실제의 조세부담이 시장에서의 가격 조정 과정을 통해 직·간접적으로 타인에게 전가되는 경우가 있는데 이를 '조세 전가'라고 한다. 이러한 조세 전가를 통해 조세의 실질적인 부담이 담세자에게 귀속되는 것을 '조세 귀착'이라고 한다. 일반적으로 생산자와 소비자의 상대적인 조세부담의 크기는 탄력성이 더 큰 주체의 부담이 작다. 재화 X에 대한 공급 곡선은 완전히 탄력적이고 수요 곡선은 비탄력적인 극단적 조세부담의 경우로 소비자가 종량세 100원 모두를 부담한다.

[정답] ②

【문제】 어떤 재화 수요의 가격탄력성이 완전탄력적이라고 한다면 이 재화에 대한 설명으로 가장 올바른 것은?

① 공급이 증가하면 가격이 하락한다.

② 수요 곡선은 기울기가 0인 직선이 된다.

③ 공급이 감소해도 재화의 거래량은 감소하지 않는다.

④ 수요자에게 세금을 부과하면 세금의 일부가 재화의 공급자에게 전가된다.

⑤ 공급자에게 세금을 부과하면 언제나 공급자가 세금을 모두 부담하게 된다.

| 해설 | 수요의 가격탄력성이 완전탄력적이면 재화의 수요 곡선은 수평선이다. 수요 곡선이 수평선이면 재화의 공급이 증가해도 가격은 변동하지 않고 오직 거래량만 증가한다. 가격탄력성은 조세부담의 귀착 문제로 연결된다. 수요자와 공급자의 상대적인 조세부담 크기는 수요, 공급의 가격탄력성 크기에 의해 결정된다. 탄력성이 높은 쪽의 조세부담이 상대적으로 작아지는 것은 조세부과로 인한 가격 상승에 신축적으로 대응하기 때문이다. 수요의 가격탄력성이 완전탄력적인 재화의 경우 세금을 누구에게 부과하는 것에 관계없이 항상 공급자가 모든 세금을 부담하게 된다.

[정답] ⑤

세금은 왜 내는 걸까?

조세, 세금……. 많이 듣는 말이죠. 근데 가장 머리 아픈 말이기도 합니다. 저는 가끔 조세와 세금은 어떤 차이가 있는 것인가 의문이 들곤 했습니다. 예를 들면 '세금계산서'는 있어도, '조세계산서'는 없잖아요. 그럴 때마다 막연히 '조세와 세금은 쓰임이 다르겠지'하고 생각했습니다. 이번 기회에 알고 넘어가고 싶어서 우선 인터넷으로 용어를 검색해 보았습니다.

세금
국가를 유지하고 국민 생활의 발전을 위해 국민의 소득 일부분을 국가에 내는 돈

조세
국가나 지방자치단체가 그 경비에 충당할 재력을 얻기 위하여 반대급부 없이 일반 국민으로부터 강제적으로 징수하는 금전 또는 재물

둘 다 같은 말이긴 한데 어느 관점으로 보느냐에 따라 다른 것 같습니

다. 국민이 내면 '세금', 국가나 지방 단체가 징수하면 '조세'가 되는 것이 아닐지……(개인적 해석입니다).

다른 역사적 해석에 의하면 조세는 중국 당(唐) 대에 확립한 세제인 조(租)·용(庸)·조(調) 제도가 조선 시대까지 전해지면서 유래했다고 합니다. 세금은 1875년 조선과 일본 사이에 체결된 강화도 조약의 규칙 제7조에서 항세(港稅)를 규정하면서 이를 '세금'으로 지칭한 것이 최초라고 하는 이야기도 있습니다.

조세와 세금, 무엇이 되었든 왜 내는 것일까 하는 의문이 생깁니다. 보통 조세를 부과하는 목적은 '국가가 국민의 역할을 대리하는 데 필요한 재정수입의 조달'이라고 합니다. 예를 들어 국방이나 치안, 복지 등을 펼치기 위한 재원을 마련하는 것이죠. 또한 조세를 통해 자원 배분이나 소득분배, 경제 안정화 등을 달성하기도 합니다. 이런 말을 들어도 여전히 세금을 왜 내는 것인지 의문이 없어지지 않죠. 여러분만이 아닙니다. 옛날부터 세금을 내는 이유에 대해 많은 사람들이 고민했습니다. 이를 '조세의 근거에 관한 학설'이라고 합니다. 모두 철학에 기반을 두고 있습니다.

공수설

프랑스 철학자 장 보댕에 의해 제기된 학설입니다. 국가는 원래 모든 사회 구성원의 공공선을 실현해야 할 책무를 지니고 있으며, 여기에 드는 재원은 이를 필요로 하는 국민에게 조세라는 형태로 징수되어야 한다는 학설입니다.

의무설

독일 철학자 헤겔이 주장하는 학설입니다. 헤겔은 국가를 완성 단계로 보고 국민은 국가를 이루는 하나의 유기적 세포로 봅니다. 공공재의 공급자인 국가는 인간의 사회생활에 있어 최고의 형식이라는 것이죠. 즉, 국가 없이는 국민이 없다고 봅니다. 따라서 조세는 의무적으로 부담해야 한다는 것입니다.

이익설

프랑스 철학자 루소의 사회계약설에 근거를 두고 있습니다. 국민은 정치·경제·사회·문화 모든 영역에 있어 국가로부터 직·간접적인 이익을 받고 있으므로 조세를 내야 한다는 것입니다. 이 이익설은 보상설 또는 교환설이라고도 합니다. 국가로 받은 이익을 보상하거나 조세와 교환해야 한다는 뜻이죠. 국가가 주는 만큼 국민이 내는 세금은 균등해야 한다고 합니다.

그렇다면 세금엔 어떤 종류가 있을까요? 조세는 부과 주체, 조세부담의 전가 여부, 사용 목적의 특정 여부 등에 따라 여러 가지로 분류합니다. 우리나라의 조세 체계는 14개의 국세와 11개의 지방세로 구분하고 있습니다.

국세와 지방세

국세와 지방세는 누가 부과·징수하냐에 따라 달라집니다. 국세의 경우 국가가 과세권을 가지고 있습니다. 이 국세는 과세 대상 물건이 국경을 넘는 거래인지에 따라 내국세와 관세(수입되는 물품에 부과되는 조세)로 분류합니다. 각각의 세목마다 따로 세법이 정해져 있습니다. 지방세는 지방정부가 과세권을 가지고 있습니다. 국세의 세목은 각각의 세법이 있지만, 지방세는 '지방세법'에 모두 규정되어 있습니다.

보통세와 목적세

관세를 제외한 모든 내국세는 용도(지출 목적)를 특정하지 않은 보통세와 특정된 목적세로 구분합니다. 조세는 보통세가 원칙이며, 목적세는 예외적으로 특정 사업의 재원을 확보하기 위한 것으로 볼 수 있습니다. 소득세, 법인세, 부가가치세 등의 보통세는 모두 모아서 국고에 넣은 다음 국방·치안·외교 등 우선순위에 따라 지출합니다.

이와 달리 교육세(교육 기반 확충을 위한 재원), 교통·에너지·환경세(교통 시설 확충, 에너지 및 자원 관련 사업, 환경의 보전과 개선을 위한 재원), 농어촌특별세(농어촌 산업기반시설 확충 등 재원) 등은 목적세로 특정 용도에만 지출할 수 있습니다. 지방세 가운데 지방교육세와 지역자원시설세(지역의 소방 사무, 특수한 재난 예방 등 안전관리사업, 공공시설에 필요한 재원)도 목적세입니다.

【문제】 조세에 관한 설명 중 옳은 것은?

① 부가가치세는 직접세이다.

② 우리나라의 경우 지방세에 비해 국세의 비중이 더 크다.

③ 소득세 제도는 자동안정화장치와 무관하다.

④ 세율이 일정하다면 수요와 공급이 탄력적일수록 경제적 순손실이 작아진다.

⑤ 세율이 높아질수록 정부의 조세 수입은 증가해 재정적자 완화에 도움이 된다.

| 해설 | 조세란 국민으로부터 거둬들인 세금이다. 우리나라의 경우 지방세에 비해 국세 비중이 더 크다. 부가가치세는 재화·서비스가 생산되거나 유통되는 모든 단계에서 얻어진 부가가치에 과세하는 세금이며 납세의무자와 조세부담자가 다른 세금인 간접세다. 소득세는 누진세이므로 경기 변동이 발생하면 자동적으로 정부지출 또는 조세 수입이 변화하여 경기의 진폭을 완화시키는 자동안정화장치의 수단이다. 조세부과 시 경제주체의 수요·공급 탄력성이 높을수록 경제적 순손실이 커진다. 세율이 계속 높아질수록 가계·기업의 경제활동을 위축시켜 오히려 높은 세율은 정부의 조세 수입을 감소시킨다.

[정답] ②

래퍼 곡선과 조세 공정성

조세를 누군가에게 부과하든 그 사람이 조세를 전부 부담하지 않습니다. 그럼 우린 '얼마를 세금으로 내야 하는가'와 '어떻게 하면 공평하게 세금을 낼 수 있는가'라는 의문이 듭니다.

여기에 대한 답으로 앞서 얘기한 래퍼 곡선이 있습니다.

"세율을 높이면 세수입은 늘어날 것입니다. 하지만 무한정으로 늘어나지는 않죠. 일정 수준을 넘으면 오히려 세금이 줄어들 것입니다. 근로 의욕이 줄어들기 때문이죠. 게다가 많은 사람이 탈세하기 위해 노력할 것입니다."

워싱턴의 한 레스토랑에서 만들어진 아서 래퍼 교수의 래퍼 곡선이 적정한 세금에 대한 답이 되었습니다. 하지만 여기에서도 한 가지 의문이 남습니다. 바로 '공평한 과세는 어떻게 해야 하는가' 하는 것이죠.

여러분은 소득과 소비 중 어디에 세금을 매기길 원하시나요? 소득에 세금을 매기면 여러분이 받는 소득이 줄겠죠. 소비에 세금을 매기면 물건을 더 비싸게 사야 해서 소비가 줄어들 겁니다. 그래서 세금을 어디에 매기는지는 중요한 이슈 중의 하나입니다. 이런 이슈와 관련된 것이 조세의 '공정성'입니다. 조세의 공정성을 이야기하려면 두 가지 원칙을 알아야 합니다.

하나는 '편익원칙'입니다. 공공에서 혜택을 보는 사람이 그것에 대한 조세를 부담해야 한다는 원칙입니다. 예를 들어, 도로를 이용하여 혜택을 보는 사람들이 도로 보수·유지 비용을 부담해야 합니다. 또 비행기를 이용하는 사람들이 항공교통관제 비용을 내야 하죠. 유류세도 마찬가지입니다. 이런 편익원칙은 앞서 이야기한 '소득과 소비' 중에서 소비세에 해당합니다. 물건을 살 때 그 물건을 쓰는 사람(편익)에게 세금을 물린다는 것이죠.

편익원칙은 잘 지켜질까요? 불가능에 가깝다고 할 수 있습니다. 여러 가지 문제가 많지만, 무엇보다 공공조세와 소비조세 등 전체에 세금을 매겨야 하므로 어렵습니다. 이런 원칙을 하나하나 적용하다 보면 중복 과세가 될 수도 있기 때문입니다. 그래서 '능력원칙'을 조세 공정성의 다른 하나로 꼽습니다. 능력원칙은 조세를 낼 수 있는 능력이 많은 사람이 더 많은 세금을 내야 한다는 원칙입니다. 많은 사람이 공감하는 고소득자가 세금을 더 내야 한다는 것이죠. '소비'보다는 '소득'에 방점을 찍습니다.

이런 능력원칙도 문제가 있습니다. 바로 소득에 세금을 매기면 근로 의욕을 저하시키거나, 고소득자들이 세금이 낮은 곳으로 이동할 가능성입니다. 그래서 세금이 더 안 거둬질 가능성이 있는 것이죠.

고소득자가 세금을 더 내야 한다는 능력원칙에 의하면 돈을 더 많이 버는 사람은 그것에 비례하는 세금을 내야 합니다. 이는 두 가지로 나뉩니다. 바로 '비례세'와 '누진세'입니다.

누진세는 소득금액이 커질수록 높은 세율을 적용하도록 정한 세금입니다. 경제력의 격차를 일으키는 소득 간 불평등을 바로잡기 위한 것이죠. 고소득자에게는 높은 세금을, 저소득자에게는 낮은 세금을 거두자는 의도에서 실시된 것입니다. 예를 들어 월 소득 1,000만 원이 넘는 사람에게는 1,000만 원이 넘는 소득에 대해 40%의 세금을, 그 이하는 30%의 세금을 거두는 것입니다.

이와 달리 비례세는 어떤 세금이든 관계없이 일정한 세율로 과세하는 것입니다. 예를 들어 소득에 대해 10%를 과세한다고 하면, 월 200만 원을 버는 사람은 20만 원, 월 300만 원을 버는 사람은 세금으로 30만 원을 내는 것이죠. 비례세는 누진세와 반대로 역진세의 성격을 띠기도 합니다. 고소득층과 저소득층이 같은 10%의 비율이라고 하더라도 1,000만 원을 버는 사람이 100만 원을 세금으로 내는 것과 100만 원을 버는 사람이 10만 원을 세금으로 내는 것에는 큰 차이가 있기 때문입니다.

대표적인 역진세로는 '정액세'가 있습니다. 정액세는 고소득층이나 저소득층이나 같은 세금을 내는 것이죠. 소득이나 보유 자산과 관계없이 모든 사람이 같은 세금을 지급하기 때문에 소득이 낮을수록 소득 대비 세율이 높아지는 역진적 특징을 지닙니다. 예를 들어 소득과 관계없이 매월 20만 원의 정액세가 부과된다고 하면, 월 소득이 200만 원인 사람은 세율이 10%지만, 월 소득이 400만 원인 사람은 5%가 됩니다. 역진세의 경우 효율적으로 세금을 거둘 수 있지만……. 납세자의 지불 능력을 고려하지 않은 세금이기 때문에 항상 납세자 간 공평성 문제를 안고 있습니다.

역시 조세는 어려운 것 같습니다. 많이 거둬도 문제가 생기고 적게 거두면 재정에 문제가 생기니……. 이런 조세에 대해 애덤 스미스는《국부론》에서 조세 정책이 따라야 할 네 가지 원칙을 제시합니다.

① 기여의 형평성: 한 국가의 국민이라면 마땅히 가능한 한 각자의 능력에 비례해야 한다. 다시 말해 국가의 보호 아래 각자가 획득하는 수입의 크기에 비례해 정부의 유지에 기여해야 하는 것이다.

② 조세부담의 확정성: 각 개인이 내야 하는 조세는 반드시 확정적이어야 하고 자의적이어서는 안 된다. 즉 납세의 시기, 방법, 금액은 납세자와 기타 사람들에게 간단명료해야 한다. 그렇지 않다면 납세 의무자는 어느 정도 징세인의 권력에 복종하게 되고, 징세인은 세금을 무겁게 부과할 수도, 모종의 선물이나 부수입을 갈취할 수도 있을 것이다.

③ 지불의 편의성: 조세는 납세자가 지불할 수 있는 가장 편리한 시간에 가장 편리한 방법으로 징수되어야 한다.

④ 비용의 최소화: 모든 조세는 비용을 최소화해야 한다. 과세 당국의 운용 비용, 조세가 초래하는 경제적 비용, 탈세를 방지하는 활동에 드는 비용, 납세자의 순응 비용 등을 최소화해야 한다.

【문제】 세계 각국 정부는 소득 불균형 해소를 위해 여러 정책을 시행하고 있다.
다음 중 소득 재분배 정책과 거리가 <u>먼</u> 것은?

① 현물 보조
② 역진세 확대
③ 공적 보험 운영
④ 기본소득제 도입
⑤ 부(負)의 소득세 시행

| 해설 | 현물보조, 공적 보험(국민연금, 건강보험, 고용보험, 산업재해보험 등), 기본소득제, 부의 소득세는 소득의 불균형을 완화하기 위해 정부가 시행하는 여러 정책 수단들이다. 반면, 역진세는 소득이나 과세 대상이 커질수록 세율이 감소하는 세금이다. 역진세는 고소득 가구에 유리하다. 예를 들어 식료품에 대한 세금은 역진세의 대표적인 예다. 저소득자는 빵 한 조각에 대해 고소득자와 같은 금액을 내면서 상대적으로 높은 세금을 내는 것이다.

[정답] ②

신문을 읽는 방법

미래를 판단하고 전체적인 시장을 판단하는 것은 애널리스트들의 보고서로 충족되지 않습니다. 여러분이 뉴스를 보고 시장 상황을 알고 흐름을 예측해야 합니다. 여러분이 뉴스를 접하는 방법은 다양할 것입니다. TV로도 볼 수 있습니다. 하지만 신문 읽는 것을 추천하고 싶습니다. 신문을 읽으면 글 쓰는 것도 늘고 생각도 할 수 있어 여러분에게 많은 도움이 됩니다. 그러면 신문은 어떻게 읽는 것이 좋을까요?

신문을 볼 때는 우선 1면, 제일 먼저 나오는 면을 봐야 합니다. 1면은 그날의 모든 기사를 통틀어 가장 중요하다고 생각하는 기사를 모아 놓은 것이죠. 신문을 보는 것이 처음에 너무 어려우면 1면과 그 기사와 관련된 뉴스를 보는 것으로 출발해도 괜찮습니다.

그럼 1면의 기사는 누가 정할까요? 여러분 혹시 '데스크'라고 들어 봤나요? 아마 모 방송사에서 하는 프로그램 중에 〈뉴스 데스크〉는 들어 봤을 것 같습니다. 데스크는 신문사나 방송국의 편집국에서 기사의 취재와 편집을 지휘하는 직위에 있는 사람을 두고 하는 말입니다. 보통 각 신문사 부서의 장과 편집국 국장, 부국장 등이죠. 이런 사람들이 모여서 그날의 기사에 대해 회의를 합니다. 데스크 회의라고 하죠. 그 회의에서 1면 기사를 선정합니다. 1면 기사의 주제가 선정되면 그것과 관련된 여러 가지를 취재하게 됩니다. 그렇게 모은 기사들이 다른 면의 '관련 기사'가 되는 것이죠.

1면과 관련 기사를 읽는 것, 쉬운 일은 아닙니다. 혹시 여러분은 공부를 할 때는 어떻게 하세요? 보통 공부할 때는 우선 기초를 배우고 그것을 사용하여 문제를 풀 것 같네요.

신문을 읽고 세상을 공부하는 것도 그런 방식입니다. 우리가 보통 '기사'라고 하면 사실(정보)만 전달하는 경우를 생각하는데 이건 기초일 뿐이에요. 그날의 정보를 전달받은 것이죠. 그 정보를 가지고 '그럼 다른 전문가는 어떻게 생각할까?' 또는 '과거에 이런 사례들이 있었나?' 등의 의문을 가지게 되죠. 이런 의문에 대답해주는 기사를 '해설 기사'라고 합니다. 그런 해설 기사까지 제대로 읽어야 그날의 기사에 대해 완벽하게 공부했다고 할 수 있습니다.

다시 정리하자면 1면의 기사를 읽고 마지막이나 중간에 '관련기사 0면'이라고 쓰여 있는 부분을 통해 관련 면으로 가서 연관된 기사를 읽습니다. 그러면 하나의 주제에 대한 전체적인 그림을 그릴 수 있습니다.

잘 안 된다면, 이 기사들을 어떤 관점으로 봐야할지 몰라서 그런 경우가 많습니다. 이런 경우에는 보통 '사설'면이나 '오피니언'면을 참조하는 것이 좋습니다. 사설은 그 신문의 논설이죠. 논설위원들이 '사건이나 정책에 대해 이런 의견이 있다'고 쓰는 곳입니다.

기사는 '사실'을 전달하지만 사설은 어떤 기사에 대한 '생각'을 논하는 곳이라고 생각하면 됩니다. 여러분이 '왜 이게 문제가 되지'라는 생각을 할 때 '이런 의견도 참조해'라고 길을 알려주는 곳이죠.

1면과 관련된 면도 좋지만 〈한국경제신문〉에는 보통 3, 4, 5면이 기획기사인 경우가 많습니다. 물론 1면과 연관된 관련기사인 경우가 많긴 합니다. 만약 3~5면을 읽지 않았다면 꼭 읽어봐야 합니다.

그리고 추가로 국제면을 한번 쭉 읽어 보세요. 국제 흐름이 우리나라 경제에 미치는 경우가 많습니다. 국제면을 놓치면 안 됩니다.

처음에는 어려울 수 있습니다. 하지만 무엇보다 꾸준히 하다보면 여러분은 쉽게 기사를 읽을 수 있습니다. 기사는 대개 반복되는 경우가 많습니다.

그리고 한 가지 팁! 〈한국경제신문〉을 받아보면 신문의 1면 오른쪽 위를 한번 보세요. '마켓인덱스'라는 부분이 있습니다. 마켓인덱스는 그날의 주식과 환율, 금리를 알려줍니다.

경제의 흐름을 알려면 이 3대 지표는 매우 중요합니다. 주식시장의 흐름과 관련된 코스피지수, 수출 그리고 수입과 관련된 환율, 금융시장과 관련된 국고채 금리 등을 잘 알면 여러분은 경제 전문가라고 해도 과언이 아닙니다. 이런 것을 매일 체크해 두면 경제 흐름을 알아가는 데 큰 도움이 됩니다.

읽으면 돈 되는
끝장 경제 상식

TESAT
경제이해력검증시험
기출문제 및 해설

01 한국은행의 역할에 해당하지 <u>않는</u> 것은?

① 기준 금리를 결정한다.

② 은행이나 정부의 예금을 받는다.

③ 지폐와 동전을 발행한다.

④ 통화량이 적정한 수준이 되도록 관리한다.

⑤ 정부의 재정건전성을 관리한다.

| 해설 | 한국은행의 주목적은 국민 경제 발전을 위한 통화 가치의 안정, 그리고 은행신용제도의 건전화와 기능 향상에 의한 경제발전과 국가 자원의 유효한 이용을 도모하는 데 있다. 이런 목적을 달성하기 위한 한국은행의 역할은 금융통화위원회에서 기준금리를 결정하여, 국가 경제의 금리에 영향을 미친다. 이를 위해 재할인율, 지급준비율, 공개시장조작 정책을 통해 통화량과 금리를 조절한다. 또한, 은행권의 발행, 정부와의 여 · 수신 및 정부 위임 업무의 취급, 외국환의 관리 및 외국환 업무(정부의 위임 업무에 한정) 등을 수행한다. 정부의 재정건전성을 관리하는 기관은 기획재정부다.

[정답] ⑤

02 다음 나열한 내용이 가리키는 단어로 알맞은 것은?

- 한국개발연구원
- 산업연구원
- 한국조세재정연구원
- 대외경제정책연구원

① 메세나   ② 싱크탱크   ③ 클러스터

④ 거버넌스   ⑤ 메르코수르

| 해설 | 싱크탱크란 각 분야 전문가를 조직적으로 결집하여 조사, 분석 및 연구개발을 수행하고 그 성과를 제공하는 것을 목적으로 하는 조직이다. 싱크탱크라는 말은 제2차 세계대전 때 전문가 집단들이 대거 전쟁 조직에 편입되면서 생겨났다. 이후 싱크탱크는 정부나 기업체로부터 의뢰받은 각종 과제에 대해 분석·예측하고 필요한 정보를 수집·제공하며 관련 분야의 기술이나 연구법을 직접 개발하기도 한다. 메세나는 문화·예술·스포츠와 공익사업 등에 대한 기업의 지원 활동을 총칭하는 용어다. 기업에서는 이윤의 사회적 환원이라는 기업 윤리를 실천하는 것 외에, 회사의 문화적 이미지까지 높일 수 있는 홍보 수단으로도 사용된다. 클러스터란 특정 지역에 상호 연관 관계가 깊은 다수의 기업과 기관이 모여있는 것을 의미한다.

[정답] ②

03 최고가격제와 최저가격제에 대한 설명 중 옳은 것을 〈보기〉에서 고르면?

〈보기〉

ㄱ. 최고가격제는 가격을 시장균형가격 이하로 통제하는 제도다.

ㄴ. 최고가격제의 대표적인 예는 농산물 가격 지지정책이다.

ㄷ. 시장에서 최저가격제를 시행하면 초과 공급이 발생한다.

ㄹ. 노동시장에서 최저가격제는 생산요소시장에서 소비자를 보호하기 위한 정책이다.

① ㄱ, ㄴ   ② ㄱ, ㄷ   ③ ㄴ, ㄷ

④ ㄴ, ㄹ   ⑤ ㄷ, ㄹ

| 해설 | 최고가격제는 주택임대료 규제와 같이 시장균형가격보다 낮게 가격을 통제하는 제도다. 이를 시행하면 초과수요가 발생한다. 이와 반대로 최저가격제는 시장균형가격보다 가격을 높게 설정하는 제도다. 노동시장의 경우, 생산요소시장에서 공급자인 노동자를 보호하기 위한 정책이다. 생산요소시장에서 소비자는 기업에 해당한다. 최저가격제를 시행하면 노동의 수요량은 줄고 공급량이 증가하여 노동의 초과 공급이 발생한다. 그리고 이전보다 실업이 늘어날 가능성이 크다. 최저가격제는 시장균형이 가격이 낮다고 판단하여 그보다 높게 가격을 유지하려는 제도이기 때문에 시장가격보다 낮게 가격을 설정하는 것은 아무런 경제적 효과가 없다. 농산물 가격 지지정책의 경우 최저가격제에 해당한다.

[정답] ②

04 그림은 인터넷에서 (가)를 검색한 화면이다. 이에 대한 설명으로 옳은 것은?

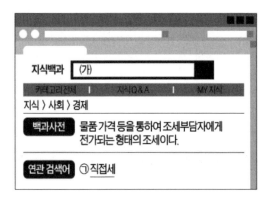

① 소득세와 재산세는 (가)에 해당된다.

② (가)는 납세자와 담세자가 일치한다.

③ ㉠은 보통 누진세율을 적용한다.

④ (가)는 ㉠에 비해 소득재분배 효과가 크다.

⑤ ㉠은 비례세율이 적용되나 (가)에 비해 조세부담에 역진적 성격을 띨 수 있다.

| 해설 | (가)는 간접세로 세금을 납부하는 사람과 실제로 부담하는 사람이 다른 세금이다. 부가가치세, 특별소비세 등이 이에 해당된다. 비례세율이 적용되어 조세부담에 있어 역진적 성격을 가질 수 있다. 비례세는 과세표준의 크기에 상관없이 동일한 세율을 적용한다. 부가가치세의 경우 10%다. 소득세, 법인세, 상속세, 증여세 등이 직접세이다. 직접세는 납세자와 담세자가 일치하며 보통 누진세율을 적용해 간접세에 비해 소득재분배 효과가 크다. 누진세란 과세표준액이 클수록 높은 세율을 적용한다.

[정답] ③

05 갑국의 실업률이 5%, 실업자 수가 100,000명, 고용률은 76%다. 이때 갑국의 경제활동 참가율을 계산하면?

① 75%   ② 75.6%   ③ 78%

④ 80%   ⑤ 83%

| 해설 | 실업률은 경제활동인구에서 실업자 수가 차지하는 백분율(%)이고, 주어진 자료에서 실업률은 5%, 실업자 수는 10만 명이므로 경제활동인구 수는 200만 명이며, 취업률은 100%에서 실업률을 뺀 값이므로 취업률은 95%, 취업자 수는 190만 명임을 알 수 있다. 또한 주어진 자료에서 고용률은 76%이고, 취업자 수는 190만 명이므로 생산가능인구는 250만 명임을 알 수 있다. 따라서 경제활동 참가율은 200만 명(경제활동인구)÷250만 명(생산가능인구)×100이므로 80%이다.

[정답] ④

06 다음 기사를 읽고, 이와 관련한 설명으로 옳지 않은 것은?

> 2019년 12월 은행권 주택담보대출 증가폭이 3년 1개월 만에 최대치를 기록했다. 지난해 전체 주택담보대출은 45조 6,000억 원 증가해 2016년 이후 3년 만에 최대 증가폭을 보였다.

① 주택담보가 역선택을 증가시킨다.

② 주택담보가 대부자의 손실을 줄여준다

③ 주택담보대출은 가계 부채의 대표적 형태이다.

④ 주택담보는 채무자가 채권자에게 제공한다.

⑤ 주택담보대출은 무담보대출에 비해 이자율이 낮다.

| 해설 | 담보란 차입자가 채무를 상환할 수 없는 경우 대부자(채권자)에게 지급을 보증하기 위해 설정해 둔 재산이다. 따라서 채무자가 채권자에게 제공하며, 돈을 빌려주는 금융기관이 채무자에 대한 정보가 부족해서 불량 채무자를 선별할 수 없는 역선택의 문제를 줄여준다.

[정답] ①

07 그림은 갑국의 X재 시장 상황을 나타낸다. 이 제도와 제도를 시행한 이후에 대한 설명으로 옳지 **않은** 것은?(단, 정부는 P1으로 실효성 있는 가격정책을 시행하고 있다.)

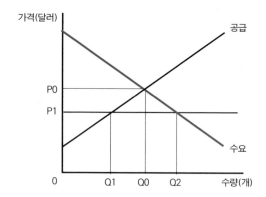

① 갑국 정부의 가격정책은 최고가격제이다.

② 정책 시행 후 생산자잉여는 감소하였다.

③ 정책 시행 후 사회적인 후생손실이 발생한다.

④ 정책 시행 후 X재 생산자의 판매 수입은 증가하였다.

⑤ 정책 시행 후 X재 거래량은 (Q0 – Q1)만큼 감소하였다.

| 해설 | 그림은 시장균형가격보다 낮게 가격을 통제하는 최고가격제다. 최고가격제는 소비

자 보호가 목적이지만, 생산자잉여는 감소하고, 사회적 후생손실이 발생한다. 정책 시행 전 X재 생산자의 판매 수입은 (P0 × Q0)이다. 하지만 정책 시행 후 X재 생산자의 판매 수입은 (P1 × Q1)이다. 따라서 정책 시행 후 X재 생산자의 판매 수입은 감소한다.

[정답] ④

08 금융통화위원회는 다음 통화정책 방향 결정 시까지 한국은행 기준금리를 0.5%로 최저 금리로 유지하며 통화정책을 운용하기로 했다. 이에 따른 경제적 현상을 추론한 것으로 적절한 것을 〈보기〉에서 고르면?

> 〈보기〉
>
> ㄱ. 가계의 저축이 감소할 것이다.
>
> ㄴ. 기업의 투자는 증가할 것이다.
>
> ㄷ. 외국 자금이 국내로 유입될 것이다.

① ㄱ   ② ㄱ, ㄴ   ③ ㄱ, ㄷ

④ ㄴ, ㄷ   ⑤ ㄱ, ㄴ, ㄷ

| 해설 | 금리가 낮아지면 금융회사에 같은 금액을 맡기더라도 더 적은 이자를 받기 때문에 사람들은 저축을 줄이게 된다. 또한, 기업으로서는 금리가 낮아지면 투자에 따른 비용이 줄어들기 때문에 투자가 증가할 수 있다. 이자율 평가설에 따르면 다른 조건이 같을 때 국내 금리가 낮아지면, 외국인은 한국에서 자금을 운용하는 것보다 외국에서 더 많은 이익을 얻을 수 있기 때문에 외국 자금이 국내에서 빠져나가게 된다.

[정답] ②

09 "BSI, CSI가 3분기 연속 100을 넘었다"는 신문 기사가 나왔다. 이에 따른 경제현상을 바르게 설명한 것은?

① 고용이 증가한다.

② 기업의 투자가 줄어든다.

③ 소비자의 소비심리가 위축된다.

④ 한국은행이 기준금리를 인하할 것이다.

⑤ 경제 상황을 부정적으로 보는 기업들이 더 많다.

| 해설 | 기업경기실사지수(BSI)란 기업 활동의 실적과 계획, 경기 동향 등에 대한 기업가들의 의견을 조사·지수화해서 전반적인 경기 동향을 파악하는 데 사용하는 지표이다. 단기적인 경기 변동에 큰 영향을 미친다는 점에서 중요한 경기예측지표로 사용된다. 소비자동향지수(CSI)란 소비자의 경기나 생활 형편 등에 대한 주관적인 판단과 전망, 미래의 소비지출계획 등을 설문조사해 지수화한 것으로 BSI와 함께 대표적인 경제심리지수 중 하나로 꼽힌다. BSI, CSI 모두 0에서 200 사이의 값을 가지며 100보다 크면 경기 상황을 긍정적으로 보는 가계·기업이 많다는 것을 의미하고 100보다 작으면 그 반대를 나타낸다.

[정답] ①

10 다음 지문을 읽고, (A)에 들어갈 금융 용어로 알맞은 것은?

> 변동금리 주택담보대출을 받았거나 새로 받으려는 금융 소비자의
> 이자 부담이 더욱 줄어들 전망이다. 주택담보대출 금리를 산정하는
> (A)가 사상 처음 0%대로 떨어졌기 때문이다. (A)는 은행 대출금
> 리의 기준이 되는 자금조달비용지수다.

① 코픽스   ② 콜금리   ③ 가산금리

④ 리보금리   ⑤ 플랫금리

| 해설 | 코픽스란 은행 대출금리의 기준이 되는 자금조달비용지수다. 주요 시중은행이 시장에서 조달하는 정기 예·적금, 상호부금, 주택부금, 금융채, 양도성예금증서(CD) 등 수신 상품 자금의 평균비용을 가중평균해 산출한다. 은행들은 코픽스에 대출자의 신용도를 반영해 일정률의 가산금리를 더해 대출금리를 정한다.

[정답] ①

11 다음 그래프처럼 원·달러 환율이 상승 추세일 때 손해를 보게 될 경제주체는?

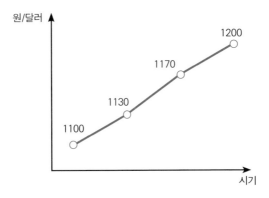

① 미국 자동차를 수입해 국내에 판매하는 한국 기업

② 달러화 부채를 적게 가진 한국 정부

③ 해외로 전통차를 수출하는 한국 기업

④ 1박 2일 한국 여행을 계획 중인 외국인

⑤ 한국에서 미국으로 물품을 수입하는 미국 기업

| 해설 | 환율은 외환시장의 수요와 공급에 따라 결정된다. 원·달러 환율이 상승 추세라고 하면, 1달러=1,000원에서 1달러=1,100원처럼 달러를 사기 위해 내야 하는 원화값이 이전보다 높아졌으므로 원화의 상대가치가 하락한 것을 의미한다. 따라서 환율이 상승하면 국내 수출기업으로서는 달러 표시 수출품의 가격이 하락해 수출이 증가하게 된다. 반면 국내에서 외국 상품을 수입하면 원화 표시 수입품의 가격이 상승하므로 수입이 감소한다. 따라서 미국 자동차를 수입해 국내에 판매하는 한국 기업은 환율 상승으로 손해를 보게 된다.

[정답] ①

12 개인이 예비 창업자나 창업 초기 기업에 하는 투자로 자금 지원과 경영 자문 등으로 기업가치를 올린 뒤 기업이 코스닥시장에 상장하거나 대기업에 인수합병(M&A)될 때 지분 매각 등으로 투자 이익을 회수하는 투자 형태를 무엇이라고 하는가?

① 집합투자　　　　② 엔젤투자　　　　③ 알파투자

④ 대체투자　　　　⑤ ESG투자

| 해설 | 엔젤투자란 개인들이 돈을 모아 창업하는 벤처기업에 필요한 자금을 대고 주식으로 그 대가를 받는 투자 형태를 말한다. 통상 여럿의 돈을 모아 투자하는 투자클럽의 형태다. 자금 지원과 경영 자문 등으로 기업가치를 올린 뒤 기업이 코스닥시장에 상장하거나 대기업에 인수 합병될 때 지분 매각 등으로 투자 이익을 회수한다.

[정답] ②

13　다음 자료에 대한 분석으로 가장 적절한 것은? (단, 호텔 숙박 이용 및 감귤 소비는 수요 법칙을 따른다.)

〈2020년 1월 **일 한경이의 경제 일기〉

제주도를 여행하며 감귤 농장에서 귤을 박스째로 버리고 있는 아저씨를 봤다. 감귤이 너무 풍년이라 귤 값이 30%나 내려 판매 수입이 줄었다며 속상해하셨다. 내가 묵은 A호텔은 숙박료를 20% 할인하니 판매 수입이 30% 증가했다고 했기에 가격이 내리면 판매 수입이 늘어나는 것으로만 알았는데 경우에 따라 오히려 손해가 되기도 하나보다.

① A호텔의 경우 숙박료 할인을 적게 하면 수익이 더 증가할 것이다.

② 감귤의 경우 가격 하락률에 비해 수요량 증가율이 크지 않았다.

③ 감귤의 경우 가격이 내렸을 때 수요량이 오히려 줄어들었다.

④ 감귤의 품질이 작년에 비해 떨어져서 판매 수입이 줄어들었다.

⑤ A호텔 숙박에 대한 수요의 가격탄력성이 감귤에 대한 수요의 가격탄력성보다 작다.

| 해설 | 감귤 가격의 하락률보다 감귤 수요량 증가율이 더 크면 판매 수익이 늘어날 수 있다. 감귤 가격의 하락률에 비해 감귤 수요량 증가율이 적었기에 판매 수익이 감소한 것으로 보인다. 호텔 숙박은 가격 할인율에 비해 수요량 증가율이 커서 판매 수입이 증가한 것으로 추론할 수 있다. 따라서 호텔 숙박에 대한 수요의 가격탄력성이 감귤에 대한 수요의 가격탄력성보다 크다.

[정답] ②

14 그림은 민간 경제의 흐름을 나타낸다. 이에 대한 설명으로 옳은 것은?

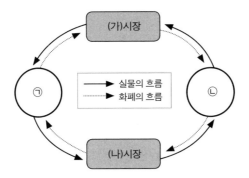

① (가)가 생산물시장이라면 ㉠이 기업이다.

② (가)가 생산요소시장이라면 ㉡이 기업이다.

③ (나)가 생산물시장이라면 ㉠이 가계이다.

④ (나)가 생산요소시장이라면 ㉡이 가계이다.

⑤ ㉠이 가계라면 (가)는 생산물시장, (나)는 생산요소시장이다.

| 해설 | 그림은 가계와 기업만으로 구성된 경제순환 모형이다. 가계는 생산요소시장에서 노동 · 자본 · 토지 등 생산에 필요한 생산요소들을 제공하고 임금 · 이자 · 지대 등을 얻어 생산물시장에서 소비활동을 한다. 반면, 기업은 생산요소시장에서 가계가 제공한 생산요소를 통해 생산활동을 하고 이를 통해 생산물시장에 재화 · 서비스를 공급한다. 생산요소시장에서 가계는 공급자, 기업은 수요자 역할을 하고, 생산물시장에서 가계는 수요자, 기업은 공급자 역할을 한다.

[정답] ⑤

15 이것은 은행과 비슷한 기능을 수행하지만 은행과 달리 엄격한 규제를 받지 않는 금융권을 통칭한다. 중국이 이것의 규모가 커지며 금융시스템의 안정성에 위협을 받을 수도 있다는 예측도 있었다. 이것을 뜻하는 용어는?

① 브리지론　　　　② 리파이낸싱　　　　③ 그림자금융

④ 메자닌금융　　　　⑤ 구조화금융

| 해설 | 그림자금융이란 투자은행, 헤지펀드, 사모펀드, 구조화 투자회사(SIV) 등과 같이 은행과 비슷한 역할을 하면서도 이와 관련한 엄격한 규제와 감독을 받지 않는 금융회사를 말한다. 이들은 자산담보부기업어음(ABCP), 신용파생상품 등 고수익·고위험 상품을 사고파는 과정에서 새로운 유동성을 창출한다. 하지만 은행 대출을 통해 돈이 도는 일반적인 금융시장과 달리 투자대상의 구조가 복잡해 손익이 투명하게 드러나지 않는다는 점에서 그림자라는 별칭이 붙었다.

[정답] ③

16 규모의 경제를 잘못 설명하고 있는 것은 무엇인가?

① 자연독점을 발생시키는 요인이다.

② 분업에 따른 전문화로 생길 수 있는 현상이다.

③ 규모가 커질수록 생산 단가가 낮아진다.

④ 생산물의 품종이 다양할수록 비용이 낮아진다.

⑤ 산출량이 증가함에 따라 장기평균비용이 감소한다.

| 해설 | 규모의 경제란 생산주체가 생산요소의 투입량을 증가시킴에 따라 장기평균비용이 감소하게 되는 현상이다. 장기평균비용의 감소에는 분업에 따른 전문화도 하나의 요인이다. 기업의 생산 규모가 일정 수준에 도달할 때까지는 장기평균비용이 하락하여 규모의 경제가 발생한다. 초기 고정비용이 많이 소요되나 이후 추가적인 생산에 따른 평균비용이 하락하게 되는 자연독점의 상황에서도 규모의 경제가 발생한다. 생산물의 품종이 다양할수록 비용이 낮아지는 것은 범위의 경제다.

[정답] ④

17 다음 경제 지표들이 이와 같은 추세일 때, 필요한 경제정책을 적절하게 제 시한 사람은?

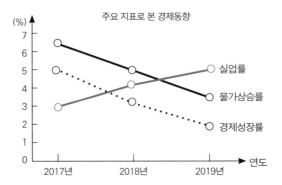

① 한경 : 정부는 세율을 높여 세수를 증대해야 해.

② 생글 : 중앙은행이 국공채를 매각해 통화량을 조절하는 것이 필 요해.

③ 경제 : 지급준비율을 높이는 정책은 기업의 투자를 늘려 경기가 회복될 거야.

④ 시사 : 경기 침체 시기라 기준금리를 인하하면 경기 회복에 도움 이 될 거야.

⑤ 태수 : 스태그플레이션이 발생하고 있어 확장적 재정정책을 실시 하긴 힘들어.

| 해설 | 경제성장률 하락, 상승하는 실업률, 낮은 물가상승률은 경기 침체 국면임을 나타내는 지표다. 정부의 지출을 늘리는 확장적 재정정책과 기준금리 인하, 국공채 매입, 지급준비율 인 하 등의 통화정책은 경기 회복에 도움이 된다. 스태그플레이션은 경기 침체와 물가상승이 동 시에 발생하는 것으로 제시 자료의 상황은 해당되지 않는다.

[정답] ④

18 비상장 벤처기업인 유니콘 기업은 기업가치가 달러 기준 얼마 이상인가?

① 1억 달러　　　　② 5억 달러　　　　③ 10억 달러

④ 50억 달러　　　　⑤ 100억 달러

| 해설 | 유니콘은 원래 머리에 뿔이 하나 달린 신화 속의 동물을 일컫는데 경제 분야에서는 기업가치가 10억 달러를 넘는 비상장 스타트업 기업을 말한다. 유니콘보다 가치가 높은 기업들이 등장하였는데 유니콘보다 10배 이상 가치가 높은 기업을 데카콘, 1,000억 달러의 가치를 지닌 신생 벤처기업을 헥토콘이라 부른다.

[정답] ③

19 아래 빈칸에 들어갈 ㉠~㉢에 대하여 가장 올바르게 이야기한 사람을 고르면?

> (㉠)으로 인해 가계, 기업, 정부 등 경제주체들은 여러 가지 선택의 문제들에 직면하게 된다. 경제주체들이 어떤 선택을 할 때 그로 인해 어떤 다른 것을 포기해야 하는 상황이 필연적으로 발생하기 때문에 선택에는 반드시 (㉡)이 발생한다. 그러므로 합리적인 선택을 반드시 고려해야 한다. 하지만 합리적 선택을 위해서는 회수할 수 없는 비용을 뜻하는 (㉢)에 집착하지 말아야 한다.

① 희철: 어떤 것이 희귀하다면 ㉠이 있다고 할 수 있지.

② 수미: ㉢에 근거하여 선택을 하게 되면 ㉡이 커질 수도 있어.

③ 홍집: ㉡이 가장 큰 대안을 선택하는 것이 합리적이라고 할 수 있어.

④ 희경: 선택할 수 있는 것이 세 개 이상일 때의 ㉡은 포기한 것들의 가치를 평균한 값이라고 할 수 있어.

⑤ 대영: 영화가 재미없다고 생각하여 다른 일을 위해 관람 중간에 영화관을 나왔다면 ⓒ에 집착하지 않은 행동이라 할 수 있어.

| 해설 | ㉠은 희소성, ㉡은 기회비용, ㉢은 매몰비용이다. 희귀성과 희소성은 다른 개념이며 희귀하다고 해서 반드시 희소성이 있는 것은 아니다. 희소성은 상대적인 개념으로 자원의 절대적인 양에 따라 결정되는 것이 아니라 인간의 욕구에 비해 자원이 상대적으로 부족할 때 나타난다. 선택을 합리적으로 하기 위해서 매몰비용에 집착하지 말아야 하며 매몰비용에 집착하면 기회비용이 커져 오히려 불이익이 될 수도 있다. 기회비용이 가장 적은 대안을 선택하는 것이 합리적이며, 기회비용은 포기한 것들 중 가장 가치가 큰 것을 말한다. 영화가 재미없어 관람 중간에 영화관을 나왔다면 매몰비용에 집착하지 않는 행동의 예다.

[정답] ②

20 그림은 A국의 경제 뉴스이다. 이에 대한 설명으로 옳은 것은?

중앙은행 총재는 ㉠ 경기과열에 대비하기 위한 ㉡ 경기안정화정책을 시행하겠다고 발표했습니다.

① ㉠의 상황에서는 물가상승률이 낮다.

② 정부는 ㉠에 대응하기 위해 정부지출을 늘릴 것이다.

③ ㉡의 일환으로 국공채를 매각할 수 있다.

④ 기준금리 인하는 ㉡의 하나로 볼 수 있다.

⑤ ㉡에 성공하면 실업률은 낮아지나 물가는 오를 우려가 있다.

| 해설 | 경기 안정화 정책은 경기 변동의 진폭을 완화하려는 정책으로 흔히 총수요관리정책

이라고도 한다. 경기 안정화 정책은 크게 통화정책과 재정정책으로 구분되는데 통화정책은 중앙은행, 재정정책은 정부가 시행한다. 재정정책의 경우 불황 시에는 정부지출을 늘리거나 세금을 낮추는 확장 재정정책을 편다. 중앙은행의 경우 통화량을 늘리는 정책을 시행한다. 반면, 경기과열 시 정부는 정부지출을 축소하며, 중앙은행은 국공채 매각, 기준금리 인상, 재할인율 인상 등의 경기 안정화 정책을 시행한다. 정책이 성공하면 물가가 안정될 가능성이 높다. 경기가 과열된 상황에서는 물가상승률이 높다.

[정답] ③

21 한때 홍콩 국가보안법 시행에 따른 미국의 대응으로 홍콩의 '이것'을 무력화하고자 하는 방안이 검토되기도 했다. '이것'은 자국 통화의 환율을 기축통화인 달러 등에 고정시키는 환율 제도다. 이를 지칭하는 용어는 무엇인가?

① 페그제   ② 타깃존   ③ 시뇨리지
④ 통화바스켓   ⑤ 특별인출권

| 해설 | 페그제란 자국 통화의 환율을 기축통화인 달러 등에 고정시키는 환율 제도다. 페그 (peg)는 못이나 말뚝을 뜻한다. 페그제를 시행하면 환율이 고정되어 물가가 안정되고 환율 불확실성이 사라져 교역과 자본 이동이 활성화된다. 하지만 페그제는 환율을 일정 수준으로 고정시키기 때문에 국제 투기 세력의 표적이 되는 경우 외환시장이 요동칠 수 있다. 시뇨리지란 국가가 화폐 발행으로 얻게 되는 이득으로 화폐의 액면가치와 실제로 만들어지는 데 들어간 비용과의 차액을 뜻한다. 기축통화 효과 또는 화폐 주조 차익이라고도 한다.

[정답] ①

22 과자회사가 과자의 가격을 5% 올렸더니 그 제품의 판매량이 2% 감소하였다면 다음 중 옳은 것은?

① 공급의 가격탄력성이 1이다.
② 공급의 가격탄력성이 1보다 크다.
③ 공급의 가격탄력성이 1보다 작다.
④ 수요가 가격탄력성이 1보다 크다.

⑤ 수요의 가격탄력성이 1보다 작다.

| 해설 | 과자회사가 가격을 올렸더니, 제품의 판매량 즉, 수요량이 감소하였다면 이는 수요의 가격탄력성을 나타낸다. 수요의 가격탄력성이란 가격이 변화할 때 수요량의 변화 정도를 나타내는 지표다. 즉, 가격 변화율에 대한 수요량의 변화율을 측정한 것이다. 가격탄력성은 0과 무한대 사이의 값을 가지며, 수요의 가격탄력성은 1을 기준으로 1보다 크면 탄력적, 1보다 작으면 비탄력적이라고 한다. 1이면 단위탄력적이다. 문제에서 수요의 가격탄력성을 계산하면 0.4가 된다.

[정답] ⑤

23 다음 제시문 (A), (B)에 해당하는 가장 적절한 임금격차의 형태를 〈보기〉에서 각각 순서대로 고르시오.

> (A) 갑과 을은 동일한 회사에 다니지만, 대졸자 갑이 고졸자 을보다 더 높은 임금을 받는다.
>
> (B) 카페 사장 P씨는 나이가 많을수록 더 일을 잘한다고 생각해 30살 이상의 직원만을 정직원으로 고용한다.

〈보기〉

ㄱ. 인적자본의 차이

ㄴ. 보상임금격차

ㄷ. 이중노동시장

ㄹ. 선호에 의한 차별

① ㄱ-ㄷ   ② ㄱ-ㄹ   ③ ㄴ-ㄹ

④ ㄷ-ㄱ   ⑤ ㄷ-ㄹ

| 해설 | 다음은 노동시장에서 관찰되는 임금격차를 경제학으로 설명할 수 있는지를 묻는 문

제이다. (A)의 경우 교육 수준은 인적자본(human capital)을 높이는 요소 중 하나로, 인적자본이 높을수록 더 높은 노동생산성을 가진다고 알려져 있다. 즉, '인적자본의 차이'다. (B)는 카페 사장 P씨의 경우 개인의 선호에 따라 특정 집단을 차별하는 것으로, 이는 '선호에 의한 차별'에 해당한다.

[정답] ②

24 그림은 X재 시장의 수요 곡선과 공급 곡선을 나타낸다. (가), (나)의 원인으로 옳게 짝지어진 것을 고르면? (X재는 정상재다.)

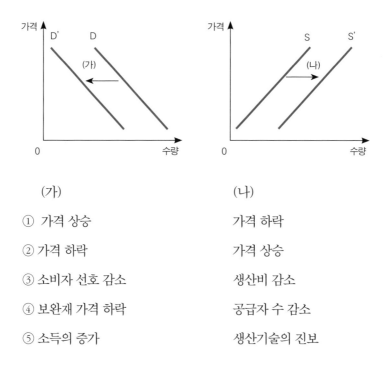

	(가)	(나)
①	가격 상승	가격 하락
②	가격 하락	가격 상승
③	소비자 선호 감소	생산비 감소
④	보완재 가격 하락	공급자 수 감소
⑤	소득의 증가	생산기술의 진보

| 해설 | 그래프를 살펴보면 (가)는 수요 감소, (나)는 공급 증가를 나타낸다. 가격의 상승이나 하락은 수요 곡선이나 공급 곡선상의 점의 이동으로 나타난다. 소비자 선호 감소는 수요 감소 요인, 생산비 감소는 공급 증가 요인에 해당한다. 보완재 가격 하락은 수요 증가 요인, 공급자 수 감소는 공급 감소 요인에 해당한다. 소비자의 소득이 증가하면 정상재인 X재의 수요는 증가하고, X재와 관련한 생산기술의 발전이 이루어지면 공급이 늘어난다.

[정답] ③

25 한때 금융 당국이 국내 1만여 개 '이것'에 대한 전수조사에 나서 이슈가 되기도 했었다. 비공개로 소수 투자자에게 자금을 모아 투자하는 펀드인 이것은?

① 국부펀드   ② 사모펀드   ③ 공모펀드

④ 매칭펀드   ⑤ 벤처펀드

| 해설 | 사모펀드란 소수의 투자자로부터 자금을 조성하여 주식, 채권 등에 운용하는 펀드다. 투자신탁업법에는 100인 이하의 투자자, 증권투자회사법에는 49인 이하의 투자자를 대상으로 자금을 모집할 수 있다. 공모펀드와 달리 투자대상, 투자비중 등에 제한이 없어 주식, 채권, 부동산, 원자재 등에 자유롭게 투자할 수 있다. 국부펀드란 중앙은행이 관리하는 외환보유고와 달리 정부가 외환보유액의 일부를 투자용으로 출자해 만든 펀드다.

[정답] ②

26 아래 자료에 나타난 경제 현상의 원인을 가장 올바르게 추론한 사람은?

> 갑국의 통계청에서 실시한 통계 조사 결과, 생산가능인구와 고용률은 변화가 없음에도 불구하고 취업률은 큰 폭으로 상승한 것으로 나타났다.

① 미연: 경제 호황으로 취업자 수가 크게 늘었기 때문이야.

② 호민: 경제 불황으로 취업자 수가 크게 줄었기 때문이야.

③ 혜영: 인구 증가로 경제활동인구가 크게 늘었기 때문이야.

④ 철호: 구직단념자의 증가로 비경제활동인구가 늘었기 때문이야.

⑤ 예은: 계속되는 저출산 현상으로 15세 이상 인구가 줄었기 때문이야.

| 해설 | 생산가능인구(15세 이상 인구)와 더불어 생산가능인구에서 취업자 수가 차지하는 비율인 고용률에 변화가 없다고 하였으므로, 취업자 수 역시 변하지 않았음을 알 수 있다. 또한, 취업자 수가 변하지 않았음에도 불구하고 취업률이 상승했다는 것은 구직단념자, 질병 등의 이유 비경제활동인구가 증가하여 경제활동인구가 줄었기 때문이라 할 수 있다. 따라서 제시된 경제 현상의 원인을 가장 올바르게 추론한 사람은 철호라 할 수 있다.

[정답] ④

27 아래 지문을 읽고 (A), (B)에 알맞은 답을 순서대로 짝지으시오.

> 임금이 어느 수준 이상에 도달했을 때, 임금이 상승해도 노동시간이
> 감소하게 되며 이때 노동공급 곡선은 (A)한다. 이러한 현상은 노동
> 의 소득효과가 대체효과(B) 것으로 설명할 수 있다.

① 우상향-보다 큰   ② 우상향-보다 작은

③ 후방굴절-와 같은   ④ 후방굴절-보다 작은

⑤ 후방굴절-보다 큰

| 해설 | 임금이 증가할 때, 일정 수준까지는 노동의 공급이 증가하지만, 임금이 일정 수준 이상으로 증가하면 노동공급이 감소하게 된다. 이를 그래프로 나타내면 후방굴절하는 노동공급 곡선을 얻게 된다. 이는 임금이 상승함에 따라 여가의 기회비용이 커지므로 여가를 줄이고 노동시간을 증가시키는 효과(대체효과)보다 임금 상승에 따른 소득 증가 효과로 노동을 줄이는 효과(소득효과)가 더 큰 경우 발생하게 된다.

[정답] ⑤

28 (가)~(라)는 재화의 유형을 경합성과 배제성의 유무로 분류한 것이다. 이에 대한 설명이 옳지 <u>않은</u> 것은?

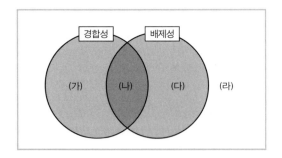

① '공유지의 비극'은 (가)보다 (라)에서 나타난다.

② 공책이나 과자와 같은 재화는 (나)에 해당한다.

③ 인터넷에서 구입한 음악 파일은 (다)에 해당한다.

④ 수학공식인 피타고라스 정리는 (라)에 해당한다.

⑤ (라)에 해당하는 특성은 시장 실패를 보여준다.

| 해설 | (가)는 공동소유의 목초지와 같은 비순수 공공재(공유자원), (나)는 시장에서 값을 치르고 구매하는 사적재, (다)는 한산한 유료 고속도로, 케이블 TV와 같은 비순수 공공재(요금재), (라)는 지식, 공식 통계, 국방, 치안, 무료 국립 공원과 같은 순수 공공재이다. 공유지의 비극은 경합성은 있고, 배제성은 없는 (가)에서 발생한다. (라)와 같은 공공재는 시장에서 충분히 공급되지 않아 시장 실패를 보여주는 사례로 제시된다. 시장에서 값을 치르고 구매할 수 있는 공책이나 과자는 사적재인 (나)에 해당한다.

[정답] ①

29 소비자물가상승률이 0%대로 낮아지면서 디플레이션의 발생 가능성에 대한 우려가 커지고 있다. 디플레이션에 대한 설명으로 적절한 것을 고르시오.

① 디플레이션이 발생하면 중앙은행은 팽창적 통화정책을 시행한다.

② 디플레이션이 발생하면 빚 상환 부담이 줄어들기 때문에 가계부채 문제가 부분적으로 해결될 수 있다.

③ 디플레이션이 예상되면 가계의 소비는 촉진되기 때문에 기업은 생산을 늘리게 되고 신규 투자 및 고용이 증가하게 된다.

④ 디플레이션이 발생하면 실질이자율은 낮아진다.

⑤ 디플레이션은 주요 품목의 물가가 지속적으로 하락하는 현상을 가리킨다.

| 해설 | 디플레이션이란 전반적인 물가수준이 지속적으로 하락하는 현상이다. 지속적인 물가 하락이 예상되면 가계는 현재 소비를 미래로 미루려는 유인이 생기며, 이에 따라 기업은 생산을 줄이게 되며 투자 및 고용을 축소하게 된다. 또한, 명목이자율에서 인플레이션율을 뺀 실질이자율은 오히려 높아진다. 따라서 가계의 빚 상환 부담이 늘어난다. 디플레이션이 발생하면 중앙은행은 팽창적 통화정책을 시행한다.

[정답] ①

30 다음 신문 기사의 괄호 안에 들어갈 적합한 용어는?

> 통계청의 〈가계금융복지조사〉에 따르면 최근 3년간 3040세대 가구
> 의 부동산 보유액 증가율이 매년 두 자릿수를 기록하며 금융자산인
> 저축액의 증가율을 2배 이상 앞섰다. 이들 가구의 부동산 투자의 재
> 원은 어디서 온 것일까? 통계청의 〈가계동향조사〉로부터 재원의 상
> 당 부분이 금융부채로 충당됐음을 알 수 있다. 재무 건전성 지표가
> 지난해엔 116.8로 악화됐다. 재무 건전성 지표가 100을 상회하면
> 저축액으로 금융부채를 전부 상환하지 못하는 상태를 의미한다. 여
> 전히 (   )을/를 기대하는 사람들이 많다는 뜻이다.

① 메기 효과   ② 캐시카우   ③ 엥겔법칙

④ 핀볼 효과   ⑤ 레버리지 효과

| 해설 | 신문 기사는 레버리지 효과에 대해서 말하고 있다. 레버리지 효과란 타인이나 금융기관으로부터 차입한 자본을 가지고 투자를 하여 이익을 발생시키는 것을 말한다. 빌린 돈을 지렛대(lever) 삼아 이익을 창출한다는 의미에서 지렛대 효과라고도 부른다. 캐시카우란 지속적으로 수익을 창출하는, 즉 돈을 벌어주는 상품이나 사업을 말한다.

[정답] ⑤

31 다음 제시문을 읽고 A사가 처한 상황을 가장 잘 설명한 것을 고르시오.

> A사는 국내에서 유일하게 마스크를 공급하고 있다. 하지만 A사가
> 높은 이익을 가짐에 따라 여러 업체들이 시장 진입을 고려하고 있
> 다. 그 결과 마스크를 생산하는 소수의 업체가 시장에 참가하게 되
> 었다.

① A사의 생산 라인으로부터 얻는 이익이 증가한다.

② A사 마스크의 수요가격탄력성이 증가한다.

③ A사 마스크의 교차가격탄력성이 감소한다.

④ A사 마스크의 수요가격탄력성에는 변화가 없다.

⑤ A사 마스크의 소득탄력성이 증가한다.

| 해설 | 수요탄력성의 결정요인에 대한 이해도를 확인하는 문제다. 이용할 수 있는 대체재의 숫자가 많아질수록, 상품의 소비가 예산에서 차지하는 비중이 커질수록, 단기보단 장기에 수요의 가격탄력성은 증가하게 된다. 지문에 다른 상품이나 소비자의 소득에 대한 언급은 없으므로 교차가격탄력성과 소득탄력성은 알 수 없다.

[정답] ②

32 다음 그래프는 A국의 2018년 상반기 BSI(Business Survey Index)의 전망과 실적의 추세를 나타낸 것이다. 이 그래프에 대한 해석으로 가장 옳지 <u>않은</u> 것은?

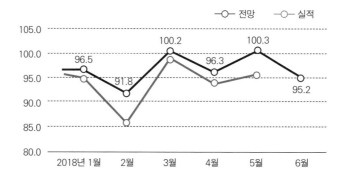

① 6월 BSI 전망 수치는 전월 대비 하락하며 100선을 하회하고 있으며, 상반기에 두 번째로 낮은 수치이다.

② 5월 BSI 전망 수치는 100선을 상회하며 기대감을 보였지만, 5월

BSI 실적 수치는 부진한 것으로 나타났다.

③ BSI 실적 수치는 대체로 전망 수치 아래에 머물고 있다.

④ BSI 전망과 실적의 추이는 대체로 일치한다.

⑤ BSI는 경기 동향에 대해 소비자들의 판단 · 예측 등의 변화 추이를 관찰하여 지수화한 지표이다.

| 해설 | 기업경기실사지수(BSI)는 기업 활동의 실적과 장래에 대한 전망 및 계획, 경기 동향 등에 대한 기업가들의 의견을 설문을 통해 조사 · 지수화해서 전반적인 경기 동향을 파악하는 지표다. BSI는 경기에 대한 기업가의 주관적이고 심리적인 요소를 드러낸다. 0에서부터 200 사이에 값을 나타내며, 100보다 높으면 경기 전망을 긍정적으로 판단하는 기업이 많다는 뜻이고, 100보다 낮으면 반대 의미다. 경기 동향에 대해 소비자들의 판단 · 예측 등의 변화를 관찰하여 지수화한 지표는 소비자동향지수(CSI)다.

[정답] ⑤

33 다음 나열하는 내용을 지칭하는 용어는 무엇인가?

- 금융데이터의 주인을 금융회사에서 개인으로 정의
- 개인은 흩어진 금융정보를 통합 관리 가능
- 기존 금융사는 플랫폼에 상품을 공급하는 하도급업체의 역할로 전락할 수 있음

① 챗봇 ② 오픈API ③ 블록체인

④ 스트리밍 ⑤ 마이데이터

| 해설 | 마이데이터는 은행 계좌와 신용카드 이용 내역 등 금융데이터의 주인을 금융회사가 아니라 개인으로 정의하는 개념이다. 마이데이터가 허용되면 개인은 여러 금융회사에 흩어진 금융정보를 통합 관리할 수 있게 된다. 데이터 3법(개인정보보호법 · 신용정보법 · 정보통신망법) 개정으로 2020년 8월부터 사업자들이 개인의 동의를 받아 금융정보를 통합 관리해주는 마이데이터산업(신용정보관리업)이 가능해졌다.

[정답] ⑤

34 다음 표는 금융 상품 A, B의 일반적인 특징을 비교한 것이다. 이에 대한 설명으로 옳은 것은? (단, A, B는 각각 주식 또는 채권 중 하나이다.)

질문	A	B
기업이 회사 소유권의 일부를 투자자에게 부여하는 증표인가?	예	아니요
(가)	아니요	예
(나)	예	예

① A는 기업의 입장에서 부채에 해당한다.

② A는 B와 달리 만기가 정해져 있다.

③ B를 보유한 사람은 확정 이자를 기대할 수 있다.

④ (가)에는 '시세 차익을 기대할 수 있는가?'가 들어갈 수 있다.

⑤ (나)에는 '배당 수익을 기대할 수 있는가?'가 들어갈 수 있다.

| 해설 | A는 주식, B는 채권이다. 채권은 확정 이자가 약속되어 있다. 주식은 기업의 입장에서 자기 자본에 해당하고, 채권은 기업의 입장에서 부채에 해당한다. 주식은 정해진 만기가 없으며, 채권은 만기가 있다. 주식과 채권 모두 시세 차익을 기대할 수 있다. 배당 수익을 기대할 수 있는 것은 주식만 해당된다.

[정답] ③

35 이곳은 반도체 수탁 생산에 집중하는 전문 기업을 가리킨다. 반도체 설계업체로부터 일감을 받아 제품을 제조하는 이곳은?

① 팹리스   ② 웨이퍼   ③ 쿼터픽셀

④ 파운드리   ⑤ 시스템LSI

| 해설 | 파운드리란 반도체 설계 도면대로 웨이퍼를 가공해 반도체 칩을 전문으로 생산하는 사업이다. 설계 기술 없이 가공기술만 확보하면 제품을 생산할 수 있다. 팹리스로부터 설계도

면을 받아 생산하므로 수탁가공사업이라고도 한다. 팹리스란 반도체를 생산하는 공장(fab) 없이 반도체 설계와 판매만을 전문으로 하는 회사다.

[정답] ④

36 A국의 정부는 주택 임대료를 낮추기 위하여 임대료 상한제를 시행하기로 결정하였다. 이 제도에 대한 설명으로 옳은 것을 〈보기〉에서 모두 고르면?

> 〈보기〉
>
> ㄱ. 임대료 상한제가 실시되면 주택 임대시장에 초과공급이 발생하게 된다.
> ㄴ. 규제 이후 암시장이 발생할 수 있다.
> ㄷ. 규제 이후의 임대주택에 대한 초과수요로 줄서기 현상 및 배급제가 시행될 수 있다.

① ㄱ　　　　　② ㄴ　　　　　③ ㄷ
④ ㄱ, ㄴ　　　　⑤ ㄴ, ㄷ

| 해설 | 임대료 상한제는 임대료를 시장가격보다 낮은 수준으로 정부가 설정한 것으로 최고가격제에 해당한다. 최고가격제란 정부가 최고가격을 설정하고, 설정된 최고가격 이상을 받지 못하도록 하는 제도다. 가격상한제라고도 한다. 최고가격은 반드시 시장의 균형가격보다 낮은 수준에서 설정돼 있다. 이는 물가안정과 소비자보호를 목적으로 하기 때문이다. 균형가격보다 낮은 최고가격은 초과수요를 발생시킨다. 하지만 공급량은 감소해 사회적 후생손실과 암시장 발생을 유발한다.

[정답] ⑤

37 아래 자료를 통해 추론할 수 있는 X재 시장의 변화로 옳은 것은?

> • 대체재인 Y재의 가격이 큰 폭으로 상승했다.
> • 새로운 생산기술의 적용으로 X재의 생산비용이 낮아졌다.

① 시장의 균형가격이 상승할 것이다.

② 시장의 균형거래량이 증가할 것이다.

③ 시장의 균형가격은 하락하고 균형거래량은 증가할 것이다.

④ 시장의 균형가격은 상승하고 균형거래량은 감소할 것이다.

⑤ 시장의 균형가격은 변화가 없고 균형거래량만 증가할 것이다.

| 해설 | 대체인 Y재의 가격 상승과 새로운 생산기술 적용에 따른 X재의 생산비용 절감은 각각 X재 수요와 공급의 증가 요인으로서 X재의 수요 곡선과 공급 곡선을 우측으로 이동시킨다. 수요와 공급 곡선이 우측으로 이동하게 되면 균형거래량은 확실히 증가하지만 균형가격은 수요 곡선과 공급 곡선의 변동 폭에 따라 변하지 않거나 상승 혹은 하락할 수 있기 때문에 균형가격의 변화는 알 수 없다.

[정답] ②

38 외환시장의 균형점을 a에서 b로 이동시키는 요인으로 적절한 것은? (단, 외환시장은 수요와 공급의 법칙을 따르며 수요 측 변화는 없다.)

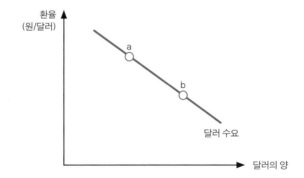

① 해외 차관을 상환

② 해외 자동차의 수입 증가

③ 해외 기업들의 국내 투자 증가

④ 국내 자동차의 해외 수출 감소

⑤ 국내 학생들의 해외 유학 증가

| 해설 | 외환시장에서 수요 측 변화가 없는 상태에서 균형점 a에서 b로 이동하는 이유는 외환 공급이 증가했기 때문이다. 외환 공급의 증가는 해외 기업들의 국내 투자 증가, 국내 기업들의 해외 수출 증가 등이 대표적이다. 수입 증가, 차관 상환, 국내 학생들의 유학 증가는 모두 외화 수요의 증가 요인이다.

[정답] ③

39 이것은 '재무적으로 독립해 일찍 은퇴한다'는 사람들을 지칭하는 신조어다. 40대에 은퇴하기 위해 소비를 극단적으로 줄여 소득의 70~80%를 저축하는 2030세대를 지칭한다. 이들 2030세대는 글로벌 금융위기 등의 경제 위기를 겪으면서 저축 성향(소득 대비 저축 비율)이 어느 세대보다 높다. 이것은 무엇인가?

① 딩크족   ② 니트족   ③ 프리터족
④ 오렌지족   ⑤ 파이어족

| 해설 | 파이어(FIRE)는 '재무적으로 독립해 일찍 은퇴한다(Financial Independence Retire Early)'는 의미다. 이들은 일반적인 은퇴 연령인 50~60대가 아닌 30대 말이나 늦어도 40대 초반까지는 조기 은퇴하겠다는 목표로, 회사 생활을 하는 20대부터 소비를 줄이고 수입의 70~80% 이상을 저축하는 등 극단적 절약을 선택한다. 파이어족은 2008년 글로벌 금융위기 이후 미국 젊은 고학력 · 고소득 계층을 중심으로 확산됐다. 부모 세대인 베이비붐 세대가 금융위기로 경제적 어려움을 겪는 모습을 보며 자라 온 밀레니얼 세대가 주축이다.

[정답] ⑤

40 수요의 가격탄력성에 대한 설명으로 옳지 않은 것은?

① 직각쌍곡선 수요 곡선의 경우 수요의 가격탄력성이 언제나 1이 된다.
② 수요의 가격탄력성이 클수록 수요 곡선의 모양은 평평해진다.

③ 수요의 가격탄력성이 1보다 큰 재화의 경우, 가격이 상승하면 그 재화에 대한 지출액이 증가한다.

④ 수요의 가격탄력성이 0보다 크고 1보다 작으면 비탄력적이라고 한다.

⑤ 가격 변화에 대해 수요량이 얼마나 민감하게 변하는지를 나타내는 지표다.

| 해설 | 수요의 가격탄력성이란 가격이 변화할 때 수요량의 변화 정도를 나타내는 지표다. 즉, 가격 변화율에 대한 수요량의 변화율을 측정한 것이다. 가격탄력성은 0과 무한대 사이의 값을 가지며, 수요의 가격탄력성은 1을 기준으로 1보다 크면 탄력적, 1보다 작으면 비탄력적이라고 한다. 1이면 단위탄력적이다. 탄력적일수록 수요 곡선은 평평한 모양을 가진다. 수요의 가격탄력성이 탄력적인 재화의 가격을 올리면 수요량 감소율이 가격 상승률보다 높기 때문에 지출액이 감소한다.

[정답] ③

41 아래 나열한 상황으로 인해 나타날 수 있는 갑국의 경제 현상에 대한 추론으로 옳은 것은?

> A. 불안정한 갑국의 정치 상황으로 인해 외국인 관광객과 유학생 수가 크게 줄었다.
> B. 갑국은 안정적인 에너지 공급을 위해 병국 회사에 대규모의 해외 투자를 하기로 하였다.

① 물가가 하락하고 외채 상환 부담도 줄어들게 될 것이다.

② 물가가 상승하고 해외여행을 하려는 사람들의 경제적 부담은 줄어들게 될 것이다.

③ 해외 유학생 자녀를 둔 가정의 경제적 부담은 늘어나지만, 물가는

하락하게 될 것이다.

④ 외채 상환 부담과 해외여행을 하려는 사람들의 경제적 부담 모두 늘어나게 될 것이다.

⑤ 외채 상환 부담은 늘고 해외 유학생 자녀를 둔 가정의 경제적 부담은 줄어들게 될 것이다.

| 해설 | 환율은 외환시장에서 수요와 공급에 따라 변화한다. A는 외환의 공급을 감소시키는 요인이고, B는 외환의 수요를 증가시키는 요인이다. 따라서 외환의 공급 곡선은 좌측, 외환의 수요 곡선은 우측으로 이동하게 되어 환율은 상승하게 될 것이다. 환율 상승은 갑국 화폐의 대외가치가 하락했음을 의미한다. 갑국은 환율 상승으로 수입 원자재 가격이 올라 물가가 상승하고 외채 상환 부담이 늘어나게 될 것이며 해외여행을 하려는 사람들과 해외 유학생 자녀들 둔 가정의 경제적 부담 또한 증가하게 될 것이다.

[정답] ④

42 다음은 A국과 B국의 연도별 지니계수이다. 옳지 <u>않은</u> 설명은?

연도	A국	B국
2017	0.2	0.4
2018	0.5	0.7
2019	0.6	0.3
2020	0.7	0.2

① A국의 소득분배 상태는 점차 불평등해지고 있다.

② 2017년 B국보다 A국의 소득분배 상태가 더 평등하다.

③ B국의 소득분배 상태는 계속 개선되었다.

④ 2018년보다 2020년 B국의 소득분배 상태가 더욱 평등하다.

⑤ 2019년 B국이 A국보다 소득분배 상태가 더 평등하다.

| 해설 | 지니계수란 소득분배의 불평등도를 측정하는 지수다. 소득이 어느 정도 균등하게 분

배되어 있는가를 평가하는 데 주로 이용된다. 지니계수는 0과 1 사이의 값을 가지며 이 값이 0에 가까울수록 소득분배가 균등함을 뜻한다. A국은 매년 지니계수가 상승하고 있으며, B국은 2018년 상승하였지만 그 이후 하락하였다. A국의 소득분배 상태는 점점 불평등해지고 있다. 2017년에는 A국이 B국보다 소득분배 상태가 상대적으로 평등하다. 하지만 B국의 소득분배 상태는 2018년 지니계수가 상승하였기 때문에 계속 개선되었다고 할 수 없다.

[정답] ③

---

43 국가와 국가, 또는 한 국가와 세계 경기가 비슷한 흐름을 보이지 않고 독자적인 움직임을 보이는 현상을 무엇이라 하는가?

① 모멘텀   ② 로그롤링   ③ 레버리지

④ 퀀텀점프   ⑤ 디커플링

| 해설 | 보통 한 나라의 경제는 그 나라와 연관이 많은 주변 국가나 세계 경제의 흐름과 비슷하게 흘러가는데 이를 동조화(coupling)라 한다. 반면, 디커플링(decoupling) 또는 탈동조화는 이런 움직임과 달리 독자적으로 움직이는 현상을 말한다. 넓게는 경제 분야에서 사용되며, 좁게는 환율, 주가 등의 움직임을 설명하는 데도 자주 사용된다.

[정답] ⑤

---

44 다음 중 항상소득가설에 따라 소비에 미치는 영향이 가장 큰 소득의 변화는 무엇인가?

① 로또에서 3등으로 당첨되어 당첨금을 받았다.

② 직장에서 과장으로 승진하여 월급이 올랐다.

③ 감기로 인한 결근으로 급여가 일시적으로 감소하였다.

④ 휴가를 최대한 사용하여 미사용 연차휴가 수당이 감소하였다.

⑤ 일시적인 수요 증가로 초과 근무가 늘어나고 초과 수당이 증가하였다.

| 해설 | 항상소득가설이란 항상소득이 소비를 결정한다는 이론으로 미국 경제학자 밀턴 프

리드먼이 제창한 소비함수이론이다. 소득은 정기적이고 확실하게 기대할 수 있는 항상소득과 예측 불가능한 일시적 소득인 임시소득으로 구분된다. 여기서 항상소득이란 개인이 자신의 인적 자산과 금융자산으로 매기마다 발생할 것이라고 예상하는 수입을 의미한다. 임시소득이란 보너스 소득, 복권 당첨 수입 등이 있다.

[정답] ②

45 갑국의 통계 자료에 대해 <u>잘못</u> 설명한 것을 고르면?

(단위: 연 %)

	2016년	2017년	2018년	2019년
명목금리	5.0	3.5	1.0	2.0
명목임금상승률	2.0	6.0	2.5	3.0
물가상승률	2.0	5.0	1.0	0

① 물가지수가 가장 높은 시기는 2017년이다.

② 예금자들에게 가장 유리한 시기는 2016년이다.

③ 2018년도 물가지수와 2019년도의 물가지수는 같다.

④ 임금 생활자에게 가장 유리한 시기는 2019년도이다.

⑤ 제시된 자료에서 화폐 구매력이 가장 큰 해는 2016년이다.

| 해설 | 물가상승률은 물가지수 변화의 정도를 백분율로 나타낸 것이다. 2019년도 물가상승률이 0%이므로 2018년도와 2019년의 물가지수는 동일하며 2018년도의 물가상승률은 1%이므로 2018년도의 물가지수는 2017년도보다 크다고 할 수 있다. 실질금리는 명목금리에서 물가상승률을 뺀 값이므로 그 값이 가장 큰 2016년이 예금자들에게 가장 유리한 시기라고 할 수 있다. 실질임금상승률은 명목임금상승률에서 물가상승률을 뺀 값이므로 그 값이 가장 큰 2019년이 임금 생활자에게 가장 유리한 시기라고 할 수 있다.

[정답] ①

46 BSI, CSI, ESI는 '이 숫자' 이상이면 긍정적, 이하면 부정적으로 해석된다. 기준점이 되는 '이 숫자'는?

① 0 ② 10 ③ 50

④ 100 ⑤ 200

| 해설 | BSI(기업경기실사지수)는 기업 활동의 실적과 계획, 경기 동향 등에 대한 기업가 자신들의 의견을 조사, 지수화해서 전반적인 경기 동향을 파악하고자 하는 지표다. CSI(소비자 동향지수)란 소비자의 경기나 생활 형편 등에 대한 주관적인 판단과 전망, 미래의 소비지출계획 등을 설문조사해 지수화한 것이다. ESI(경제심리지수)는 기업과 소비자 모두를 포함해 민간이 경제 상황에 대해 어떻게 생각하는지를 종합적으로 파악하는 지표다. BSI, CSI, ESI 모두 기준점을 100으로 하여 그 이상이면 긍정적, 이하면 부정적임을 나타낸다.

[정답] ④

47 정부가 세금을 부과하는 데 유의해야 할 점이 많다. 아래 조세부담에 대한 설명 중 올바르게 설명한 것을 고르시오.

① 세금 수입을 늘리려면 세율을 가급적 많이 인상하면 된다.

② 소비자의 가격탄력성이 무한대라면 세금은 소비자가 다 부담한다.

③ 완전경쟁시장에서 거래되는 재화에 세금을 부과하면 사회 총잉여는 감소하지 않는다.

④ 누가 세금을 실제로 부담하는가는 누구에게 세금을 부과하는가와 밀접한 관련이 있다.

⑤ 소비자의 가격탄력성이 공급자의 가격탄력성보다 높을 경우 소비자가 세금을 덜 부담한다.

| 해설 | 정부가 세금을 부과하면 수요·공급 가격탄력성의 상대적인 크기에 따라 조세부담이 결정된다. 일반적으로 수요가 탄력적일수록 소비자 부담이 작고, 공급이 탄력적일수록 생산자의 부담이 작아진다. 즉 탄력성이 낮은 쪽이 조세부과로 인한 가격 상승에 신축적으로 대응하기 어렵기 때문에 조세부담이 상대적으로 커진다. 조세부담은 조세를 부과한 사람이 부담하는 것이 아니라 수요와 공급의 탄력성에 의해 결정된다. 세율 인상은 반드시 세금 수입을 늘리는 것은 아니며, 세금은 자원 배분에 왜곡을 일으켜 사회 총잉여를 감소시킨다.

[정답] ⑤

48 아래 내용이 설명하는 것은 무엇인가?

> - 보유 자산을 활용한 기업의 자산유동화 기법
> - 기계 및 설비, 토지 등을 금융회사나 다른 기업에 매각하고 이를
>   다시 빌리는 방법

① DCF법　　　　　② 하우스 푸어　　　　　③ 그린스펀 풋

④ 세일 앤드 리스백　　⑤ 세컨더리 보이콧

| 해설 | 세일 앤드 리스백이란 기업이 소유하고 있는 기계, 설비, 토지 및 건물 등을 은행이나 보험사, 리스회사 등 금융사나 다른 기업에 매각하고 이를 다시 빌려 이용하는 방법이다. 보유 자산을 활용해 현금을 확보하는 자산유동화 기법이다. 하우스 푸어란 '집을 가진 가난한 사람'을 뜻하는 용어다. 직장이 있지만 벌이가 신통치 않아 아무리 일을 해도 빈곤을 벗어날 수 없는 워킹푸어(working poor, 근로빈곤층)에서 파생된 말이다.

[정답] ④

49 어떤 시기의 달러인덱스가 다음과 같이 상승세일 때, 다음 중 옳지 **않은** 설명은?

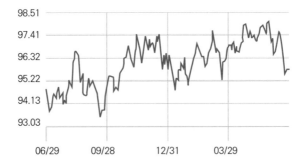

① 미국의 경제 상황이 좋아지고 있다.

② 미국의 수입 물가는 안정될 것이다.

③ 원·달러 환율은 상승할 가능성이 높다.

④ 다른 조건이 일정할 때 국제 원자재 가격은 강세를 띤다.

⑤ 미국 수출기업들의 수출 가격경쟁력은 약화될 가능성이 있다.

ㅣ해설ㅣ 달러인덱스란 유럽연합 유로, 일본 엔, 영국 파운드, 캐나다 달러, 스웨덴 크로나, 스위스 프랑 등 경제 규모가 크거나 통화 가치가 안정적인 6개국 통화를 기준으로 산정한 미 달러화 가치를 지수화한 것이다. 1973년 3월을 기준점인 100으로 하여 미국 연방준비제도이사회(FRB)에서 작성·발표한다. 달러인덱스가 상승하면 미 달러 가치가 상대적으로 오른다는 뜻이다. 달러인덱스가 상승하면 보통 금·은·구리 등의 국제 원자재 가격은 약세를 띤다.

[정답] ④

50 창업 초기 기업이 대규모 투자를 위해 자금을 유치하는 경우 창업주의 지분 비율이 감소하게 된다. 이로 인해 경영권이 불안해질 수 있다. 따라서 최대 주주나 경영진이 실제 보유 지분보다 많은 의결권을 행사할 수 있도록 하는 제도를 무엇이라고 하는가?

① 의결권신탁　　　　② 섀도보팅　　　　③ 차등의결권

④ 집중투표제　　　　⑤ 의결권 승수

ㅣ해설ㅣ 차등의결권이란 최대주주나 경영진이 실제 보유한 지분보다 많은 의결권을 행사할 수 있도록 하는 것을 말한다. 차등의결권이 도입되면 한 주만으로도 주주총회 의결사항에 대해 절대적 거부권을 행사할 수 있는 황금주 등을 발행할 수 있다. 차등의결권은 창업주가 자신의 지분율을 희석시키지 않고도 외부 자금을 끌어들일 수 있으며 기업이 외부 공격을 방어하고 창업자의 장기 비전에 따라 안정적인 성장을 이룰 수 있는 장점이 있다.

[정답] ③

51 배제성과 경합성에 대한 설명으로 옳지 <u>않은</u> 것은?

① 일반적으로 재산권이 있는 재화들은 배제성이 있다.

② 다른 사람이 재화를 소비하는 것을 막을 수 있다면 배제성이 있다.

③ 배제성과 경합성이 있는 재화들은 대부분 시장의 가격 기능에 의

한 효율적인 자원 배분이 가능하다.

④ 누군가 재화를 소비하면 다른 사람이 이 재화를 소비할 수 없게 되는 경우 경합성이 없다.

⑤ 지적재산권은 배제성이 없는 새로운 지식, 기술 등에 인위적으로 배제성을 부여하는 방법이다.

| 해설 | 배제성이란 재화에 대해 대가를 지불하지 않은 사람을 사용에서 제외할 수 있는 속성이다. 대부분의 상품·용역 등이 배제성을 지니는데 이는 재산권이 설정돼 있기 때문이다. 경합성이란 한 사람이 더 많이 소비하면 다른 사람의 소비가 줄어드는 재화의 특성을 말한다. 일반적으로 배제성과 경합성을 동시에 지닌 재화는 시장의 가격 기능을 통해 효율적인 자원 배분을 한다.

[정답] ④

52 다음 글을 읽고, 밑줄 친 두 재화와 같은 관계가 <u>아닌</u> 재화의 짝은?

> 지금까지 사람들은 공항에 가려면 버스를 타야 했다. 이제 공항까지 가는 전철이 개통되자 사람들은 전철을 많이 이용하게 되었고 버스 손님이 크게 줄어들어 버스회사는 운영난에 처하게 되었다.

① 빵과 버터　　　② 주식과 채권　　　③ 홍차와 녹차

④ 콜라와 사이다　　⑤ 피자와 햄버거

| 해설 | 한 재화의 가격이 상승(하락)할 때 다른 한 재화의 수요가 증가(감소)하면 두 재화는 서로 대체재다. 대체재 관계에 있는 두 재화는 서로 같은 효용을 얻을 수 있는 재화로, 경쟁재라고도 한다. 반면, 보완재는 한 재화의 가격이 상승(하락)할 때 다른 한 재화의 수요가 감소(증가)하면 두 재화는 서로 보완재다. 보완재 관계에 있는 두 재화는 따로 소비할 때보다 함께 소비할 때 효용이 증가한다. 버스와 전철의 관계는 대체재다. 빵과 버터는 보통 보완재로 본다.

[정답] ①

53 아래 표는 각 국가 통화 가치의 미국 달러화에 대한 전년 대비 변동률을 나타낸 것이다. 이에 대한 추론으로 옳은 것은? (단, 환율 변동 외에 다른 조건은 고려하지 않는다.)

국가(통화)	통화 가치 변동률(%)
중국(위안)	+4.2%
일본(엔)	−6.7%

① 일본인의 미국 여행 경비 부담이 감소했을 것이다.

② 중국 기업의 달러화 표시 외채 상환 부담이 증가했을 것이다.

③ 미국으로 수출하는 중국 제품의 달러 표시 가격이 하락했을 것이다.

④ 일본으로부터 원자재를 수입하는 미국 기업의 부담이 감소했을 것이다.

⑤ 중국으로 자녀를 유학 보낸 미국 학부모의 학비 부담이 감소했을 것이다.

| 해설 | 미국 달러화 대비 위안화 가치의 상승은 위안/달러 환율의 하락, 달러화 대비 엔화 가치의 하락은 엔/달러 환율의 상승을 의미한다. 중국이 미국 달러화와 비교하여 통화 가치가 상승하였으므로 달러화 표시 외채 상환 부담은 감소한다. 반면, 엔화 가치는 하락했으므로 일본인의 미국 여행 경비 부담은 증가한다. 엔/달러 환율이 상승하므로 일본산 원자재의 달러 표시 가격은 하락하여 이를 수입하는 미국 기업의 생산비 부담이 감소했을 것이다.

[정답] ④

54 재무구조가 부실하고 영업 경쟁력을 상실하는 등 더 이상 성장을 기대하기 어려운 기업을 말한다. 구조조정을 거칠 가능성이 높은 기업을 가리키는 용어는?

① 강소기업　　　② 계속기업　　　③ 한계기업

④ 공동기업　　　⑤ 유턴기업

| 해설 | 한계기업이란 3년 연속 이자보상비율 100% 미만이거나 영업활동 현금흐름이 마이너스를 기록하고 있는 기업이다. 회생 가능성이 크지 않은데도 정부나 채권단의 지원으로 간신히 파산을 면하는 상태를 지속한다. 좀비기업이라고도 한다. 한계기업은 성장 잠재력이 있는 기업에 가야 할 사회적 자원을 가로챔으로써 나라 경제의 경쟁력을 갉아먹는다.

[정답] ③

55　완전경쟁시장의 특징을 바르게 설명한 것은?

① 기업이 생산하는 제품은 기업마다 조금씩 다르다.

② 소비자와 생산자가 시장에 대한 모든 정보를 알고 있다.

③ 시장 내에 다수의 생산자 및 소수의 소비자가 존재한다.

④ 생산자에 의해 제품의 가격이 결정된다.

⑤ 진입 장벽이 있어 생산자들이 시장에 자유롭게 진입하지 못한다.

| 해설 | 완전경쟁시장은 시장에는 다수의 공급자와 수요자가 존재하므로 개별 생산자와 소비자는 가격에 아무런 영향을 미칠 수 없다. 즉, 시장의 원리에 따라 결정된 가격을 주어진 것으로 받아들이는 가격순응자(price taker)로 행동한다. 모든 생산자가 생산하는 제품은 대체 가능하며, 아무런 차이가 없는 동질적인 제품이다. 생산요소의 완전이동성이 가능하므로 기존 생산요소를 이용해 다른 재화를 생산하는 데 아무런 제약이 없다. 즉, 특정 산업으로의 진입과 퇴거가 완전히 자유롭다. 모든 경제주체가 완전한 정보를 보유하고 있으므로 정보 비대칭성이 발생하지 않는다.

[정답] ②

56　정부가 기업이 생산한 상품에 조세(물품세)를 부과할 경우에 대한 설명으로 옳지 않은 것은?

① 탄력성이 클수록 세금 부담이 적다.

② 판매 가격이 높아지고 거래량은 줄어든다.

③ 공급 곡선이 세금 부과분만큼 위쪽으로 이동한다.

④ 탄력성이 작을수록 후생 손실이 크다.

⑤ 생산자와 소비자 간 세금 부담의 크기는 탄력성에 따라 달라진다.

| 해설 | 정부가 한 재화에 세금을 부과하면 구입자가 내는 가격과 판매자가 받는 가격 사이에 세금만큼의 간격이 생긴다. 공급 곡선은 세금 부과분만큼 위쪽으로 수직 이동한다. 따라서 거래량은 세금 부과 전보다 감소한다. 세금을 누구에게 부과하든 구입자가 내는 가격은 오르고, 판매자가 받는 가격은 내려간다. 그런데 누가 얼마만큼의 세금을 실제로 부담하는지는 탄력성에 따라 달라진다. 탄력성이 작은 쪽(비탄력적)이 더 많은 세금을 부담한다. 또 세금 부과로 인해 거래량이 감소하기 때문에 경제적 순손실이 발생한다. 경제적 순손실은 수요와 공급의 가격탄력성이 클수록 커진다.

[정답] ④

57 현재는 미국 달러화가 대표적인 '이것'으로 인식되고 있다. 국제 무역과 금융 거래에서 가장 보편적으로 쓰이는 통화를 뜻하는 '이것'은?

① 기축통화　　　② 선도통화　　　③ 통화스와프
④ 통화바스켓　　　⑤ 특별인출권

| 해설 | 국제 무역 거래나 금융 거래에서 결제수단으로 이용되는 기본 통화로 통상 미국 달러, 유럽연합(EU) 유로, 일본 엔 등을 가리킨다. 국제적으로 통용되기 위해서는 해당 통화에 대한 국제적 수요에 영향을 미치는 기본 요건, 즉, 경제 규모·통화 가치의 신뢰성·금융 부문의 발달 등이 충족돼야 한다. 다시 말해 경제 규모가 세계 경제에서 상당한 비중을 차지해야 하고, 통화 가치에 대해 다른 나라들이 신뢰할 수 있어야 하며, 금융산업이 발달해야 한다는 것이다.

[정답] ①

58 다음 중 케인스가 말하는 '저축의 역설' 현상에 대한 설명으로 가장 부합하지 않는 것은?

① 경제가 불황일수록 저축보다는 소비가 중요하다.

② 저축의 역설 이론에 따르면 소비는 미덕, 저축은 악덕이다.

③ 사람들이 저축을 늘리려고 시도하면 결과적으로는 저축이 오히

려 줄어들 수 있다.

④ 저축의 증가는 소비지출 감소를 의미하고 결국 총수요 감소로 이어지므로 국민소득이 감소한다.

⑤ 저축은 투자와 항상 일치하므로 저축의 증가는 투자 증가 그리고 소득 증가로 이어진다.

| 해설 | 케인스가 언급한 저축의 역설이란 개인이 소비를 줄이고 저축을 늘리면 부유해질 수 있지만, 모든 사람이 저축을 하게 되면 총수요가 감소해 사회 전체의 부가 오히려 줄어드는 것을 말한다. 저축을 위해 소비를 억제해야 하고 줄어든 소비로 인해 생산된 상품은 팔리지 않고 재고로 쌓인다. 이는 총수요 감소로 이어져 국민소득이 줄어든다. 저축의 역설이 발생하는 또 다른 이유는 저축한 돈이 투자로 연결되지 않을 수도 있기 때문이다. 저축이 투자로 전환되지 않으면 국민소득은 오히려 감소할 수 있다. 부분은 참이나 부분이 모인 전체는 거짓이 될 수 있는 구성의 오류 사례로 자주 언급된다.

[정답] ⑤

59 다음 내용을 지칭하는 용어는 무엇인가?

- 국가의 비상자금으로, 비상사태에 대비해 비축한 외화자금
- 대외적으로 국가 경제 최후의 방파제
- 부족할 경우 환율이 가파르게 상승

① 경상수지   ② 국가채무   ③ 외환보유액

④ 지급준비금   ⑤ 국제통화기금

| 해설 | 외환보유액이란 한 나라가 비상사태에 대비해 비축하고 있는 외화자금을 의미한다. 국가의 비상자금으로서 안전판 역할을 할 뿐만 아니라 환율을 안정시키고 국가신인도를 높이는 데 기여한다. 긴급사태 발생으로 금융회사 등 경제주체가 해외에서 외화를 빌리지 못해 대외결제가 어려워질 경우에 대비하는 최후의 보루다. 외환시장에서 외화가 부족하여 환율이 가파르게 상승할 경우 외환시장 안정을 위해 사용하기도 한다. 따라서 외환보유액을 많이 갖고 있다는 것은 국가의 지급 능력이 그만큼 충실하다는 뜻이다.

[정답] ③

60 갑국의 경제성장률을 나타낸 아래 그래프를 보고 이에 대한 설명 중 옳지

않은 것은?

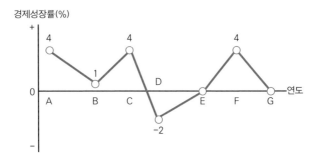

① D연도와 E연도의 GDP는 같아.

② G연도의 GDP는 F연도보다 작아.

③ C연도의 GDP는 A연도와 B연도의 GDP보다 커.

④ D연도의 GDP는 C연도보다 작음을 알 수 있어.

⑤ E연도의 GDP는 G연도보다 작다고 할 수 있어.

| 해설 | 경제성장률은 해당 연도의 GDP가 지난 연도의 GDP에 비해 얼마만큼 변했는지를 백분율(%)로 나타낸 것으로, 그 값이 양(+)이면 GDP가 지난해보다 증가했다는 것을, 음(-)인 경우에는 GDP가 지난해보다 감소했다는 것을 의미하며 0인 경우에는 GDP가 지난해와 동일하다는 것을 의미한다. F연도의 경제성장률이 4%라는 것은 E연도의 GDP에 비해 4% 성장했음을 의미하고, 경제성장률이 0%인 G연도의 GDP는 F연도와 동일하다는 것을 나타내므로 GDP의 연도별 크기는 E＜F=G이다.

[정답] ②

61 기관투자가가 결산기를 앞두고 보유 주식의 추가 매수 또는 매도 등을 통해

수익률을 인위적으로 끌어올리는 행위를 무엇이라 하는가?

① 롱테일   ② 오버행   ③ 쇼트커버링

④ 윈도드레싱   ⑤ 프로그램매매

| 해설 | 윈도드레싱이란 기관투자자들이 분기 말 보유 주식의 평가액을 높이기 위해 평가가 이루어지는 날짜에 맞춰 보유 중인 주식을 추가로 매수하거나 매도하여 수익률을 인위적으로 높이는 것을 말한다. 미국에서는 윈도드레싱을 포트폴리오 펌핑(portfolio pumping)이라는 용어로 부르며, 주가조작을 위한 불법행위로 처벌 대상이기도 하다. 오버행이란 유가증권과 통화, 원자재 등의 공급과잉을 일컫는다. 주식시장에선 언제든지 매물화할 수 있는 대량의 대기 물량을 말한다.

[정답] ④

62 다음 뉴스를 통해 유추할 수 있는 경제적 현상은 무엇인가?

> 앵커: 최근 아파트 가격을 잡기 위한 정부의 부동산 대책의 여파로 이들의 가격에도 영향을 미치고 있다고 합니다. 어떻게 된 것일까요? 박○○ 기자의 보도입니다.
>
> 박○○ 기자: 정부의 부동산 대책이 아파트 규제에 집중되면서 이에 대한 수요가 다세대·연립주택·오피스텔 시장에 영향을 미치고 있습니다. 최근 이들의 가격 상승률이 아파트 가격 상승률을 압도하고 있습니다.

① 자산 효과　　　② 분수 효과　　　③ 풍선 효과

④ 피구 효과　　　⑤ 승수 효과

| 해설 | 아파트 가격을 규제하는 정책으로 인해 다세대·연립주택·오피스텔 시장의 가격 상승률이 높아지는 현상을 풍선 효과라 한다. 풍선 효과란 풍선의 한 곳을 누르면 다른 곳이 불거져 나오는 것처럼 어떤 부분에서 문제를 해결하려 하면 또 다른 부분에서 문제가 생겨나는 현상을 나타낸다. 보통 특정 지역의 집값을 잡기 위해 규제를 강화하면 수요가 다른 지역으로 몰려 집값이 오르는 현상도 풍선 효과에 속한다.

[정답] ③

63 다음 중 독점적경쟁시장의 특징으로 옳지 <u>않은</u> 것은?

① 생산자에 의해 제품 가격이 결정된다.

② 기업이 생산하는 제품은 기업마다 조금씩 다르다.

③ 비가격경쟁이 많이 발생한다.

④ 시장 내에 다수의 생산자가 존재한다.

⑤ 기업은 시장가격에 대한 순응자(price-taker)이다.

| 해설 | 시장은 판매자 수에 따라 완전경쟁, 독점, 과점, 독점적 경쟁 등으로 나눌 수 있다. 독점적경쟁시장은 진입과 퇴거가 자유롭고, 다수의 기업이 존재하며, 개별 기업들이 차별화된 재화를 생산하는 시장 형태다. 이에 따라 상품마다 상표, 디자인, 품질, 결제 방식, A/S 등에서 차이가 발생하는 것이 특징이다. 따라서 독점적경쟁시장의 기업들은 독점만큼은 아니지만 해당 제품에 대해 소비자들에게 어느 정도 시장지배력을 가진다. 따라서 독점적경쟁시장의 기업은 시장가격에 대해 가격설정자(price maker)이다.

[정답] ⑤

64 아래 표는 택시 요금이 10% 인상될 경우 이용객이 감소되는 정도를 나타낸 것이다. 이 표를 통해 알 수 있는 내용으로 옳은 것은?

구분	택시 이용 감소율(%)
성인 남성	10
성인 여성	5
고등학생	20

① 성인 여성의 택시 수요에 대한 가격탄력성은 1이다.

② 승객 전체의 택시 수요에 대한 가격탄력성은 1.2이다.

③ 요금이 인상되었으므로 택시회사의 수입은 증가하게 될 것이다.

④ 요금이 인상되면 고등학생이 택시 이용으로 지출하는 총금액은 증가하게 된다.

⑤ 요금이 인상되었더라도 성인 남성이 택시 이용으로 지출하는 총
금액에는 변화가 없다.

| 해설 | 수요의 가격탄력성은 0과 무한대 사이의 값을 가진다. 1을 기준으로 1보다 작으면 비탄력적, 1보다 크면 탄력적이다. 택시 요금이 10% 인상될 경우 성인 남성의 택시 수요에 대한 가격탄력성은 1이고, 여성의 경우 0.5, 고등학생의 경우 2가 된다. 따라서 탄력적인 수요를 가진 고등학생의 경우에만 택시 이용에 대한 총지출액이 감소하게 되고 성인 남성의 경우 수요의 가격탄력성이 1이므로 총지출액의 변화가 없다. 주어진 자료로는 성인 남성, 성인 여성, 고등학생의 이용객 규모와 전체 탄력성을 알 수 없으므로 택시회사 수입의 변동도 알 수 없다.

[정답] ⑤

65 밑줄 친 협정에 대해 잘못 설명한 것은 무엇인가?

한국은 2020년 11월 15일 세계 최대 규모의 자유무역협정(FTA)인 '역내 포괄적 경제 동반자협정(RCEP)'에 서명했다. 한국이 이 협정에 가입함에 따라 세계 국내총생산(GDP)의 30%에 해당하는 26조 2,000억 달러 규모의 시장에서 경쟁할 수 있게 됐다.

① 아세안 10개국은 포함되어 있다.

② 미국은 포함되지 않았다.

③ 중국은 포함되어 있다.

④ 인도는 포함되지 않았다.

⑤ 일본, 캐나다는 포함되어 있다.

| 해설 | 역내 포괄적 경제 동반자협정(RCEP)은 동남아국가연합(ASEAN) 10개국과 한국·중국·일본 3개국, 호주, 뉴질랜드 등 총 15개국의 관세 장벽 철폐를 목표로 하는 세계 최대 자유무역협정이다. 2019년 11월 4일 기존에 참여했던 인도를 제외한 15개국 정상이 최종 타결을 선언했으며, 2020년 11월 15일 협정에 서명했다.

[정답] ⑤

66 기업의 생산기술이 규모에 대한 수익 불변인 경우, 이에 대한 설명으로 옳은 것을 고르면?

① 고정요소의 투입을 두 배 늘리면 산출량이 두 배 이상 늘어난다.

② 고정요소의 투입을 두 배 늘리면 산출량이 두 배 늘어난다.

③ 모든 생산요소의 투입을 두 배 늘려도 산출량은 변하지 않는다.

④ 모든 생산요소의 투입을 두 배 늘리면 산출량이 두 배 늘어난다.

⑤ 이 기업의 생산기술은 규모의 경제가 작용한다.

| 해설 | 기업이 모든 생산요소를 두 배로 늘릴 때 산출량도 두 배 증가하면 이 기업의 생산기술은 '규모에 대한 수익 불변'이라고 말한다. 모든 생산요소를 두 배로 늘렸을 때 산출량이 두 배 이상 늘어나면 생산기술은 '규모에 대한 수익 체증' 혹은 '규모의 경제'가 있다고 말한다.

[정답] ④

67 인플레이션으로 인해 발생하는 비용에 대한 설명으로 적절하지 않은 것은?

① 사람들의 예상이 적응적이고 인플레이션이 사전에 예상할 수 있다면 사회적 비용이 발생하지 않는다.

② 통화량의 증가로 발생한 인플레이션은 장기적으로 고용, 산출량 등 실물 변수에 영향을 미칠 수 없다.

③ 인플레이션율이 높아지면 화폐 보유의 기회비용이 증가하게 된다.

④ 인플레이션으로 인한 가격 조정이 모든 기업과 산업에 동일하지 않아서 자원 배분의 비효율성이 생길 수 있다.

⑤ 인플레이션이 발생했을 때 세법은 자원 배분을 왜곡시킨다.

| 해설 | 물가가 지속적으로 상승하는 인플레이션이 발생하면 명목이자율과 명목임금(소득)이 상승한다. 또한, 세율이 명목소득에 따라 정해져 있으므로 인플레이션에 의한 명목임금상승은 자원 배분을 왜곡시킨다. 따라서 경제주체들의 의사결정과 관련된 유인 구조를 왜곡할 수 있기 때문에 경제의 효율성이 저하될 수 있다. 인플레이션율이 높아지면 명목이자율이 상

승하게 된다. 이에 따라 화폐 보유의 기회비용이 증가하므로 화폐 보유를 줄이려고 한다. 또한, 인플레이션이 발생하면 시장이나 산업에 따라 가격 조정 속도와 빈도가 상이하기 때문에 단기적으로는 상대가격의 변동이 발생할 수 있다.

[정답] ①

68 한 지역의 노동수요 곡선과 노동공급 곡선이 아래와 같을 때, 최저임금제가 시간당 8,500원으로 시행되었을 경우 다음 보기 중 옳은 것을 고르면?

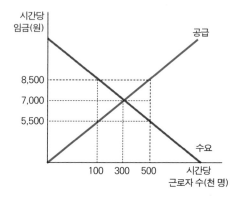

① 20만 명의 근로자가 일자리를 잃게 된다.

② 30만 명의 근로자는 시간당 8,500원을 벌게 된다.

③ 근로자 전체가 받는 총근로소득은 증가한다.

④ 근로자 잉여는 늘어날 것이다.

⑤ 경제적 총잉여는 늘어날지 줄어들지 알 수 없다.

| 해설 | 균형에서 30만 명의 근로자들이 시간당 임금 7,000원을 받고 노동을 공급했다. 최저임금제가 8,500원의 수준으로 시행이 되면 노동수요 곡선에 따라 10만 명의 근로자가 고용된다. 따라서 최저임금제의 시행으로 인해 20만 명의 근로자가 일자리를 잃는다. 근로자 전체가 받는 총근로소득은 시행 전 21억 원(30만 명×7,000원)에서 시행 후 8.5억 원(10만 명×8,500)으로 감소한다. 근로자 잉여는 최저임금제 시행 전 10.5억 원[300,000×7,000×(1/2)]에서 시행 후 5.75억 원[(8,500+3,000)×100,000×(1/2)]으로 감소한다. 경제적 총잉여는 3억 원 감소한다.

[정답] ①

69 다음 나열한 내용을 알맞게 설명한 용어를 고르면?

- 미국 북동부 5대호 주변 쇠락한 공장 지대
- 미국 제조업 몰락을 상징적으로 보여줌
- 2016년, 2020년 미국 대선에서도 이 지역 노동자들의 지지를 얻기 위한 경쟁이 치열

① 선벨트　　　　② 히스패닉　　　　③ 실리콘밸리
④ 러스트 벨트　　⑤ 스윙스테이트

| 해설 | 러스트 벨트(rust belt)는 미국 북동부 5대호 주변의 쇠락한 공장 지대다. 러스트는 영어로 녹을 뜻한다. 쇠락해 공장 설비에 녹이 슬었다는 의미에서 붙여진 이름이다. 본래는 1870년대 이후 100년간 미국 산업을 주도해 공장(factory) 벨트로 불렸다. 과거 이들 지역에선 자동차 · 철강 · 기계 · 석탄 등의 제조업종이 활황을 보였다. 하지만 1970년대 이후 고비용 구조와 제조업 쇠퇴로 인구가 줄어드는 등 불황을 맞이했다. 선벨트(sun belt)는 미국의 노스캐롤라이나에서 캘리포니아까지 북위 37도 이남 지역을 뜻한다. 온화한 기후, 저렴한 노동력, 파격적인 세제 등으로 기업을 유치해 미국 인구의 40% 이상이 거주한다.

[정답] ④

70 그림은 3개국의 최근 3개월 동안 미국 달러화 대비 환율 변동률을 보여준다. 환율 변화의 영향에 대한 추론으로 적절한 것은?

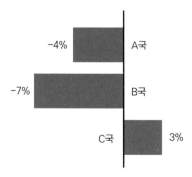

① A국과 B국의 대미 수출은 유리해졌을 것이다.

② 달러화 표시 외채를 상환하는 부담은 B국이 가장 커졌을 것이다.

③ A국에서 부품을 수입하는 미국 기업의 생산비가 증가했을 것이다.

④ B국으로 여행하려는 C국 사람은 여행 경비 부담이 적어졌을 것이다.

⑤ C국으로 출장 가는 A국과 B국 국민의 경제적 부담이 증가했을 것이다.

| 해설 | 미국 달러화 대비 A국과 B국의 환율은 하락하였으므로 A국과 B국의 대외 통화 가치는 상승한 반면, C국은 환율이 상승했으므로 C국의 대외 통화 가치는 하락하였다. A국과 B국의 통화 가치는 상승했기 때문에 대미 수출 경쟁력에는 불리하지만, 달러화 표시 외채 상환 부담은 줄어든다. C국의 통화 가치는 하락하였기 때문에 A국이나 B국으로 여행을 하게 되면 여행 경비 부담이 늘어난다. 반면, A국의 대미 달러 환율이 하락하였으므로 미국 기업 입장에서는 A국에서 생산한 부품을 수입할 때, 달러 표시 수입 가격이 상승하므로 생산비가 증가할 수 있다.

[정답] ③

71 구축 효과(crowding-out effect)를 가장 바르게 설명한 것은?

① 정부지출의 확대가 더 많은 수요를 창출한다.

② 재정확대와 총수요의 증가로 실업이 감소한다.

③ 재정지출의 확대가 경제의 자유경쟁을 감소시킨다.

④ 재정정책과 금융정책이 동시에 사용될 때 효과가 상쇄된다.

⑤ 재정지출 증가를 위한 자금조달이 이자율을 상승시켜 민간투자가 감소한다.

| 해설 | 정부가 경기부양을 위해 채권 발행으로 확대 재정정책을 펴면 이자율이 상승해 민간투자가 감소하는 효과를 구축 효과라고 한다. 정부가 국채를 발행하면 채권 공급이 증가하고

채권가격은 하락한다. 채권가격과 이자율의 관계는 반비례 관계이므로, 채권가격이 하락하면 이자율은 상승하게 된다. 일반적으로 투자는 이자율의 감소함수이므로 이자율이 상승하면 민간 투자가 줄어든다. 구축 효과가 발생하면 정부의 재정정책이 무력해진다.

[정답] ⑤

72 다음은 갑국의 경제 상황이다. 이에 대한 설명으로 옳은 것은? (단, 갑국의 기준연도는 2016년이다.)

- 갑국은 2016년에 쌀만 10kg 생산했다.
- 갑국의 2016년 실질 GDP는 100만 원이다.
- 갑국은 2017년에 쌀만 10kg 생산했다.

① 갑국의 2016년 쌀의 명목가격은 알 수 없다.

② 갑국의 2016년 명목GDP와 실질GDP는 다르다.

③ 갑국의 2017년 명목GDP와 실질GDP는 동일하다.

④ 갑국의 2017년 명목GDP는 100만 원이다.

⑤ 갑국의 2017년 실질GDP는 100만 원이다.

| 해설 | 2016년 갑국은 쌀만 10kg 생산했고 실질 국내총생산(GDP)이 100만 원이므로 당시 쌀 가격은 10만 원이다. 기준연도가 2016년이므로 갑국의 명목GDP와 실질GDP는 동일하다. 반면, 갑국의 2017년 쌀 가격이 제시되어 있지 않으므로 현 자료만으로는 2017년 갑국의 명목GDP를 계산할 수 없다. 기준연도 2016년의 쌀 가격 10만 원을 기준으로 계산하면 갑국의 2017년 실질 GDP는 100만 원이다. 갑국의 2017년 명목GDP를 알 수 없으므로 명목GDP와 실질GDP가 동일한지 여부를 알 수 없다.

[정답] ⑤

73 다음 그림을 통해, 합계 출산율이 장기적으로 하락할 경우 나타날 경제적 현상에 대한 설명 중 옳지 <u>않은</u> 것은?

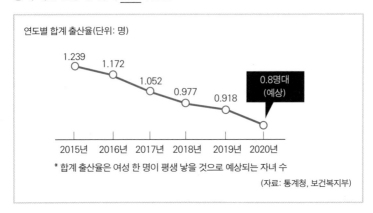

① 생산가능인구가 줄어들 것이다.

② 이민청 설립에 대한 사회적 논의가 시작될 것이다.

③ 교육대학, 사범대학에 대한 입시생들의 입시 수요가 줄어들 것이다.

④ 노인부양비가 감소한다.

⑤ 1인 가구 증가와도 관련된 현상이다.

| 해설 | 합계 출산율이란 한 여성이 가임 기간 동안 낳을 것으로 예상되는 평균 자녀의 수를 말한다. 국가별 출산력 수준을 비교하는 주요 지표로 이용된다. 경제협력개발기구(OECD) 36개 회원국 중 출산율이 0명대인 나라는 한국이 유일하다. 합계 출산율이 지속적으로 감소하면 경제활동을 할 수 있는 생산가능인구가 장기적으로 줄어들게 되고, 인구 감소가 시작될 수 있다. 생산가능인구 하락에 대비하기 위해 이민을 적극 받아들여 성장 동력을 유지하자는 사회적 논의가 시작될 것이다. 노년부양비란 생산가능인구 100명이 부담해야 하는 65세 이상 인구의 수를 의미한다. 합계 출산율이 하락하면 장기적으로 생산가능인구가 하락하고, 한국의 고령화가 진행되면서 노년부양비는 증가한다.

[정답] ④

74 어떤 재화의 수요의 가격탄력성이 완전탄력적이라고 한다면 이 재화에 대한 설명으로 가장 올바른 것은?

① 공급이 증가하면 가격이 하락한다.

② 수요 곡선은 기울기가 0인 직선이 된다.

③ 공급이 감소해도 재화의 거래량은 감소하지 않는다.

④ 이 재화의 수요자에게 세금을 부과하면 세금의 일부가 재화의 공급자에게 전가된다.

⑤ 이 재화의 공급자에게 세금을 부과하면 언제나 공급자가 세금을 모누 부담하게 된다.

| 해설 | 수요의 가격탄력성이 완전탄력적이면 재화의 수요 곡선은 수평선이다. 수요 곡선이 수평선이면 재화의 공급이 증가해도 가격은 변동하지 않고 오직 거래량만 증가한다. 가격탄력성은 조세부담의 귀착 문제로 연결된다. 수요자와 공급자의 상대적인 조세부담의 크기는 수요, 공급의 가격탄력성 크기에 의해 결정된다. 탄력성이 높은 쪽의 조세부담이 상대적으로 작아지는 것은 조세부과로 인한 가격 상승에 신축적으로 대응하기 때문이다. 수요의 가격탄력성이 완전탄력적인 재화에 세금을 부과하면 누구에게 부과하는 것에 관계없이 항상 공급자가 모든 세금을 부담하게 된다.

[정답] ⑤

75 우리나라의 생산가능인구 구성이 다음과 같다고 가정하자. 이 경우 실업률과 경제활동참가율을 순서대로 구하면?

- 취업자: 2,070만 명
- 실업자: 180만 명
- 비경제활동인구: 750만 명

① 5% - 64% ② 6% - 75% ③ 6% - 64%

④ 8% - 92% ⑤ 8% - 75%

| 해설 | 문제에서 취업자와 실업자를 합한 경제활동인구는 2,250만 명이다. 실업률은 경제활동인구 중 실업자의 비중을 뜻한다. 실업자 180만 명을 경제활동인구 2,250만 명으로 나누면 실업률은 8%다. 경제활동참가율은 생산가능인구 중 경제활동인구(취업자+실업자)의 비중을 뜻한다. 경제활동인구와 비경제활동인구를 더하면 3,000만 명이 생산가능인구다. 이에 따라 경제활동참가율을 구하면 75%다.

[정답] ⑤

76 재화를 다음과 같이 분류했을 때 A~D에 대한 설명으로 옳은 것은?

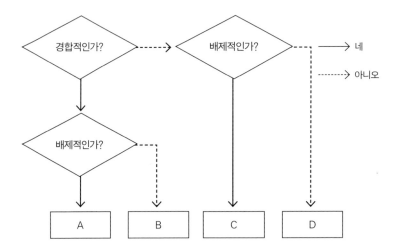

① A는 공공재이다.

② B의 경우에는 공유자원의 비극 현상이 나타난다.

③ 혼잡하지 않은 무료 고속도로는 C에 해당한다.

④ C에서는 무임승차 문제가 발생한다.

⑤ D는 시장에 맡길 경우 과다 생산된다.

| 해설 | A는 경합적이자 배제적인 사유재로 옷, 신발, 책상, 아이스크림과 같은 일반적인 재화로 대가를 지불하지 않은 사람을 배제할 수 있으며, 한 사람이 소비하면 다른 사람이 소비할 수 없는 특징을 가진다. B는 경합적이자 비배제적인 공유자원이다. 재화의 대가를 지불하지 않은 사람의 소비를 배제할 수 없기 때문에 한 사람의 소비가 다른 사람의 소비를 불가능하게 할 수

있다. 이로 인해 해당 재화나 자원의 과다 사용을 초래하여 공동 목초지의 황폐화와 같은 공유 자원의 비극 현상이 나타난다. C는 비경합적이고 배제적인 재화로 사용료를 지불해야하는 케이블 TV가 대표적인 사례다. D는 비경합적이자 비배제적인 공공재이다.

[정답] ②

77 부채비율을 [부채총액÷자본총액]으로 계산할 경우 자산총액이 600억 원이고 부채총액이 200억 원이라면 부채비율은 얼마인가?

① 30% ② 33.3% ③ 40%

④ 50% ⑤ 200%

| 해설 | 부채비율은 부채총액을 자본총액으로 나눈 값이다. 기업의 재무구조, 특히 타인자본 의존도를 나타내는 대표적인 경영지표. 부채비율은 타인자본(부채)을 자기자본으로 나눈 뒤 100을 곱해 구한다. 갚아야 할 타인자본에 대해 자기자본이 어느 정도 준비돼 있는가를 나타내며, 기업의 재무건전성을 평가하는 데 사용된다. 자산총액에서 부채총액을 빼면 자본총액은 400억 원이다. 이를 부채비율 공식을 통해 구하면 50%다.

[정답] ④

78 총공급(AS) 곡선을 왼쪽으로 이동시키는 충격이 발생하였다. 이와 관련한 설명으로 옳지 <u>않은</u> 것은?

① 생산요소 비용이 상승하였기 때문이다.

② 경기부양을 위해 통화량을 증가시키면 물가가 더욱 상승한다.

③ 물가는 급격히 하락하고 GDP는 상승하는 디스인플레이션 상황이다.

④ 물가 안정을 위해 통화량을 감소시키면 경기 침체는 더욱 심화된다.

⑤ 재정지출을 늘리면 인플레이션은 더욱 심화된다.

| 해설 | 총공급 곡선이란 각 가격 수준에서 시장에 제공되는 재화와 용역의 총합계 또는 총생

산을 나타낸 곡선이다. 총공급 곡선이 왼쪽으로 이동하면 비용 인상 인플레이션이 발생한다. 원자재 가격 급등, 자연재해, 노동생산성을 초과한 과도한 임금 상승은 총공급의 감소 요인이다. 총공급 곡선이 왼쪽으로 이동하면 물가가 상승하고 생산이 줄어드는 즉, 경기 침체가 동시에 발생하는 스태그플레이션 발생 가능성이 높아진다. 총공급 곡선이 왼쪽으로 이동한 상태에서 물가 안정을 위해 통화량을 감소시키는 긴축 금융정책을 사용하면 경기 침체는 더욱 깊어진다. 반면, 경기부양을 위해 재정지출을 늘리면 인플레이션은 더욱 심화된다. 디스인플레이션이란 인플레이션을 통제하기 위해 통화 증발을 억제하고 재정·금융긴축을 주축으로 하는 경제조정정책을 뜻한다.

[정답] ③

79 경제고통지수는 국민들이 피부로 느끼는 경제적 삶의 어려움을 계량화해 수치로 나타낸 것이다. 아래의 식에서 (가)와 (나)에 들어갈 조합으로서 알맞게 짝지은 것은?

> 경제고통지수 = (가) + (나)

① 가계부채율, 소비자물가상승률

② 국가부채율, 합계출산율

③ 실업률, GDP갭률

④ 실업률, 가계부채율

⑤ 실업률, 소비자물가상승률

| 해설 | 경제고통지수는 국민이 피부로 느끼는 경제적인 삶의 질을 수치로 나타낸 것으로 미국의 경제학자 오쿤이 만든 지표이다. 소비자물가상승률과 실업률을 합해 계산한다. 예를 들어 전반적으로 물가가 상승할 경우 국민은 이전보다 더 많이 지출해야 한다. 설사 임금이 올라 가계 소득이 증가한다 하더라도 물가상승률이 소득증가율보다 높으면 가계의 경제적 고통이 커진다. 실업 역시 직업을 갖지 못한 사람이 많아지면 당장 소득이 없기 때문에 국민이 느끼는 경제적 고통은 커지게 된다. 예를 들어 경제고통지수 산출은 한 나라의 물가상승률이 4%이고 실업률이 16%일 경우 그 나라의 고통지수는 20이 된다.

[정답] ⑤

80 다음 그림을 사용해서 설명하기에 가장 적절한 효과는?

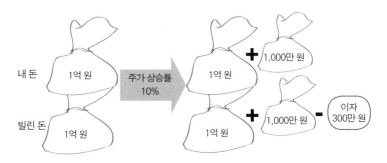

최종 투자 수익률 17%(수익 1,700만 원)

① 부(wealth)의 효과　　　　② 피구(Pigou) 효과

③ 레버리지(leverage) 효과　　④ 스필오버(spillover) 효과

⑤ 가속도(accelerator) 효과

| 해설 | 그림은 자신의 돈만 가지고 투자했을 때 10%의 수익률을 거둘 수 있지만, 남의 돈을 빌려 투자했을 때 수익률이 17%가 될 수 있음을 보여준다. 이를 레버리지(지렛대) 효과라고 한다. 레버리지 효과란 타인이나 금융회사로부터 차입한 자본을 갖고 투자해 이익을 발생시키는 것을 말한다. 빌린 돈을 지렛대 삼아 이익을 창출한다는 의미에서 지렛대 효과라고도 부른다. 부의 효과란 주식 등 자산의 가치가 증대되는 경우 그 영향으로 소비가 늘어나는 효과를 말한다. 집이나 주식 등의 자산의 가격이 올라갈 경우 사람들은 소득이 그대로라도 소비를 늘리게 된다. 자산 효과라고도 한다.

[정답] ③

경제기사로 쉽게 배워 TESAT까지 한 번에

읽으면 돈 되는 끝장 경제 상식

제1판 1쇄 발행 | 2022년 1월 27일
제1판 5쇄 발행 | 2024년 9월 3일

지은이 | 김형진(한국경제신문 경제교육연구소)
펴낸이 | 김수언
펴낸곳 | 한국경제신문 한경BP
책임편집 | 노민정
교정교열 | 김가현
저작권 | 박정현
홍보 | 서은실 · 이여진
마케팅 | 김규형 · 박도현
디자인 | 권석중
본문디자인 | 디자인 현

주소 | 서울특별시 중구 청파로 463
기획출판팀 | 02-3604-590, 584
영업마케팅팀 | 02-3604-595, 562   FAX | 02-3604-599
H | http://bp.hankyung.com   E | bp@hankyung.com
F | www.facebook.com/hankyungbp
등록 | 제 2-315(1967. 5. 15)

ISBN 978-89-475-4791-8   03320